妈妈的心灵课
——孩子、家庭和大千世界
THE CHILD, THE FAMILY, AND THE OUTSIDE WORLD

[英] D. W. Winnicott 著

魏晨曦 译　　赵丞智 审校

中国轻工业出版社

图书在版编目（CIP）数据

妈妈的心灵课：孩子、家庭和大千世界／（英）温尼科特（Winnicott, D. W.）著；魏晨曦译. —北京：中国轻工业出版社，2016.8（2024.4重印）

ISBN 978-7-5184-0912-9

Ⅰ. ①妈… Ⅱ. ①温… ②魏… Ⅲ. ①家庭教育-教育心理学 Ⅳ. ①G78

中国版本图书馆CIP数据核字（2016）第086418号

保留所有权利。非经中国轻工业出版社"万千心理"书面授权，任何人不得以任何方式（包括但不限于电子、机械、手工或其他尚未被发明或应用的技术手段）复印、拍照、扫描、录音、朗读、存储、发表本书中任何部分或本书全部内容，以及其他附带的所有资料（包括但不限于光盘、音频、视频等）。中国轻工业出版社"万千心理"未授权任何机构提供源自本书内容的电子文件阅览、收听或下载服务。如有此类非法行为，查实必究。

责任编辑：孙蔚雯　　责任终审：腾炎福

策划编辑：阎　兰　　责任校对：刘志颖　　责任监印：吴维斌

出版发行：中国轻工业出版社（北京鲁谷东街5号，邮编：100040）

印　　刷：三河市鑫金马印装有限公司

经　　销：各地新华书店

版　　次：2024年4月第1版第13次印刷

开　　本：710×1000　1/16　印张：17.5

字　　数：180千字

书　　号：ISBN 978-7-5184-0912-9　定价：52.00元

读者热线：010-65181109

发行电话：010-85119832　　010-85119912

网　　址：http://www.chlip.com.cn　　http://www.wqedu.com

电子信箱：1012305542@qq.com

版权所有　侵权必究

如发现图书残缺请拨打读者热线联系调换

240442Y2C113ZYW

这本书中的大部分内容是基于我在BBC广播电台不同时期的广播谈话编辑而成，我希望对广播制作者Iza Benzie女士表达感谢。我也非常感谢Janet Hardenberg医师，在这本书第一次出版时，是他帮助我整理出了谈话的文本（这与谈话大不相同）。

唐纳德·温尼科特

推荐序

"如何育儿"是一个非常重要的永久性话题！

这本书不仅妈妈要看，爸爸看了更有意义！

养育孩子实际上是一种关系——首先是母婴关系，然后是孩子与父母的家庭关系，而不是什么育儿技术和指导。

女人天生就有成为足够好母亲的禀赋和倾向，只要一个女人被自己的母亲相对够好地养育过，她自然就会很好地养育自己的孩子，根本不需要别人的指导和教育。比起很多的育儿技术和指导来说，一个女人对自己成为妈妈的信心、内心的自由、稳定的情绪、敏锐的观察力、对孩子发自内心的喜爱、对自己和别人的尊重，以及有一个爱自己的丈夫，对于她养育孩子是至关重要的条件。

本书是根据英国著名小儿科医师和精神分析师唐纳德·伍兹·温尼科特（Donald Woods Winnicott）的英文原著"THE CHILD, THE FAMILY, AND THE OUTSIDE WORLD"直接翻译过来的。这是一本儿童发育和发展的经典著作，在英语世界和其他国家有着非常大的影响力。本书译校者都是北京温尼科特学习与研究小组温尼科特著作翻译团队的精神动力学心理治疗师。

熟悉儿童精神分析的人，一定都知道唐纳德·温尼科特（D. W. Winnicott,

1896—1971），或至少听说过"足够好的妈妈""抱持性环境""过渡性客体"这些代表名词。温尼科特是一位极具独创性的精神分析大师，这既是说他在理论研究方面对经典精神分析思想的颠覆和变革，也是说他在四十余年的儿科和儿童精神分析实践中，创造性地形成了母婴关系、成熟过程和情绪发展等理论思想。

本书是温尼科特论述情绪发展过程的代表作品之一。书中大部分内容是基于作者在英国国家广播公司所做的系列广播节目，而该节目帮助了英国成千上万的父母，使他们更好地了解了孩子的情绪世界，更好地建立母婴养育关系。尤其重要的是，作者以一种共情、关怀、乐观的态度看待育儿工作，并且由衷地欣赏和肯定父母们的天性潜质，这无疑也是对父母育儿的极大支持。

正如书名所示，这本书的编排分成三部分，分别集中讨论孩子与妈妈、孩子与家庭、孩子与外部世界的关系。这本书从婴儿与妈妈之间亲密融合的关系讲起，描述婴儿如何在妈妈体贴入微的适应和帮助下，一步步认识妈妈和这个世界；写到孩子断奶后，孩子与妈妈的关系就会逐渐分离，而爸爸、兄弟姐妹和小朋友们的加入，让孩子的人际关系也更加丰富起来；再写到上学以后，孩子慢慢进入青春期，与老师、同学及整个社会的关系也进入了一片新的开阔天地。用作者在引言中的话说就是"孩子的成长过程经历了从育婴期的亲密无间到长大后越来越分离独立的关系变化，我希望我的写法也能贴合这个变化而转变"。

这本书尤其适合父母或准父母阅读。他们会看到，在作者那个年代写下的"乳房哺乳"、"断奶""独生子女与多子女的利弊"、"幼儿园与学校的教育"等主题，在当今社会，仍然对育儿过程有启发和指导意义。对于各个领域的专业工作者，如教师、社会工作者、幼儿园老师，中小学老师，儿科医护人员、心理学家、心理咨询师、精神科医生等，他们很有必要了解温尼科特的理论思想，了解人类早期成长过程，而这本书就是一本很好的入门材料。

本书的译者魏晨曦是一位精神分析治疗师，多年来一直跟随我学习精神分析理论和实践技能，也是我临床工作中的同事。他对语言文字的组织能力很强，对温尼科特的理论有着浓厚的兴趣。此前，我们就已经合作完成了温尼科特的《小猪猪：一个小女孩精神分析治疗过程的记录》一书的翻译和审校工作。这本书的翻译，是我们的又一次合作，由他进行逐句翻译，我再对照原文和他的译文进行审校。基于多年的精神分析临床经验、婴儿观察和督导，以及学习和研究温尼科特精神分析的理论和临床记录的经验，在译审的过程中，我们倾注了大量的时间和精力，尽可能将作者的语言风格保留下来。同时还对作者在浅显的文字背后所蕴含的理论深意，通过自己的理解呈现给读者，使得这本译著在保持浅显易懂的风格的同时，又能阐明作者的主要理论思想。另外，这本书曾出版过其他翻译版本，但其中缺失了部分段落和章节，使得作者的原意不能得到准确而完整的表达，我们的这个译本所呈现的则是原著的完整版本，现在大家将看到这本书的全貌，这对于研究温尼科特的心理咨询师也是一件好事。

阅读本书时，尽管各个章节的主题相对独立，但如果读者还不太熟悉温尼科特的理论思想，建议先阅读第一部分内容。你会发现，尽管作者在说小婴儿，但却描绘出了整个人类健康发展的基本图景，让我们明白，我们如何成为了现在这个样子。阅读时，建议读者结合作者的描述展开自由的联想，温尼科特有时候会在写作时留下很大的余地，似乎他不想完全占据读者的想象空间，您在阅读时若能创造性地加以思考和理解，相信会使您的阅读体验变得非常有趣。

在北京曼陀海斯精神分析中心每周一次的读书会上，本书译者和咨询师同辈们，用了一年多的时间对本书进行了仔细阅读和讨论，为翻译提供了大量的经验和理解素材。2015年6月，在北京曼陀海斯精神分析中心的支持下，北京温尼科特学习与研究小组正式成立，并受到了国际温尼科特协会（IWA, International Winnicott Association）主席 Loparic 教授和 Elsa 博士的肯定。该中心和小组在 IWA 年会上通过评议，已被接受为 IWA 的加盟会员。本书的翻译出版，也是该小组进行学术推广的重要工作成果之一。感谢北京曼陀海斯中心的精神分析咨询师和学员们对本书的支持与关注，还要特别感谢出版社编辑阎兰女士为此书付出的努力工作和帮助。

各位妈妈、爸爸，以及其他相关人员在阅读本书和育儿的时候，如果有疑问，请拨打北京曼陀海斯心理咨询中心的咨询电话：010-82965622；也可以加曼陀海斯心理微信公众号：mthsxl，了解情况或预约咨询。关于翻译问题请联系我进行讨论 zchengz@163.com。

赵丞智
2015 年 12 月 25 日于北京·回龙观

前言
Foreword

大约20年前，当我完成了我的儿科学训练之后，我便开始接触唐纳德·温尼科特（D. W. Winnicott）的著作。那时John Kennell和我正在研究正常父母与婴儿建立联结的发展过程。我发现，温尼科特著作中的理论和知识，对解释我们在研究和临床观察中所得出的结果有着非常大的帮助。我们研究了婴儿与母亲早期和延伸联结的远期及近期效应的诸多原因，但是我们没能想到温尼科特所提出的基本原理。他强调，早期的联结给了妈妈一个保证，即她的宝宝是正常的，而且这个保证也是需要的，因为大多数妈妈都会担心或梦到她有个畸形的宝宝，她们很难相信自己能生出一个完美的宝宝。此外，温尼科特还认为，在婴儿生命的头几天内，大多数妈妈并没有与她们的宝宝完全分开（就和宝宝还在肚子里的时候一样）。这就部分解释了许多女人在婴儿出生后的头几天不愿意离开家的现象。

唐纳德·温尼科特成长于二战前的英国，那是一个乐观和有希望的年代。他对人类自我恢复、发展和成长的能力从来就没有失去过信心。他一开始在英国帕丁顿格林儿童医院做一名小儿科医师，同时也开始了他自己的精神分析事业。在20世纪30年代中期，他获得了精神分析师的资格，之后他两次当选为英国精神分析学会的主席。他一直在帕丁顿格林儿童医院属于他自己的部门工作，并且一干就是40年。他在小儿科领域的兴趣和探索性工作在《儿童期疾病的临床笔记》一书中有所描述，该书于1931年出版。

《儿童、家庭和大千世界》(The Child, the Family, and the Outside World)这本书的绝大部分内容来自于他在BBC广播电台所做的一个系列节目。这本书在1964年第一次出版，很快就变成了全英国父母的指路牌。

本杰明·斯波克与唐纳德·温尼科特二人职业生涯之间的平行和差异是十分有趣的。这两个人开始都是儿科医师，也都接受过精神分析训练，但他们所做的贡献和日常工作的方向则完全不同。本杰明·斯波克是非常有才华的儿科学家，他对行为的复杂性能够理解，并进行教学和写作。唐纳德·温尼科特则毕生致力于他的临床工作，几乎专注于儿童精神病学领域，而他的著作都围绕着儿童和他们家庭的精神动力学。

尽管乍看起来温尼科特的著作几乎总是显得平淡无奇，但是认真思考就会发现他的思想是非常意义深远和有用的。例如，他在本书第三章写道，"有些宝宝甚至从婴儿早期就不被容许静静地躺在床上，也不被允许自由随意地躺在那儿乱动。"他观察到，婴儿的父母经常刺激、逗弄或抱起婴儿到处走动，以此来感觉婴儿还活着，以及担负起刺激婴儿使其有活力的责任。温尼科特指出，每一个宝宝都有自主的发展潜能，他们鲜活而独特，绝对不能被一视同仁或一成不变地对待。每一个宝宝都有活力无比的生命之火，驱动着他们朝向存活和发展。成长和发展是宝宝生命中与生俱来的一部分，它自会促进宝宝长大成人，而"不需要我们搞懂它是如何运作的。"他把婴儿比作窗台上花盆中种植的一个球茎，注意你没有必要非要让这个球茎长成水仙花。只要有肥沃的土壤，适量的水和阳光，球茎中的生命就会发展，不需要你再做什么了。温尼科特强调，父母试图像捏一块泥土那样塑造一个婴儿的做法是错误的，因为那样做的话，父母就要为结果而负责了，没有任何父母能负得起这个责任。他观察到，"要是你能相信你的宝宝具有自主性'发展潜能',你反而能从容地陪在宝宝身边,欣赏宝宝的成长,发现他在发展过程中带给你的许多乐趣,并且享受性地回应着宝宝的各种需要。"在这本书中可以看到,温尼科特对婴儿的最早时期进行了观察,这让我获悉了新生儿触及客体的能力(现在被称为"无拘束的肌体活动")。在第二章中,他记录到,"从孩子出生当天起,每一次喂奶后,细心体贴的保姆都会把孩子放进妈妈床边的小摇篮里,让母子待在一起。房间里很安静,有那么一会儿,孩子是眯眼醒着的,这时候,妈妈也会把手放在孩子旁边;在孩子一周大之前,他已经开始能抓住妈妈的手指并朝妈妈的方向看了。" 30年之后,有两位法国医生Claudine Amiel-Tison 和 Albert Grenier 证实,在法国,当正常的新生婴儿处在安静的警觉状态中,如果扶着他们的脖子,其中大约50%的婴儿在生命的头一天就能够伸手去寻找客体。之前,我们一直认为4—5个月龄大的婴儿才开始伸手触及客体。我认为温尼科特的这个观察是非常吸引人的,因为我最近才从 Amiel-Tison 教授的证实中确信了温尼科特30年前的观察结果。

在阅读这本内容丰富的书时,我发现非常值得去仔细咀嚼和琢磨每一章的内容,这样才能细致地思考温尼科特所写内容激发出来的许多想法。作为一个父亲,现在又成了祖父,我一直希望在我养育自己的孩子的时候就知道温尼科特的那些发现。

对我来说最有趣的是第10章"一点一滴了解这个世界"。温尼科特开始写道,"健康的成年人同时能感受到外在世界的真实性和意识到想象性和内在世界的真实性。"然后他问道,"我们是生来就能成长为这样的人吗?"于是他回答了这个问题,"除非我们每个人在生命一开始就有一个妈妈能够向我们一点一滴地介绍这个世界,"否则我们是不可能发展成为这样的人的。然后他解释道,"对那些蹒跚学步的孩子来说,每一种感知觉都是极为强烈的,同时也是好奇的。这种儿时特有的绝妙而强烈的感受,在我们成年后,只能在一些特殊时刻才能再次触及,而任何能帮助我们通达这种感受，且又不会威胁到我们的事情，都是受欢迎的。"小孩子同时生活在两种世界中，而成年人与孩子分享的那个世界也是孩子自己特有的想象性世界。因此，"……当我们对待这个年龄阶段（2—5岁）的孩子时，我们就不能坚持要孩子对外在世界有准确的感知和认识。……如果一个小女孩想要飞起来，我们就不能只是对她说，'孩子不能飞。'……我们会做的事情是把小女孩举起来，举过我们的头顶，带着她转一圈。"他强调了大人不去熄灭小孩子想象力火花的重要性，这源自于他的广泛观察结果，"只要对真实世界的接受并不意味着要失去个人想象性或内在世界的现实，那么这个真实世界就能够提供很多的内容。"当然，这就会为我们现在的2—5岁孩子的教育规划增加很多问题。在试着培训他们，教会他们认识到"真实世界"，或把他们塑造成小科学家的教育工作中，存在着一种真正的危险，即我们可能会摧毁孩子们那个早期的想象性世界。教育必须要提供一个环境，以使孩子们的心智发展能够展开，同时又不能熄灭孩子们的幻想或"享受强烈感受的能力"。

第33章"探视住院的孩子"的内容有些过时了，因为在英国这个领域已经有了很大的发展。在这本书出版的那个时代，父母刚刚开始被允许自由地进出医院探视他们的孩子。在20世纪50年代中期之前，父母只被允许每周去医院探视孩子半个小时。回顾过去，温尼科特非常关注父母探视住院孩子这个问题。他完全理解了孩子和父母的需要，并力促医院探视制度的改革。"我一直想方设法引起大家对这些困难的关注，"他写道，"这些困难是实实在在的，因为我认为探视住院儿童是非常重要的。"

温尼科特对于父亲的态度也与时下流行的态度有着非常大的不同。在温尼科特看来，父亲是妈妈的保护者和照顾者。正是因为父亲保护着妈妈，妈妈才能与婴儿发展出亲密的关系；"……家庭中需要父亲来让妈妈在身体上感到舒服，在心灵上感到幸福。"这与我们现在观察到的许多家庭中的情形大相径庭，现代婚姻家庭都努力尝试着在母亲与父亲之间平衡家务劳动和照顾婴儿的责任。尽管有这些差异，温尼科特对父亲"极大地丰富孩子的世界"（第17章）之方式所进行的观察结论在今天仍然是中肯的。我们逐渐地认识到，父亲和母亲对于成长中的婴儿来说，分别起着同等重要的不同作用。

仔细研读这本书就会发现一个问题，温尼科特有着独特的想象自己在母亲位置上的能力。他深刻地同理和共情了母亲的体验和感觉，并能够用一种具有帮助性的、理解性的和非常令人安心的方式表达出这些感受。温尼科特以一种尊重的、欣赏的和允许犯错误、顾及到暂时进步和退行、以及体谅到所有父母的人性的方式来做这些事情。温尼科特让父母们真正懂得了一个道理，即作为一个人是可以犯错误的，同时也是可以纠正和恢复的。

最后，我发现在这些谈论母亲的内容中最令人愉快的东西是温尼科特那热情的、乐观的语气，他对母亲养育天赋的欣赏，以及他发现父母在养育自己孩子过程中的真正快乐。下面是本书中我特别喜欢的一段话。

"在这段时间里，妈妈也算是孤注一掷了。那么接下来妈妈打算怎么办呢？那就是，好好享受这一切吧！享受被大家重点关注；享受让其他人照料外面的世界，而你只需要专心为这个世界养育一个新的成员；享受把爱收回到自己身上，你可以变得几乎只爱你自己和你的心肝宝贝；享受你的男人为了你和宝宝的幸福而尽职尽责地付出；享受不断发现自己新领域的过程；享受你从未享有过的新权利，去按你觉得舒服的方式行事……为了你自己，好好享受这一切吧，要知道，你能专注地做好养育宝宝时的那些脏活儿和累活儿，并能从中收获快乐，从宝宝的角度来看，这恰恰是极其重要的一件事情……在宝宝看来，柔软舒适的衣物、温度合适的洗澡水，这些条件都是理所当然要有的。但是在为宝宝提供这些条件时妈妈开不开心,却不是宝宝能做主的事情,这要看妈妈当时的心情和态度。假如妈妈做这些事时是耐心和快乐的,对宝宝来说,那就像和煦的阳光洒在身上一样地享受。"

Marshall H. Klaus, M. D.
1987 年 1 月

引言
Introduction

我想要写一篇引言来介绍这本书。这本书先写妈妈与宝宝，再写父母与孩子，最后写到学校中的孩子，以及最终走入大千世界的孩子们。说起来，所有的孩子都是这样一路长大的，而我的写作风格也伴随这个过程在成长，孩子的成长过程经历了从婴儿养育期的亲密无间到随着不断长大而越来越分离独立的关系变化，我希望我的写法也能贴合着这个发展变化而转变。

最初几章虽然都是写给妈妈的贴心话，但我其实并不认为年轻妈妈必须要读很多儿童养育的书才行。我的意思是，妈妈其实比任何人都要了解自己的状态，甚至比她自己意识到的还要了解。她当然需要充分的保护和必要的信息，也需要医学所能提供的最好的身体养护方式。她需要熟悉而且信得过的医生和护士，为她提供医学和护理建议。她还需要丈夫的爱与支持，以及满意的性经验。但是，她其实并不需要别人提前告诉她如何当妈妈，以及当妈妈是什么滋味。

依我看来，最好的母亲养育来自于妈妈天然的自我信赖和独立自信，而我的主要观点之一就是，与生俱来的母性和后来学习的知识之间是有差别的，我也在努力区分这些差别，以防止学习的育儿知识糟蹋了母亲那些天生的自然养育品性。

不过，我想有些事也可以直接告诉妈妈和爸爸，毕竟人们都想知道襁褓初期的婴儿究竟是怎么回事，而且直白生动地去说这件事更接地气，总要好过我一本正经地写一堆母亲如何养育婴儿的抽象方法。人人都想知道，而且我们也有必要知道自己的生命之初是什么样子。我们的妈妈从一开始就为我们做着许多事，要是我们长大成人也为人父母之后，对这一切都还一无所知，甚至不懂得感恩妈妈，那只能说是整个社会缺失了重要的人性。

不过别误会，我的重点并不是要劝说孩子们应该感激父母孕育了他们，甚至需要对父母合力建立起家庭并妥善处理家务感恩戴德。我所关心的是妈妈和宝宝之间的关系，尤其是在宝宝出生之前，以及出生之后最初的几周和几个月里妈妈与宝宝的关系。我希望大家能够注意到，平凡的好妈妈在丈夫的帮助下，在最初的这段时间里**仅仅是为小婴儿全心全意地付出**，这就是对其个人和社会做出了最伟大的贡献。难道不是吗？妈妈的这份平凡的付出和贡献恰恰是因为太伟大了而没有被人们充分认识到。假如我们公认妈妈的这份伟大成就，那么每一个心智健全的人、每一个看重这个世界、也觉得自己是这个世界一员的人、每一个开心快乐的人，都欠一个女人一份天大的恩情。说起来，在襁褓初期，当我们对依赖还毫无觉察的时候，我们就已经绝对地依赖着妈妈了。

我还是要再次强调，认识到并重视妈妈的作用，并不是为了导向对妈妈的感激或者赞扬，因为感激和赞扬其实只是为了减轻我们自己内心的恐惧感。如果社会价值在这件事上耽搁了，让我们没有及时充分地认可我们早年对妈妈的依赖需要，那就等于回避了每个人生命发展早期一个重要的历史事实，这一定会阻碍我们每一个人达到自在完满的健康状态，说到底，这种阻碍因素还是来自于我们每个人内心中的恐惧。换句话说，如果我们没有真正承认妈妈的作用，我们就会给自己留下一种对依赖的模糊的恐惧感。这种恐惧感有时会表现为害怕所有的女人，也可能是畏惧某个特定的女人，还有的时候会以某些不易辨认的形式表现出来，不管是哪种形式，它们都有害怕被控制和被支配的意味。

不巧的是，人们对被控制和支配的恐惧并不能让我们躲避开被支配和被控制的情形。相反，它会把我们引向某种特定的或选择性的支配和控制。实际上，要是我们研究独裁者的心理，会发现除了其他因素之外，他在个人奋斗的过程中，一直在试图控制某个女人，因为在他的潜意识中害怕被那个女人支配或控制，他会调教这个女人，包办她的一切，借此来控制她，并反过来要求她对自己完全的顺从和"爱"。

许多社会历史学者都认为，在人类群体中，很多貌似不合逻辑的行为背后，都有对女性的恐惧这一强大因素驱使着，但是对这种恐惧，人们却很少追根究底。然而，我们只要追溯每个人的个人成长发展历史就会发现，害怕女人说到底是害怕承认依赖这个事实，即我们在婴儿早期就存在的那种最初的绝对依赖。因此，我们也有充分的社会理由支持我们进一步研究早期母婴关系这个课题。

当今社会，妈妈对小婴儿的重要价值常常遭到否定，人们反而说在头几个月里，照顾小婴儿需要的只是身体照料的技巧，所以一个优秀的护士或保姆，甚至是姥姥姥爷或奶奶爷爷也能做得和妈妈一样好。我们甚至发现，人们要求妈妈们要**像妈妈一样养育**她们的宝宝，这简直是对妈妈价值的最极端的否定，否定作为妈妈自然而然就能萌发出来的母性和养育性。

政府和社会倡导整齐清洁的风气，指导卫生保健工作，大力提倡身体健康，这类事情总是一再介入到妈妈和宝宝的养育关系当中，而妈妈们不太可能一起站出来为自己养育婴儿所受到的干扰提出抗议。我写这本书，就是要为刚刚生下第一个或第二个孩子、连她们自己都还处在一定程度依赖状态的年轻妈妈们代言。我希望支持这些年轻的母亲们信赖自己与生俱来的母亲天性，同时，我也要向那些在婴儿的父母或代理父母需要帮助时能及时提供技能和照顾援助的人表示敬意。

目录
CONTENTS

第一部分　妈妈与宝宝

第 一 章　男人眼中的母亲们 / 3

第 二 章　开始认识你的宝宝 / 7

第 三 章　相信宝宝的发展潜能 / 14

第 四 章　哺乳：在关系中养育心灵 / 19

第 五 章　食物都吃到哪里去了？/ 25

第 六 章　消化过程的终点 / 30

第 七 章　宝宝喜欢的喂奶方式特写 / 36

第 八 章　乳房喂养最好 / 43

第 九 章　宝宝为什么哭泣？/ 52

第 十 章　一点一滴了解这个世界 / 64

第十一章　把宝宝当作一个人 / 71

第十二章　断奶的问题 / 77

第十三章　进一步把宝宝看作是个人 / 84

第十四章　宝宝与生俱来的品德 / 93

第十五章　孩子的本能与正常困难 / 100

第十六章　幼儿与周围人的关系 / 106

第二部分　孩子与家庭

第十七章　父亲究竟起什么作用 / 117

第十八章　别人的标准和你的标准 / 124

第十九章　什么是"正常的孩子"？/ 130

第二十章　独生子女问题 / 138

第二十一章　双胞胎问题 / 144

第二十二章　孩子们为什么要玩游戏 / 150

第二十三章　孩子与性 / 156

第二十四章　偷窃和撒谎 / 172

第二十五章　孩子首次尝试独立 / 178

第二十六章　对正常父母的支持 / 185

第三部分　孩子与大千世界

第二十七章　五岁以下婴幼儿的需要 / 191

第二十八章　妈妈、老师和孩子的需要 / 202

第二十九章　影响与被影响的关系 / 212

第三十章　孩子学习能力的评估 / 218

第三十一章　孩子的羞怯与紧张性失调 / 224

第三十二章　学校中的性教育 / 229

第三十三章　如何探视住院儿童 / 234

第三十四章　青少年犯罪行为的性质 / 240

第三十五章　孩子攻击的根源 / 246

Part One 第一部分
妈妈与宝宝
Mother and Child

照顾宝宝是妈妈天生就会做的事情!

如果你爱你的宝宝,他就已经有了一个好的开始,你也就开始做妈妈了。

平凡的妈妈都可以开启并坚持这项惊人的任务,为小婴儿一点一滴地介绍这个世界,不是因为妈妈有多聪明,哲学家才需要聪明,而仅仅是因为妈妈深爱她的宝宝,并愿意为他付出一切。

第一章　男人眼中的母亲们

开门见山地说，我并不是要告诉你该做什么、不该做什么，所以你完全可以轻松地往下读。当我看到小床中裹在襁褓里的小婴儿时，我就像看到一个小小的我自己，那个小小的我以独立的生命活着，但同时必须要依赖妈妈的照护，需要一定的时间慢慢长大成人。可是作为一个男人，我永远也无法真正明白妈妈们看到这一切是怎样的感觉。只有女人有幸得尝这种体会；就算她很不走运，因为各种原因缺少了实际的孕育孩子的经验，但她身为女人依然比我更能想象得到那种感觉。

那么，既然我不打算给你任何指示，我又能为你做些什么呢？在我平时的工作中，妈妈们会带她们的孩子来见我，每当这时，我们要讨论的对象就是我们眼前的这个孩子。这些宝宝们会在妈妈的膝盖上蹦来蹦去，会伸手抓我办公桌上的东西，还会下到地上爬来爬去；有的孩子会吃力地爬上椅子，或者把书架上的书全抽出来；有的孩子可能会紧紧抱着妈妈，因为他们害怕穿白大衣的医生是个怪物，会吃掉不听话的小孩，或是对淘气的孩子做更可怕的事。换作年纪大一点的孩子，他可能就会单独在旁边的桌子上画画，我和他的妈妈则尝试着拼凑他的整个发展史，努力找出究竟是哪里出了问题。正在画画或游戏的孩子，其实一边竖起耳朵在听，以确认我们对他没有恶意，一边也在用不说话的方式，趁我不时去看他画的画时，用图画与我交流。

这一切说起来容易，可是当我只能凭着我的想象和经验来形容宝宝和小孩时，我的任务却又异常困难！

你也遇到过同样的困难。比如要是我不能与你沟通，你会有什么样的感受呢？那就像是你有一个几周大的婴儿，你却还不知道如何与他沟通，或者如何不与他沟通是一样的。如果你想搞清楚这件事，那么可以想象一下，你的宝宝是在多大时开始注意到你其实是另外一个人的，回想一下那个激动人心的时刻，你切实感觉到了你和宝宝是心意相通的两个人。要知道，你不是远远待在屋子另一边，靠讲话来照顾宝宝的一切的。在宝宝面前能有什么言语可用呢？没有。可你肯定也发现你恰好关心的是照顾好宝宝的身体，而且你喜欢亲力亲为，而不只是和他说话。你清楚地知道怎样把宝宝抱起来比较好，怎样把他放低他会喜欢，怎样合适地离开他并让他躺在婴儿床里面替你安抚他自己；你也早就学会了如何给宝宝穿衣服能让他最舒服，又能保持他的体温。甚至可以说，在你还是个玩洋娃娃的小女孩时，你就学会做这些事情了。此外，你还会在一些特殊时刻为宝宝做些特别的事情，比如喂奶、洗澡、换尿布，以及慈爱地抱着他。有时候，宝宝会直接尿在你的围裙上，浸湿你的衣服，但就像你自己不小心把水洒在身上一样，你对此并不介意。事实上，正是这些事情让你意识到，你是一个女人，而且是一个平凡和奉献的妈妈。

我说了这么多，是因为我想让你知道，我这个男人虽然与你做的真实养育生活是有距离的，我也可能有机会远离照顾孩子时的吵闹、臭味和责任，但是我绝对知道你作为孩子的妈妈必须要细细体味着真实的育儿经验，甚至你放弃了整个世界也不愿失去这种养育经验。到目前为止，要是我们还算彼此理解的话，也许你愿意让我继续谈谈，我对成为一个平凡而奉献的妈妈、去照料新出生婴儿的早期生活这件事情的理解。我无法一步一步告诉你应该怎么做，但是我能和你谈谈，这一切究竟有什么意义。

照顾宝宝是妈妈天生就会做的事情

其实照顾宝宝是你天生就会做的事情，你自然而然就知道该怎么做，而且做起来得心应手。最美妙的是你不需要多么聪明，甚至你不愿意多想的时候都可以不去想它，顺应你的天性去做就好。上学的时候，也许你对自己的数学成绩都不抱希望了；也许朋友们都拿到了奖学金，可你一看到历史书就头疼，所以学业无成，早早就离校了；也许你要是没出麻疹的话，那次考试就不会考砸了；或者你其实非常聪明。此时对于作为妈妈的你，那些都已不再重要了，尤其是那些事情跟你是不是一个好妈妈一点关系都没有。你就是一个平凡而奉献的妈妈，而且我相信大部分时间里你都是这样的妈妈，这就像小孩子都会玩洋娃娃一样无须理由。这么重要的养育事情，竟然不需要依靠你有多么异常的才能，你一定觉得这太奇怪了吧！

其实这很好理解。你如果想让小婴儿最终发育成既健康、独立，又合群的成年人，你就一定要给他一个好的开始。这个好的开始就存在于你和宝宝天然的亲情关联当中，这种关联就是"爱"。所以，如果你爱你的宝宝，他就已经有了一个好的开始，你也就开始做妈妈了。

不过我得声明一下，我说的"爱"可不是指的多愁善感（过分担心）。我们都知道，有一种人喜欢到处嚷嚷："我就是**非常喜欢小宝宝**。"可你会觉得纳闷，她们真的会爱宝宝吗？母爱可是相当自然和天然的事情。母爱中既有占有他、吃掉他、甚至"恨死这孩子"的欲望成分；母爱中也包含着慷慨、力量以及谦逊的成分。但是多愁善感是绝对不在母爱之中的，也是妈妈们最为反感的。

好吧，你可能正在做一个平凡而奉献的妈妈，而且你不假思索地就喜欢成为一个妈妈。艺术家就是这样的人，他们讨厌思考艺术和艺术的目的，只是喜欢艺术。作为妈妈，你可能也不愿意把养育的事情琢磨得太透彻，所以我得先告诉你，这本书要谈的正是一个疼爱孩子的妈妈顺其自然在做的事情。不过，也有些人愿意反思一下自己在做的事情。你们当中，有的人已经结束育儿工作，孩子都已经上学了；你可能想要回顾一下那些美好的经历，思考一下你是如何为孩子的发展打下基础的。假如你是全凭直觉在做的，那大概就是最好的方式了。

我们需要搞清楚，照顾婴儿的人究竟要扮演什么样的角色，这一点至关重要，这样我们才能保护年轻妈妈不被无端地干扰，而影响了她和孩子之间的自然关系。如果妈妈自己不知道她其实已经把该做的事做得很好了，她就没有办法去坚持自己的立场，她就很容易变得听任别人摆布，或者模仿自己妈妈的做法，或者照着育儿指导书上说的方法养育孩子，这样只会让她把妈妈该做的事情搞砸。

这其中，爸爸有能力参与进来也有着很重要的作用，这不仅是因为他们在有限的时间里也能发挥一些好妈妈的功能，而且他们还能够保护妈妈和宝宝不受外界或别人的干扰，保护母婴之间的亲情关系不被打断。这种母婴之间的**亲情联结**，正是儿童养育的精髓和本质。

平凡的妈妈显然都知道怎么疼爱自己的孩子，仅仅是出于疼爱，她们的付出就已经难以言喻了。在接下来的章节中，我会尝试着把这些事情慢慢讲给你听。

不过，对于初生婴儿，我们要学的东西还有很多，也许也只有妈妈们才能真正解答我们的疑惑。

第二章　开始认识你的宝宝

当女人怀孕时，她的生活会发生许多变化。要说怀孕之前，她可能是个兴趣广泛的人，也许是商界精英，也许精于政治，也许是个热情投入的网球运动员，又或许还是个经常参加舞会和宴会的社交名流。那时的她可能还瞧不起在家带小孩的女性朋友们，觉得她们的生活束手束脚，甚至粗鲁地评价她们是生活呆板的人。她也可能非常厌恶洗尿布、晒尿布这种琐碎的事情。即便她对孩子有些兴趣，她的兴趣也不过是一种多愁善感，其实没什么实际意义。可就是这样的女人，或早或晚，她自己也会怀孕。

刚一开始，这样的女人无疑会怨恨怀孕这件事情，因为她此时唯一能想到的就是，怀孕这件事对她"自己的"生活将是极为可怕的干扰。应该说她的感觉是对的，没有人会糊涂到去否认这个事实。小宝宝本来就是个大麻烦，除非你真的想养育他，否则他绝对是个招人讨厌的家伙。所以，要是一个年轻女人还没准备好就意外怀孕了，她难免会觉得自己实在是倒霉透了。

然而，经验证明，不论是感受上还是身体上，怀孕后的女人都会渐渐地发生变化。也许可以这样讲，她的兴趣范围也在逐渐缩减，或者更确切地说，她渐渐把原来指向外面的兴趣转而指向了自己内部。慢慢地，她会越来越相信世界的中心就在她自己的身体内部。

可能有些读者刚刚好到达了这个阶段，你们大概也开始感到一点点自豪，感到自己也是值得尊重的，而且周围的人们理当为你提供方便。

当你越来越确定自己快要做妈妈了，就像俗话说的，你就开始孤注一掷了。你会冒险让自己只专注于一个对象，也就是即将出生的小宝宝。这个小宝宝会成为你的心肝宝贝儿，而你同样会成为这个小宝宝的全部世界。

把宝宝看作是一个人

要成为一个妈妈，你会经历很多辛苦，但我认为正是经历了这些辛苦，才让你看透了婴儿养育的本质是什么，而我们这些没机会做妈妈的人则要耗费多年的研究，才能理解你在日常养育过程中所积累的那些心得体验。不过，你也很需要我们这些研究妈妈的专家学者的支持，因为总有些关于育儿的迷信说法和老太太的语录——有些还可能是非常现代的版本——会让你怀疑自己的真实感受。

让我们好好想一想，有一件在心智健康的平常妈妈看来是对宝宝极为重要的事情，而其他的旁观者恰恰容易忽视这件事情。在我看来，这件至关重要的事情就是，妈妈肯定觉得宝宝值得被当成一个人来认识，而不是被当成一个小动物或物件来对待，而且这种认识来得越早越好。没有哪个给妈妈提建议的人，能比妈妈自己更清楚地知道这一点。

你很清楚，即使是在子宫里，你的宝宝也已经是个独一无二的人了，等宝宝出生的时候，宝宝早已经拥有了大量的亲身体验，而且既有让人难受的，也有令人愉快的。当然，我们可以从新生儿的面容上去说他还不那么像一个人；不过我们也都发现，小宝宝有时候看起来一副聪明相，甚至有点像哲学家的味道。但不管怎么说，我若是你，我可等不到心理学家来决定新生宝宝有几分像人——我会第一时间把这个小家伙看成一个人，并去认识这个小人儿，我也想让小宝宝能认识我。

宝宝还在子宫中时，你就已经学会了从他的动静去判断他的一些个性特点了。比如胎儿非常好动，你可能就会好奇他是不是个男孩儿，因为有人说男孩踢打得就比女孩多；任何时候，当胎动出现时，你也都会为这种生命与活力的信号而感到欣喜。怀孕的这段时间里，我相信宝宝也对你了解颇多。他分享着你的一日三餐。要是你早上喝了一杯好茶，或者急着追赶公交车，他的血流速度也会加快。在某种程度上，他一定清楚你什么时候是焦虑的、兴奋的或愤怒的。如果你总是焦躁不安的，那么他也会习惯多动，以后他可能就会经常让你把他抱在膝盖上蹦跳或放在摇篮里轻轻摇晃。相反，如果你是个安静的人，那么他就更熟悉平静，将来就更愿意静静地待在你的腿上或者被放到不晃动的婴儿车里。从这些来看，我得说，在他出生之前，在你听到他第一声啼哭之前，在你身体恢复到能照看他并把他抱入怀中之前，宝宝对妈妈的了解要比妈妈对宝宝的了解多一些。

在一番分娩的挣扎过程以后，宝宝和妈妈的身体状况都会急剧变化，你们可能需要休息两三天，才能开始享受你们之间的亲密接触和陪伴。但如果妈妈身体恢复得很快的话，也没有理由说你们不能马上在一起相处。我知道一个年轻的妈妈，她和她的头胎男孩接触得非常早。从孩子出生当天起，每一次喂奶后，细心体贴的保姆都会把孩子放在妈妈床边的小摇篮里，让母子待在一起。房间里很安静，有那么一会儿，孩子是眯眼醒着的，这时候，妈妈也会把手放在孩子旁边；在孩子一周大之前，他已经开始能抓住妈妈的手指并朝妈妈的方向看了。这种亲密关系如果能不受打扰地持续发展，我认为将有益于孩子的人格养成，并且为我们所说的情感发展打下坚实的基础，在孩子以后的成长道路上，他们也将更有能力经受住迟早会出现的挫折和冲击。

喂奶是首次亲密接触

在妈妈和宝宝的早期接触活动中，最具有深刻影响力的就是乳房喂奶时间。换句话说，吃奶是宝宝感到兴奋的时候。妈妈在那个时候可能也是兴奋的，而且正是妈妈乳房的兴奋感标志着妈妈的哺乳功能被有效地唤起，并且已经准备好喂奶了。如果宝宝一开始就能够对妈妈，以及妈妈的兴奋状态感到舒服并视为理所当然，那么宝宝就能专注于满足和应对他自己的冲动和渴求，这对宝宝来说是非常幸运的。在我看来，当兴奋感到来时，小婴儿会发现那些突然就出现的诸如饥饿、寒冷等感觉简直让他惊恐万分。你是不是也曾经这样看待这件事呢？

如果妈妈从这个角度来看的话，就会明白你的小宝宝实际上交替处在两种状态中———一种是宝宝被满足后、处于相对平静的状态，一种是宝宝处于没满足的兴奋状态。首先，在宝宝平静的时候，他会花大量时间来睡觉，但也不会一直睡下去，宝宝处在那些醒着又安静的时刻同样非常的宝贵。我知道有些宝宝一向很难感到满足。他们会长时间的哭泣，表现出痛苦的样子，即使喂奶后也不见好转，而且也很难入睡。这种情况下妈妈几乎不能和宝宝有满意的相处。但是一段时间后，宝宝可能就会稳定下来，也会有满足的时候，也许洗澡时间就是你和宝宝开启亲子关系的机会。

之所以妈妈对宝宝的满足状态和兴奋状态都要了解一些，是因为宝宝需要你的帮助。只有妈妈清楚地知道自己和宝宝处在哪种状态中，才能帮助到宝宝。宝宝从熟睡或清醒的满足状态转变成完全贪婪渴求状态之间，他需要妈妈帮助他应付这种感觉糟糕透顶的状态转换。除了一些日常照顾的事情之外，这种帮助可以说是你作为妈妈的首要任务了。这其中所需要的大量技巧只有孩子的妈妈才能够真正掌握。除非是那些收养了刚出生几天孩子的出色女人，她们也可能具备这样的养育技巧。

举个例子来说，小宝宝可没有一出生就在脖子上挂个闹钟，指示说：每三小时喂一次奶。定时喂奶对于妈妈或者护士来说是很方便的，而从宝宝的角度来说，定时喂奶可能不是最好的，宝宝也许更愿意在想吃奶（饿了）的时候，随时就能吃到奶。不过，宝宝未必从一开始就**想要**规律地吃奶。实际上，我认为宝宝希望得到一种想要吃奶时乳房就会出现、不想要时乳房就会消失的体验。有时候妈妈可能得在短期内，先接受比较随婴儿意的喂奶方式，然后才能换用更让她感到方便的规律喂奶方式。不论如何，在妈妈刚开始认识你的宝宝的过程中，即使你决定不满足宝宝的要求，最好也能试着了解宝宝到底想要什么。而且如果妈妈对宝宝了解得足够全面的话，你会发现只有当宝宝兴奋的时候，他的性子才会这么专横急切。其他时候，他又会特别乐于发觉乳房或奶瓶的后面还有个妈妈，妈妈身后还有个房间；而房间外面则是大千世界。妈妈也不仅仅会在喂奶时间对你的宝宝有丰富的了解，我想在给他洗澡时，或者他躺在小床里时，或者给他换尿布时，妈妈都会对宝宝有更多更深的了解。

假如妈妈正在被护士或保姆照顾着，当我说宝宝只在喂奶时才被交给你的话对你其实很不利时，我希望护士或保姆也能理解我的意思，不会觉得我在多管闲事。妈妈当然需要护士或保姆的帮助，因为你的身体还没有完全恢复，无法亲自照料宝宝的大事小情。可如果要是妈妈看不见睡着的宝宝，或者也看不见宝宝醒来后躺在那儿四处打量的样子，而妈妈仅仅在喂奶时间才能见到他的话，那一定会给宝宝留下非常奇怪的印象。因为这种时候，妈妈只能看到他是一个不满足的小婴儿，当然他也是个人，但内心却像张牙舞爪的狮子和老虎一样饥渴难耐。宝宝一定会被自己的这些饥渴难耐的感觉吓坏，如果没人告诉妈妈这些，妈妈可能也会被吓着的。

宝宝需要妈妈在身边

反过来说，如果你能经常观察到宝宝躺在你身边的样子，允许宝宝在你怀中玩耍，你也知道他喜欢依偎在你胸前，你就会认识到他的饥饿兴奋状态也不过是诸多状态中的一种，妈妈会把这种状态视为一种爱的形式。那么妈妈同样也能够理解，在宝宝转过头拒绝吸奶时，或者他在你怀中睡着而不能继续哺乳时，又或者他变得激动不安而没办法好好吃奶时，宝宝其实只是**被他自己的强烈感觉吓到了**而已。在这件事上，妈妈恰恰可以帮到他，妈妈要有极大的耐心，能够容忍宝宝先玩一会儿，让他含着乳头，甚至可能抓着它；任何能让小婴儿开心的事你都可以让他尝试，最后他会重拾信心，敢于冒险再次吸奶。这对妈妈来讲并不容易，因为你也有你自身的条件需要考虑，你的乳房可能会胀奶，也可能要等到宝宝吸奶后才能感觉好受些并再次充满。但不管怎么说，你一旦知道了究竟发生着什么，你就有能力克服困难，挺过艰难的时刻，让你和宝宝在喂奶时建立起良好的母婴关系。

小宝宝也没那么傻。要知道，兴奋状态所带给宝宝的体验，就好像把我们扔到狮群当中一样，是一种紧张、刺激而又可怕的体验，难怪宝宝要先确认妈妈是个可靠的喂奶者之后，才敢把自己放心地交托给你。如果在这件事上你令他失望了，他的感觉恐怕与被野兽撕咬吃掉没什么两样。如果妈妈肯给他一些时间，他就会发现你，最后你们俩就能发现整个事情和过程的价值，包括他对你的乳房贪婪的爱。

我想，年轻妈妈与她的小宝宝要**尽早**接触的经验，其中很重要的意义在于可以使妈妈安心，让妈妈知道她的孩子是正常的（暂且不讨论"正常"是什么意思）。正如我所说过的，以妈妈的情况，妈妈可能因为分娩后精疲力竭，而无法在第一天就跟小宝宝做朋友，不过在这里最好让妈妈知道，妈妈想马上认识新生宝宝的急切心情，是一个妈妈再正常不过的自然反应。这不仅是因为妈妈渴望认识自己的孩子，还因为妈妈其实也曾有过对自己孩子的各种幻想，她们担心自己生出一个可怕的、糟糕的、反正是肯定不像婴儿那么美好的什么东西来，其实这种担心也就让这件事变得有点急迫了。人类似乎总是很难相信自己是足够好的，好到可以在自己内部创造出相当优秀的新事物。所以我怀疑，是否每个妈妈都不能从一开始就真心实意地相信自己孕育的孩子是足够好的。爸爸也遭受着同样的煎熬，而且丝毫不比妈妈少，他也担心着自己无法生出健康正常的孩子。因此，第一时间知道你的小宝宝平安，这是一件首要紧急的事情，因为孩子平安的好消息可以让父母们都松一口气。

在此之后，出于爱和自豪，妈妈就会想更多地了解你的宝宝。而且妈妈还会进一步细致地观察他、琢磨他，以便给他提供他所需要的帮助。这些帮助只能从最了解宝宝的人那里才能得到，换句话说，那个最了解宝宝的人就是你，他的妈妈，而不是其他人。

所有这一切都表明，照顾和养育新生婴儿是一件全天候的工作，而能把这件事做好的也只有一个人，这个人就是宝宝的妈妈，不可能是**其他任何人**。

第三章　相信宝宝的发展潜能

　　我已经大体写出了妈妈和宝宝的概况。我不是特意要告诉妈妈们怎样去做，因为那些具体细节上的建议，妈妈们很容易能从社会福利机构得到。实际上，育儿细节的建议和书籍到处都是，有时反而让妈妈们感到混乱和困惑。我倒是愿意写些别的东西，给那些平常就很会照顾宝宝的妈妈们看，我想帮她们了解宝宝是什么样的，让她们看到养育中都发生了些什么事情。我的想法是，妈妈们对这些事情知道得越多，她们就越敢于信赖自己的判断。只有当妈妈相信自己的判断时，她才会做到最好。

　　能在育儿时按自己喜欢的方式去做，对妈妈来说无疑是至关重要的经验，这能让妈妈探索到自己身上那种母性的全貌；正如作家一旦下笔，就会惊讶地发现自己的才思如泉涌一般，妈妈和她的宝宝在分分秒秒的接触中，也会不断惊喜地发现其中有着丰富的内容。

　　事实上，谁都可以问这样的问题：要不是担负起了全部的养育责任，妈妈又怎么能学会成为一个妈妈呢？如果妈妈只是做别人告诉她要做的事，那么她就不得不一直按别人说的去做，而且要想改进做法的话，她就只能再找更有办法的人告诉她怎么做。但是，一旦她觉得能以最自然的方式自由行动的话，她就能把育儿工作越做越好。

其实爸爸们在这件事上是可以帮忙的，他可以协助提供一个私密空间，让妈妈在其中有灵活周旋的余地。在爸爸的适当保护下，妈妈就能被解放出来，不必分心去处理外部事物，当然只是在育儿初期这段时间，妈妈非常需要收心向内，她渴望的是把全部心思都放在自己用臂弯围住的小小世界里，而在这个小世界的中心就是自己的小宝宝。在这段时间中，妈妈的注意会很自然地全神贯注在她的婴儿身上，不过这段时间不会持续得太久。一开始，妈妈与宝宝的情感联结非常强而有力，所以家庭必须尽一切所能，保证让妈妈可以在这段自然时期内，专心致志地照顾她的小宝宝。

恰恰刚好的是，能够从这样一段经历中受益的并非只有妈妈；毫无疑问，宝宝也需要被妈妈这样专注地对待。我们到现在才渐渐开始认识到，新生儿无论如何都是绝对需要母爱的。成年人的身心健康靠的是他们在童年时期一点一滴的积累，而这种人类健康的基础，又是靠妈妈在婴儿最初几周到几个月的时间里逐渐建立起来的。我猜想知道这一点对你还是有些帮助的，如果在这段时间里，妈妈感到暂时对外界事务失去了兴趣，那你也不用大惊小怪，因为你正在全身心投入于为一个未来的社会成员打下健康基础的工作，而这个工作是绝对值得我们去做的。奇怪的是，大家普遍以为生的孩子越多，养育起来就越困难。实际上，我确定孩子越少的家庭，亲子关系中的情感张力就越强烈，而投入精力养育独生子女则是最为耗竭的事情，好在这项任务只会持续一段时间。

在这段时间里，妈妈也算是孤注一掷了，接下来妈妈打算怎么办呢？那就是，好好享受这一切吧！享受被大家重点关注；享受让其他人照料外面的世界，而你只需要专心为这个世界养育一个新的成员；享受把爱收回到自己身上，你可以变得几乎只爱你自己和你的心肝宝贝；享受你的男人为了你和宝宝的幸福而尽职尽责地付出；享受不断发现自己新领域的过程；享受你从未享有过的新权利，去按照你觉得舒服的方式行事；享受被宝宝烦扰时的感受，有时宝宝确实很恼人，他会哭喊着拒绝吃奶，而你是那么大方而乐于喂养他；享受各种各样只有做女人才能体会到的感觉，即便你甚至没办法解释给你的男人听。尤为重要的是，你一定会很高兴看到，你的宝宝越来越像一个成熟完整的人，而且宝宝也渐渐地能够把你视作另一个人了。

为了你自己，好好享受这一切吧，要知道，你能专注地做好养育宝宝时的那些脏活儿和累活儿，并且还能从中收获快乐，从宝宝的角度来看，这恰恰是极其重要的一件事情。相比之下，宝宝更喜欢被一个爱着他，并乐意喂养他的妈妈喂奶，而不想只是在"正确"的时间被"正确"地喂奶。在宝宝看来，柔软舒适的衣物、温度合适的洗澡水，这些条件都是理所当然能得到的，但是在提供这些条件时妈妈开不开心，却不是宝宝能做主的事情，这要看妈妈的心情和态度。假如妈妈做这些事时是快乐的，对宝宝来说，那就像和煦的阳光洒在身上一样的享受。妈妈在进行这个养育过程时一定要有能力乐在其中，否则，整个育儿过程就会是死板、无用、机械而又缺乏情感的。

育儿过程中的乐趣，往往会平凡自然地浮现出来，当然，这份乐趣也会被妈妈的担忧所干扰，而担忧很大程度上来自于妈妈的懵懂无知。举例来说，这很像在分娩之前，你可能会先去读一些书，了解分娩时所用的放松方法。写这些书的人，已经尽其所能解释了在怀孕和分娩过程中会发生的事，所以妈妈们可以放心，也就是说不再对未知感到担忧，而可以踏踏实实地仰赖自然过程。分娩时的痛苦有很大一部分并不属于分娩本身，而是因为你被恐惧感紧紧束缚，主要是对未知的恐惧。如果把这些过程和可能性事先解释给你听，而分娩时你身边又有好的医生和护士，那么你也就能承受住这些不可避免的痛苦。

同样道理，当孩子出生以后，如果妈妈也不会被育儿的未知和恐惧搞得太过紧张和担忧的话，你也会从育儿过程中得到很多快乐。

因此，我想给妈妈们提供更多的信息，让她们知道育儿过程中都会发生什么，然后妈妈们就会发现，宝宝需要的恰好就是一个放松的、自然的、陶醉在育儿工作中，并做好她自己的妈妈。

我在后面将会谈谈宝宝的身体，还有他的内心世界发生着什么；我也会谈谈宝宝发展中的人格，以及你是如何一点一滴向宝宝介绍这个世界，以免让宝宝感到一头雾水的。

相信宝宝的发展潜能

接下来，我认为有必要先向妈妈们说清楚一件事，那就是，宝宝的成长和发展其实并不取决于你，也不会完全依赖于你。每个宝宝都具有他自己的一种**发展潜能**，他们鲜活而独特，绝对不能被一视同仁或一成不变地对待。在每个宝宝体内，都燃烧着生命力的火苗，这种朝向存活、生长及成熟发展的强烈欲望是宝宝与生俱来的一部分，它自会促进宝宝长大成人，而我们不必完全**搞懂**它是怎么运作的。这就好像你把一个水仙花球茎放到窗台的花坛里，你完全明白你不需要教它如何长成一株水仙花。它只需你提供给它合适的土壤和养料，保持适时适量地给球茎浇水，其余的就顺其自然了，因为水仙花的生命就蕴藏在球茎之中。当然啦，养育婴儿的过程远远要比培养一株水仙花球茎复杂得多，不过刚才的例子已经能说明我的观点，即不管是水仙花球茎还是婴儿，总有一些事情的发生是不需要你完全负责的。从你受孕的那一刻起，宝宝就成了你身体里的一名过往的住客；等到宝宝出生以后，他就成了你臂弯里的暂时寄宿者。然而，这一切都是暂时的，并不会持续到永远，实际上反而可能还会太快了，就像一转眼宝宝就到了上学的年龄。仅仅是在作为**过往住客**的这段时间里，宝宝的身体是幼小而柔弱的，因此需要妈妈出于爱意的特殊照顾。但是，这并不能改变一个事实，那就是生存、发展并成熟是宝宝天生就固有的一种内在倾向性。

不知道我讲完这些，能不能让妈妈们感到一丝宽慰？我知道有一些妈妈，她们以为自己要为宝宝的活力负全责，以至于不能放松自己享受养育的乐趣，结果使得当妈妈这件事变得十分扫兴。比如宝宝睡着了，她就会在小床旁边转悠，只希望看到宝宝醒过来，显露出宝宝还活着的迹象。再比如宝宝有时闷闷不乐时，她就赶紧逗弄他，戳他的脸，试图让宝宝挤出一丝笑容，这对宝宝来说当然毫无意义了，挤出的笑也不过是机械反应。这类妈妈常常要把宝宝放在膝盖上晃来晃去，不断逗弄孩子，让宝宝能咯咯地笑，要么就是找各种办法让婴儿进行过早的活动，其实这些都只是妈妈在反复确认宝宝一直是活着的。

有些孩子甚至从婴儿早期就不被容许静静地躺在床上，也不被允许自由随意地躺在那儿乱动。他们因此就会失去很重要的体验机会，而且很可能错以为那种生机活力不是出自他们的自发意愿。依我看，要是能让你知道宝宝内在有一种真实自发地生长过程（而且事实上，这个过程还很难抑制），你也许就能更好地享受育儿这件事。从根本上说，生命依靠的不只是活下来的意愿，更是靠自由和自发性呼吸这个事实。

许多妈妈都很有艺术天赋和创造性的技巧。你也许擅长绘画，或者喜欢陶艺，或者你很会织毛衣和做裙子。当你做这些事情的时候，那些成品都是你制造出来的。可是小宝宝完全是另一回事，宝宝会自己长大，作为妈妈，你只需要提供适合他长大的环境就好，而你不可能像做裙子和绘画那样，去"培养"和造就一个孩子。

可是确实有些妈妈似乎以为，孩子就像自己手中的黏土，自己则是陶艺家，于是从婴儿期开始，妈妈就要塑造孩子，并要为最终的成果负责。这可真是大错特错了！如果你也是这么想，那么你就会被一些本不属于你的责任压得喘不过气来。要是你相信你的宝宝具有"发展的潜能"，你反而能从容地陪在宝宝身边，欣赏宝宝的成长，发现他带给你的乐趣，并且享受地回应着宝宝的各种需要。

第四章　哺乳：在关系中养育心灵

从20世纪初开始，医生和生理学家针对哺乳做了大量的研究工作，并撰写了许多著作和数不清的学术论文，一点一滴地充盈着这个领域的知识。所有这些工作的结果导致我们如今能够区分开对哺乳的两个认识观点：一个观点是从哺乳的身体、生化或实质方面的理解，这方面没人能靠直觉就可以弄明白，只有经过深入地学习科学育儿知识才能了解；另一个观点则是对哺乳的心理学方面的理解，这方面向来是我们通过自身感受和单纯的观察就可以知道的事情。

说得直白一点，哺乳事实上就是婴儿与母亲的关系问题，是一种将母亲和婴儿两个人之间的爱付诸行动的表现。然而，这个事实一开始很难为人们所接受（尽管妈妈们都能感觉到这是真的），直到生理学研究的进展为我们扫清了许多认识上的困难后才有所改观。无论在人类历史的哪个时期，一个自然健康的妈妈必定很容易理解，哺乳不过就是宝宝和她之间的一种关系；但也是在同一时期，有的宝宝可能会死于腹泻和疾病，妈妈也许不知道，其实是某种细菌引起了致命的疾病，结果妈妈悔恨地以为一定是自己的奶水有毒害。婴儿不可避免地会生病或死亡，这渐渐让妈妈们对自己失去了信心，转而去寻找和依赖权威的育儿建议。关于孩子的身体疾病，数不清的理解和处理方式又使问题更为复杂，让妈妈们愈发费解。事实上，我们大可以换个角度看问题，正是得益于生理健康和疾病这一知识领域的长足发展，才使得婴儿因身体疾病的死亡率大大下降，如今我们终于又能回到哺乳的情感主题上来，看看妈妈和宝宝之间的亲情联结。要想实现高质量的哺乳，妈妈与婴儿之间就必须发展出令人满意的亲密情感联结。

现如今，治疗躯体疾病的医生对佝偻病有了足够的了解，于是我们就可以预防婴儿发病；他们也很清楚感染的危险，所以能在婴儿出生时，防止其受到淋病感染而导致失明；他们已经十分明白了感染结核病细菌的奶牛产出的牛奶有多危险，所以过去常见的致命结核性脑膜炎已不再肆虐；他们也对坏血病有了充足的认识，因而可以彻底根除它。如此一来，我们这些主要关注婴儿心灵和情感的人，豁然感到情势变得如此急迫，以至急于想尽可能准确地说明每个妈妈都会遇到的那些心理学问题，这些问题不同于生理疾病，不论高超的医疗技术能把儿童的躯体疾病和障碍预防和根治到什么程度，这些育儿中的心理问题却依然存在。

不过急归急，坦率地说，我们还没办法精确地说明每个新生儿母亲所遇到的所有心理学问题，但我愿意做一个尝试，而且希望妈妈们也能够一起参与进来，修正我说错的内容，或者添补我遗漏的内容，然后我们一起搞清楚这些问题，让养育儿童变成一个快乐和健康的过程。

刻意哺乳破坏亲密情感关系

我先用下面的话碰碰运气吧。让我们先设想有一个普通而健康的妈妈，生活在一个与丈夫共同营造的普通和睦的家庭中，假设她的宝宝又是健康而且适时地来到了这个家庭中，那么我们可以不假思索地说：在这种情况下，哺乳仅仅是母子关系中的一部分，当然肯定是更为重要的那些部分之一。这一对妈妈和新生儿，彼此早已准备好被极为强烈爱的情感联结紧紧地维系在一起，而在投入这段伟大的情感历险之前，婴儿与母亲很自然地要先彼此认识一下。一旦他们两个达成某种共识——这个过程可能一拍即合，也可能会经过一番纠结——他们之间就会互相信赖，彼此理解，哺乳就会在这种情感关系中自然而然地开始进行了。

换句话说，如果妈妈和宝宝之间已经开启了亲密的情感关系，并且进展顺利，那么妈妈就不需要太多的哺乳技巧，而婴儿也不需要不断称体重和各种身体检查等；这两个人比任何外人都清楚怎么样更合适。这种情况下，婴儿可以用适当的速度喝下足够量的奶，也知道什么时候停下来，甚至宝宝的消化和排泄都不必刻意加以监测。由于情感关系的自然发展，整个生理过程也能正常运作。我还可以更进一步地说，在这段关系中，妈妈能从她的宝宝身上学会育儿，正如宝宝也是从哺乳的人身上认识了妈妈。

真正的麻烦不在于哺乳，而是当妈妈和宝宝都能从自然亲密的身心联结中感到极大快乐的时候，旁边却总有人告诫说，妈妈千万不能沉溺于这种快乐的感受，这才真是折磨妈妈。想不到在哺乳这个领域里，居然也能找到现代清教徒的影子！你能想象吗，照这样讲，孩子一出生就得和妈妈分开，孩子不仅失去了妈妈，最终还会失去找回妈妈和识别妈妈的感受能力（比如通过闻到妈妈的气味来认出妈妈）。我们可以试想一下，宝宝吃奶时被包裹得严严实实，没办法用手触碰和拿捏乳房或奶瓶，结果整个过程中，宝宝能参与的部分只剩下做出"要"（吮吸）的反应，或"不要"（转过头或者睡着）的反应！再想想看，要是在宝宝尚未感知到除了自己和自己的欲望，还有个外部真实世界之前，他却被迫要按规定时间立即吃奶，按规定的时间立即睡觉，宝宝心里会是什么滋味。

在自然状态下（我指的是参与这段关系的母子二人都是心身健康的），哺乳的技巧、数量和时间也都可以顺其自然。也就是说实际喂养时，妈妈可以容许婴儿在他的能力范围内自己拿一些主意，或提出要求，这对妈妈来说是小菜一碟，因为妈妈能提供的照顾和奶水远远足够满足婴儿的需要了。

可能有人以为我这都是说得轻巧，因为极少有妈妈完全解决了个人困难，并能在育儿时不慌不忙，也不需要支持的；另外，确实也有些妈妈疏于照顾宝宝，甚至残忍地对待他们。然而我坚信，在看清了上述这些基本事实后，即使是那些一向离不开别人建议的妈妈，也仍然能从中获益。假设一位这样的妈妈想要二胎或三胎，也想在和宝宝的早期接触中做得更好，就算她确实需要很多帮助，她也一定要在养育第一个孩子时就搞清自己的方向，那就是要全神贯注于对宝宝的实际照料，而不去过分依赖别人的建议和忠告。

吃不吃奶一开始由婴儿决定

依我看，最自然的哺乳就是在婴儿想要吃的时候妈妈才喂奶，在他不想吃的时候妈妈就停止喂奶，这是基本原则。只有在这个原则的基础上，宝宝才渐渐开始能和妈妈妥协，第一个妥协就是，接受规律而可靠的哺乳。比方说每三小时哺乳一次，这对妈妈来说很方便，也能让宝宝觉得他的需要得到了满足，但前提是宝宝也能很规律地每隔三小时就感到饿了。假如这个间隔对孩子来说太长了，他就会为吃不饱而苦恼，而想要恢复宝宝对妈妈哺乳的信心，最快的办法就是暂时先按宝宝的需要喂奶，等他逐渐能忍受更长的时间间隔以后，再回到合适而规律的喂奶时间。

也许这又让人觉得不可思议了。我猜妈妈要是系统学习了如何训练婴儿养成规律的习惯，而且一开始就坚持每三小时哺乳一次的节律，那她一定觉得，这种吉普赛风格的随性哺乳简直是荒唐。实际上，这样的妈妈只是太害怕沉浸在哺乳的莫大快乐和自由中了，她也会担心这样做以后，不管出了什么问题，远亲近邻都要责怪她。养育中最大的麻烦就是，大家好像被照顾宝宝的责任完全压垮了似的，急着去迎合或建立规则、秩序、戒律等，这也许能让生活少冒些风险，但也令生活有些无聊。不得不说，造成这种局面的原因，医学和护理专业或多或少要负一些责任，而我们必须尽快撤回那些已经扩散进母婴关系中的干扰因素。假如因为是权威人士说自然哺乳好，妈妈才有意识地照着做，那甚至连"自然哺乳"这个观念都会变得有害。

有关养育理论说训练宝宝一定要尽早开始，但事实上，在宝宝能接受这个与他不同的外部世界，并能处理与外界的关系之前，任何训练对他来说都是不得当的。只有在养育的最初一小段时间内，妈妈可以先自然地跟随和满足宝宝的需要，宝宝才有了后来接受外部现实的基础。

不过你们知道，我的意思不是说周围人都可以离开婴儿福利中心，只丢下妈妈和宝宝去应对所有的问题，比如基本饮食、摄取维生素、接种疫苗以及恰当的洗尿布之类的。我是想说，医生、护士或保姆恰恰应该以照顾好母婴的生理状况为目的，尽可能不让任何事情干扰到母婴之间情感关系那精妙的发展进程。

话说回来，站在护士和保姆的角度，当她们去照顾别人的宝宝时，我也非常能理解她们的难处和失望情绪。我已故的好友 Merell Middlemore 医生在她的著作《哺乳的母子》(*The Nursing Couple*)*中写道：

> 育婴时的粗心大意有时是由于妈妈的过度紧张和不安，这本不奇怪。她（指婴儿观察者）在一旁观察着养育关系中的这对母子一次又一次的喂奶，也历经了他们的成功与失败，到了一定程度后，她的兴

---

* "The Nursing Couple", Merell P. Middlemore, M.D., Hamish Hamilton Medical Books.

趣与关切竟也变得和他们一样。于是她会发现，她很难再眼睁睁看着妈妈笨手笨脚地喂孩子，甚至会有想上前插手的冲动，因为她相信她能做得更好。当她自己的母性本能被激发出来后，反而会和妈妈的母性一较高下，而不是去增强妈妈的母性。

读到这里，有的妈妈也许发觉自己与孩子在最初接触时错失了良机，不过你们也不必太过沮丧。养育过程中的诸多因素导致了早期失败必然会出现，但日后也有很多办法可以修正走错的方向，或弥补失去的东西。然而，冒着让一部分妈妈不高兴的风险，我还是要试着支持那些能够成功，以及正在成功建立哺乳关系的妈妈们，她们出色完成了养育的首要任务——哺乳。冒险也好，伤人也罢，我都要说，如果一个妈妈靠自己的力量应付着她和宝宝的关系，她就是在竭尽全力地为孩子、为她自己，也为整个社会做着最好的事。

换句话说，一个孩子和妈妈还有爸爸和其他小朋友，以及最后和整个社会终将建立起错综复杂的关系，所有这些关系唯一实在的基础，就是襁褓初期这段成功的母婴（哺乳）关系。这段关系的重点是两个人之间的互动，而不在于有没有规律的哺乳规则，甚至没有规定说一定要用乳房哺乳。归根结底，越是以后繁冗复杂的人情世故，越是始于简单质朴的开端。

第五章 食物都吃到哪里去了？

当宝宝开始感觉到饿时，其实意味着他体内的某种东西活跃了起来，并准备掌控整个局面。作为妈妈，这时你也开始发出一些特别的声音，表示你已经准备好喂奶了。宝宝一听到你的信号，就知道好机会来了，他终于可以大胆释放那种对食物的渴求了，并安心地让这种渴求转变为美妙的驱动力。你可以看到宝宝在流口水，不光是因为小宝宝还不会吞咽口水——他是用流口水在告诉世界，他对于能用嘴巴含住的东西非常有兴趣。好吧，这仅仅说明宝宝变得兴奋了，尤其是嘴巴感到了兴奋。他的小手也会乱动乱抓，像是在寻求满足。若是此时妈妈能够及时给宝宝喂奶，妈妈就恰好契合了宝宝对食物的极大渴求。宝宝的小嘴已经满怀期待了，肉肉的嘴唇也非常敏感，此时的敏感有助于让嘴巴产生绝佳的愉悦感，这是宝宝长大之后再也无法拥有的体验。

妈妈总是积极主动地配合宝宝的需要，她也愿意这样做。出于对宝宝的爱，妈妈擅长在照顾宝宝时做出精巧的调整，这在外人看来也许不以为然，甚至都可能察觉不到。不论你是用乳房哺乳还是用奶瓶喂奶，宝宝的嘴都会非常活跃地接受奶水从妈妈的乳房或奶瓶流进自己的嘴里。

目前一般认为，从乳房吃奶的宝宝和用奶瓶吸奶的宝宝是存在一定差别的。从乳房吃奶的宝宝是用嘴含住乳头的根部，并用牙龈咀嚼。有时候这真能把妈妈咬得生疼，但是这么一挤压，宝宝就能把奶水从乳头挤到嘴里，然后咽下去。可是，用奶瓶吸奶的宝宝则不得不采用另外的技巧，主要就是吮吸，而这对乳房吃奶的宝宝来说却是不太必要的。

有些吸奶瓶的宝宝需要奶嘴上的孔足够大才行，因为在学会吮吸之前，他们只想轻松地吃到奶，而不必吸得那么费力。还有些宝宝很快就会吮吸，要是孔洞太大，他们反而会被呛到。

如果妈妈在用奶瓶喂奶，你就得时刻有所准备，因为你必须在喂奶时有意识地做出许多调整，但是用乳房哺乳就省事得多。乳房哺乳的妈妈很轻松，她感到血液向乳房集中时，奶水自然就来了。要是用奶瓶喂奶，她就得随时保持清醒。她要注意时常把奶瓶从宝宝嘴里拿出来，让瓶中充进些空气，否则瓶中形成的真空会让宝宝吸不出奶来。她要将奶水冷却到合适的温度，并把奶瓶贴到手臂上试一试。她还要放一小盆热水在旁边，必要时把奶瓶放进去保温，以免宝宝吃得很慢而奶水却凉得太快。

胃是宝宝体内的迷你好妈妈

好，接下来，我们来想想奶水去了哪里。宝宝对奶水可谓是了如指掌，直到吞下奶水的那一刻为止。奶水进入宝宝嘴里，给了口腔一种确定而充实的感觉和一种确切的味道，毫无疑问，这是令宝宝非常满足的。然后，奶水被吞了下去，嘴里空了，这在宝宝看来，几乎等同于他失去了奶水和那种充实感。这方面，拳头和手指就要好用得多，把它们留在嘴里就不会消失掉，而且随时可以放到嘴里。当然，吞下去的食物并不会完全消失，至少在胃里的时候还不会消失，食物还有可能从胃里再返回到嘴里来。宝宝似乎也很清楚他们胃部的状态。

宝宝的胃是一个小小的器官，你可能已经知道，它的形状像一个婴儿奶瓶，就在宝宝的肚子里从左向右横置在肋骨的下方；它是个肌肉组织，而且构造还很复杂，它有个和妈妈所做的事很像的绝佳能力，那就是能及时调整自己来适应新的情况。宝宝的胃可以自动地完成调整和适应，除非受到兴奋、恐惧、焦虑等情绪的干扰；就像妈妈可以自然而然地做一个好妈妈，除非她们过于紧张和担忧。胃就像是宝宝体内的"迷你好妈妈"。只要宝宝感到平静自在（相当于成年人所讲的放松状态），他的胃，这个肌肉组成的容器，就能运作自如，也就是说胃的内部能保持适当的肌肉张力，外部能维持应有的形态和位置。

　　奶水进入胃里后，会储存一段时间，在这里会开始一连串的消化过程。胃的底部总是存留着一些液体，它们是消化液，而在胃的顶端则保留着一些空气。这些空气对妈妈和宝宝来说有特殊的作用。当宝宝吞下奶水后，胃里的液体容量就会增加。如果妈妈和宝宝这时都相当平静的话，胃壁就会自行适应这股增加的压力，变得松弛一些，胃也就变大了一些。不过，宝宝一般都是有点兴奋的，因此他的胃也要稍微花点时间才能去适应。胃部暂时增加的压力会让宝宝不太舒服，而解决这个问题最快的办法就是让宝宝打嗝排气。正因如此，在妈妈给宝宝喂完奶，甚至在喂到一半的时候，妈妈就会发现帮宝宝打嗝是个好主意，而且打嗝时，妈妈要是能把宝宝竖着抱直，排气就会更容易一些，而不会在打嗝的同时又吐奶。所以你能看到，许多妈妈把宝宝放到肩膀上，轻轻拍打宝宝的后背，因为这能刺激到胃部的肌肉，让宝宝更容易把嗝打出来。

　　当然在大多时候，宝宝的胃可以很快适应哺乳，也会轻松地接受奶水，根本不需要打嗝。可是，如果母亲处于精神紧张状态（也许只是某些时候这样），那么宝宝也会紧张起来，这时他的胃就要用更长的时间来适应食物的增加。当妈妈明白了这些事以后，妈妈就能轻松自如地应对打嗝问题了，就算遇到两次喂养之间差异很大，或者宝宝两次打嗝的状态特别不同这类情况，妈妈也不会困惑茫然了。

要是妈妈不知道事情的来龙去脉，面对上述情况你就会束手束脚，摇摆不定。当邻居告诉你："喂完奶后，你一定记得要让宝宝打嗝！"不明实情的妈妈也无从争辩，只好把宝宝一直抱在肩头，不停地使劲拍背，硬是要把你认为必须打的嗝给挤出来。这样做未免太教条了。这就变成了妈妈把自己的（或邻居的）意愿强加给宝宝，却妨碍了宝宝自然调节的过程，而允许宝宝自然调节恰恰才是最好的办法。

好，胃这个健壮的小容器会把奶水存留一段时间，直到消化过程的第一阶段发生。奶水首先会发生一些变化，其中之一就是凝固。这只是自然消化过程的第一个阶段。实际上，制作酸奶的过程就是在模仿胃里发生的过程。因此，如果宝宝吐出一些凝固的奶块，你也不必惊慌失措，因为消化本来就是如此，况且宝宝通常也很容易吐奶。

在这个阶段，如果宝宝能保持平静状态，将非常有助于他的胃自然地进行消化过程。不论妈妈用什么好办法做到这一点，是喂奶后把宝宝放到婴儿床里也好，还是轻柔地抱着宝宝走一会儿也好，这都取决于妈妈，因为没有两个妈妈或两个宝宝是一样的。在最舒适的情况下，宝宝可以就那么躺着，似乎全神贯注于自己的内部世界。这时，宝宝会有一种很好的内部感觉，因为血液会流向身体此刻活跃的部分——胃，这能给宝宝的小肚皮带去一种美妙而温暖的感觉。在消化过程的早期阶段，任何扰动、分神和兴奋刺激都能轻易招致宝宝不满的哭泣，最后要么导致宝宝吐奶，要么会让食物在完整经历全部的胃部消化之前，就过早地从胃里流走了。我想你这就会很清楚，当你哺乳时，清空现场的邻居等无关人员对婴儿是多么地重要。这一点不仅适用于你喂孩子吃奶的那段时间，其实完整的哺乳一直要持续到食物从宝宝的胃里离开的那一时刻为止。这就像一场庄严的活动正进行到重要环节，这时有一架飞机从头顶飞过，那真是大煞风景。庄重的哺乳过程应该延伸到，并囊括喂奶后的那一小段时间，直到食物完全被宝宝的身体所接受为止。

假如一切都顺利的话，这段特别敏感的消化时间就会迎来尾声，你开始听到一阵阵咕噜咕噜的响动，这意味着奶水在胃里的这部分消化工作基本上完成了。接下来，胃会完全自动地把一波又一波经过部分消化的奶水向下喷出一个阀门，注入到我们称为肠子的地方去。

目前，婴儿肠子里发生的事你不必了解太多，只需知道在那里对奶水后续的消化是个非常复杂的过程，而最终，消化过的奶水会渐渐被血液吸收，其养分会被运送到全身各处。有意思的是，奶水一旦离开了胃部，就会被加入胆汁，这是肝脏在适当的时候分泌出来的，正是由于胆汁的加入，肠道中的内容物才有了它们特殊的颜色。你要是患过卡他性黄疸病就会知道，如果因为输送胆汁的胆管发炎肿胀，而使胆汁不能从肝脏流入肠道，那感觉得有多糟糕。发病时，胆汁没有进入肠道，而是直接进入了血液，会使你全身都发黄。不过，只要胆汁在合适的时机流向合适的地方，也就是从肝脏流入肠道，就会让宝宝感觉很舒服。

好吧，只要你查阅相关的生理学书籍，就能找出奶水在后续消化中发生的所有变化，但你若是一位妈妈，那么很多细节其实都无关紧要。重点是，那阵咕噜咕噜的响动表明，孩子最敏感的一段消化时间已经结束，食物就此真正在身体里面了。从婴儿的角度来看，这个全新的阶段简直神秘莫测，因为生理学远在婴儿的理解能力之外。然而我们大人很清楚，食物会以多种多样的方式被肠道吸收，最终被散布到周身各处，并且通过血液循环的方式被输送到各部分一直在生长的组织。宝宝身体的这些组织以惊人的速度成长着，它们需要有规律地反复供养。

第六章　消化过程的终点

在上一章里，我们一起探索了奶水被婴儿吞下、消化和吸收的必经过程。奶水到了宝宝的肠道后，又会发生许多的变化，这个部分和妈妈关系不大，而从宝宝的角度来看，这部分加工过程还是个谜。然而渐渐地，宝宝在最后阶段又重新参与进来，这个阶段我们叫作排泄，这时妈妈也得加入进来了，如果她知道这个阶段婴儿都发生了什么，她就能出色地发挥她的帮助作用。

事实上，宝宝吃下去的食物并没有全部被身体吸收；即使是最为理想的优质母乳，在消化后也会留下残渣，何况肠道本身也会有磨损和消耗。总之，食物被消化后还是有很多残余物必须要被处理掉。

各种各样待处理和排泄的食物残余物聚合在一起，逐渐被传送到肠道下端叫作肛门的那个开口处。这是怎么办到的呢？原来残余物是被一波又一波的肠道肌肉收缩推动着向下经过长长的肠道的。顺带一提，食物要经过的这条细长的管道，在成年人身上有6米长，在宝宝体内，也有大约3.6米长。

曾经有位妈妈跟我说："医生，食物就那样穿过他的身体了。"似乎在这位妈妈看来，一旦食物进入宝宝的身体，就会原封不动从另一端重新出来。虽然看起来好像是这样，但事实并非如此。重点是，宝宝的肠道十分敏感，只要一接收到食物，肠道就会立刻开始收缩蠕动；当食物残渣蠕动到下方的那一端时就会排便。通常，肠道的最后那一节叫作直肠的部分，多数时候是空的。如果是肠道运送很多东西，或者宝宝特别兴奋，又或者肠道感染发炎了，那么肠道收缩蠕动的频率就会增加。渐渐地，也只能是渐渐地，婴儿才能对排泄有些控制，接下来，我就想跟你谈谈这是怎么回事。

首先，我们可以想象，由于有大量食物残渣等着被排泄，直肠便开始逐渐被填满。也许实际引起肠道运动的刺激是上次喂奶后所启动的消化过程，不过迟早直肠要被填满。当残余物还在肠道上部时，宝宝对此还不太知情，但是当直肠被填满后，就会带给宝宝一种明确的、又挺舒适的便意感觉，这让宝宝很想马上排出大便。起初，我们不必指望宝宝能把大便憋在直肠里。妈妈也很清楚在育儿初期，换洗尿布是非常耗时费力的事。要是宝宝不得不穿衣服，那么就要及时换洗尿布，否则残留的大便长时间与皮肤接触，就会引起皮肤发炎和疼痛。假如不论何故，宝宝排便很快，大便又呈水样，这时勤换勤洗尿布就变得尤为重要。轻率而仓促地训练宝宝定时排便并不是摆脱洗尿布的办法。倘若你继续把要做的做好，并持续一段时间，事情自然会有变化。

你看，如果宝宝能在最后阶段把大便憋在直肠里存留一段时间，大便就会变干；大便里的水分就会在存留期间被吸收掉。然后，大便就会以固体形态被排出来，这能给宝宝带来排泄的快感。事实上，排便的时候宝宝体验到那种兴奋的快感，甚至能让宝宝过于激动而大哭起来。这下你明白放手让宝宝自然排便的好处了吧（不过目前宝宝还不能完全自理，依然需要你帮忙善后）！妈妈是在提供尽可能多的机会，让宝宝自行从经验中发现，排泄之前先积攒食物残渣并憋住一会儿感觉还挺好的，甚至宝宝还会发现，这样做之后结果会很有趣，因为实际上，若是一切进展顺利的话，排便可是一种极为令人满足的经验。宝宝最开始面对这些事情时所形成的健康态度，是在打下唯一良好的基础，为将来他能接受任何形式的训练做好了准备。

容许宝宝自然排便，响应爱的呼唤

也许有人曾告诉过你，从一开始，你就要经常在喂奶后把一把宝宝（把尿，或把大便），因为有个理念是要尽可能趁早训练宝宝养成定时排便习惯。妈妈应该明白，这样做其实只是为了大人图省事，不想为脏尿布烦心而已，而且这里面的讲究可多了。但是，此时的小宝宝还远远没发展到能被训练的时候。假如妈妈不曾容许你的宝宝在这些事情上有自己的发展，那你就妨碍了一种自然进程的开端，同样，你也会错过一些好事。例如，你若是耐心地等一等，允许宝宝自然大小便一段时间，迟早你会发现，躺在那边小床里的宝宝，找到了某种办法让你知道他已经排便了；甚至再过段时间，你都能隐约感到宝宝马上就要排便了。这种时候，你是正在和宝宝启动一段新的关系，宝宝虽然不能以普通成年人的方式与妈妈交流，但是他却找到了一种不用言语的沟通方式。这就好像是他在说："我觉得我快要想拉大便了，你有兴趣吗？"而妈妈（虽然不是真的说了出来）会回答："是的，我就来了。"妈妈还会让宝宝知道，妈妈之所以感兴趣，既不是因为妈妈害怕他会弄得一团脏乱，也不是因为妈妈觉得自己应该教会宝宝保持清洁。而妈妈之所以感兴趣仅仅是因为你是妈妈，你爱着你的宝宝，因此对宝宝来说这是最重要的事情，这对妈妈同样也很重要。这样妈妈就不会介意自己有时晚到了一步，因为重点不在于让宝宝保持干净，而在于响应宝宝对妈妈的呼唤。

自此以后，妈妈与小婴儿的关系就会越来越亲密，这些沟通形式也会更多更复杂：有时候，宝宝会对将要排出的大便怕得不行，因为大便可能是一些坏的东西；有时候，宝宝又会觉得大便是很有价值的东西。正因为妈妈所做的事情都是基于母爱这个简单的事实，不久妈妈就能分辨出来——你什么时候是在帮宝宝处理一些可怕的坏东西，什么时候又是在接受他给你的一些珍贵的礼物。

还有个实用的观点值得在此一提。当宝宝一次美妙而满意的排便完成后，妈妈可能以为事情结束了，可以把宝宝重新裹好，接着去忙自己的事情了。可是，宝宝也许又表现出新的不舒服，或者马上把干净的尿布又弄脏了。这极有可能是因为先前刚被排空的直肠，立刻又被紧随其后的一堆食物残渣物填满了。如果妈妈在收拾完尿布后没有其他着急的事，你可以稍微等一会儿，那么随着宝宝下一波肠道收缩，宝宝就能把这些余便也排出来了。这种事可能会一次又一次地发生。当妈妈不着急的时候，你就让宝宝有了一个排空的直肠，这有利于保持宝宝直肠的敏感性，等到几个小时后它又被大便填满时，宝宝将再次以自然的方式经历整个排泄过程。而那些一直急匆匆的妈妈们，她们总也等不到宝宝的直肠完全排空。残余的便便要么会完全被再一次排出来，没必要又弄脏一块新尿布，要么还会一直留在直肠里，让直肠变得不敏感，这在一定程度上也妨碍了下一段体验的开启。妈妈的养育和照护若能不紧不慢地持续很长一段时间，自然就为宝宝打下了好的基础，让他对自己的排泄功能有了一种秩序感。如果妈妈总是匆匆忙忙地，不能给宝宝**完全的体验**留有余地，那么宝宝的起步也会一塌糊涂。那些起步顺利的宝宝能在日后慢慢配合妈妈的节奏，而且渐渐地，他也能放弃一部分极为美妙的快感，这份快感来自于一有便意就马上排便的即刻行动和即刻满足。这样的话，宝宝也就逐渐地慢了下来，不单单是为了顺应妈妈尽量别太频繁脏乱的愿望，更是出于宝宝要等待妈妈出现的意愿，这样宝宝就能与妈妈对他的兴趣搭上线了，那种兴趣就是妈妈愿意照料与宝宝有关的一切。更久以后，宝宝将会对自己的排泄控制自如了，当宝宝想要支配妈妈时，他就可以搞得屎尿一塌糊涂，而当宝宝想要取悦妈妈时，他就可以暂时憋住并等到恰当时机妈妈的到来。

我可以给妈妈们讲许多例子，例子中的宝宝们从来都没有机会在排便这件重要的事情上找到自己的方式。我认识一位妈妈，她几乎没有让她的任何一个宝宝尝试过自然排便。她有一套理论是说，滞留在直肠中的大便会以某种形式毒害到宝宝。这当然不是真的，对宝宝和小孩子来说，他们完全可以把大便憋上几天，而不会受到任何一点伤害。可是，这位妈妈却总是用肥皂条或灌肠剂主动帮助小孩子排大便，这就扰乱了每个宝宝自然的直肠活动，其后果简直无比糟糕。可想而知，这位妈妈根本不可能养育出既快乐、又爱妈妈的孩子来。

同样的基本原理也适用于另一种排泄形式，即排尿。

宝宝喝的水经吸收进入血液，由宝宝的肾脏过滤后，多余的水分夹带着溶于其中的废弃物就被排到膀胱。宝宝起初对此事全然不知，直到膀胱开始充盈才会有感觉，接着很快就发展出一种要排尿的强烈欲望。一开始，整件事大体上是自动进行的，但逐渐地，宝宝发现稍微憋一下，不马上尿出去会带来好处——憋一下之后再把尿排出去，会让宝宝更有快感。由此发展出的另一种小小的狂欢，会让小婴儿的生活极为充实，让生命值得过活，也让身体值得安住。

随着时间推移，妈妈的等待所给予宝宝的这种发现，终于可以为妈妈所用了，因为妈妈可以从一些征兆中，知道宝宝可能将要发生什么，这样妈妈就学会了适应宝宝的时间过程，而且妈妈还可以借由你对这个适应过程探索的兴趣，进一步丰富宝宝的体验。最终，只要时间间隔不是太长，宝宝会喜欢并乐意等待妈妈的到来，这样养育就投入和拥有了你们两个人之间爱之情感关系的全部。

现在妈妈终于明白了，在照料排泄这件事情上，宝宝是如此需要妈妈的适应性帮助，这就像哺乳时一样。正是因为妈妈觉得，密切配合婴儿的点滴需要是值得的，这样做才能让来自身体的兴奋经验，变成两个人——宝宝和妈妈——之间爱之情感关系的一部分。

既然事情是这样发生的，而且持续了足够长的时间，那么所谓对婴儿的训练就可以毫不费力地跟进，因为此时妈妈已经博得了向宝宝提出要求的权利，而这些要求是不会超出宝宝的能力范围的。

这个例子再次说明，一个人的健康基础，恰恰是在普通的妈妈对自己宝宝的平常爱护中铺垫起来的。

第七章　宝宝喜欢的喂奶方式特写

我曾经谈道，宝宝很可能从最一开始就欣赏和受用妈妈的**生机活力**。妈妈照顾宝宝时的那种愉悦之情，很快就让宝宝知道，在这些事务的背后有一个人存在。但是，真正让宝宝感受到是妈妈这个人的，或许是妈妈那种设身处地去理解宝宝的特殊能力，而这种能力让妈妈懂得了宝宝的感受。任何书本规则和知识都无法取代妈妈这种对宝宝的感知能力，当她对宝宝的需要感同身受时，她就能在一段时间之内，对宝宝的这些需要做到几乎是精确的适应。

乳房喂奶与奶瓶喂奶

为了说明这一点，我将对两种哺乳情境进行仔细的观察，并对比两个宝宝的哺乳情况。一个宝宝是在家中由妈妈乳房喂养的，另一个宝宝是在养育机构里面用奶瓶喂养的。这个养育机构条件不错，但里面的护士们因为工作忙碌，所以没时间给予宝宝个别关注。

我想先谈谈养育机构里的宝宝。读到这里的医院护士或机构的保姆们，如果你们在护理中要独自喂养许多宝宝，请务必原谅我用你们工作中最坏的情况，而不是最好的情况，来举例子。

那么，养育机构里的这个宝宝到了喂奶时间了，但宝宝此时几乎自己也不知道在期待着什么。我们试想这个宝宝对奶瓶和人都还一无所知，只是刚刚开始准备去相信，有什么能令人满足的东西可能会出现。接着，护士来了，找东西稍微撑起宝宝靠在小床里，然后用枕头垫住奶瓶，并靠近宝宝的嘴巴。护士把奶嘴塞进宝宝的嘴里，稍等了一会儿，就转身离开，去照顾其他哭闹的宝宝了。一开始，一切可能进展得相当顺利，因为饥饿的宝宝被奶嘴一刺激就开始吸吮，然后奶水就来了，这感觉很好；但是，这个东西一直在，一直杵在嘴里，让宝宝憋得透不过气来，很快，这就对宝宝的生存构成了某种巨大的威胁。宝宝吓得开始哭闹和挣扎了，终于把奶瓶弄掉了，这下宝宝松了口气，但也只能是一小会儿，因为紧接着宝宝还想再次吃到奶，可这一次奶瓶没有出现，宝宝只得又哭叫起来。过上一会儿，护士才能回来，重新把奶瓶放进宝宝嘴里，但这一回，尽管在我们看来奶瓶还是那个奶瓶，可是对宝宝而言，它就变成了一个坏东西，一个极其危险的坏东西。这个过程和体验会一次又一次，一天又一天地重复下去。

现在让我们再到另一个情境，也就是宝宝由妈妈的乳房亲自照顾，看看是什么情况。一个不焦虑的妈妈在照料同样需要吃奶的宝宝时，手法真是相当精巧娴熟，我每每看到都震惊不已。你会看到，她就在那儿，能让宝宝感到舒适自在，而且她还能设置好一种环境，让一切就绪，以便喂奶得以开始。这个环境设置本身就是人类关系的一部分。如果这个妈妈是用乳房哺乳的，我们还能看到，不管是多小的小宝宝，妈妈都会让宝宝的小手自由活动，这样一来，当她露出乳房时，宝宝就能通过抓握和摸索而感觉到乳房皮肤的手感，甚至能计量出乳房的温度，以及乳房到宝宝的距离，因为宝宝还只有一小片世界可以安放这个客体，这一小片世界就是宝宝用嘴巴、双手、眼睛刚刚能到达的范围。妈妈还会容许宝宝的小脸碰触自己的乳房。最初，所有宝宝都不清楚，乳房其实是妈妈身体的一部分。如果宝宝的小脸碰到乳房，一开始他们还搞不明白那种舒服的好感觉究竟是来自乳房，还是来自他们的脸。事实上，宝宝们都会玩儿自己的小脸蛋，把脸当作乳房一样去抓挠。诸如此类，还有大把的原因促使妈妈们允许宝宝尝试一切他们想要的接触。毫无疑问，宝宝在这些接触方面的感觉是异常敏锐的，既然身体接触是如此的敏锐和迫切，我们就能确定它们是非常重要的。

哺乳前，宝宝首先需要感受所有这些平静的体验，这也是我正在描述的事情，而且宝宝需要感到自己被满含爱意和平静的手臂和身体抱持着，这种抱持既是鲜活的，又不会搞得小题大作、焦虑不安或紧张兮兮的。这就是环境设置。在这种环境设置里，妈妈的乳头和宝宝的小嘴迟早会发生某种接触。具体怎么接触倒不要紧，重要的是妈妈就在这个环境中，妈妈本身就是这个环境的一部分，而且她特别喜欢与宝宝的关系如此亲密和安静。至于宝宝应该作何表现，妈妈丝毫不抱有任何成见。

一旦乳头和宝宝的小嘴有接触，这就给了宝宝一些念头：也许有什么东西在嘴巴外边，值得去试试看。接着，宝宝就会开始流口水；甚至口水可能多到让宝宝很喜欢吞咽它们，一时间几乎都不需要吃奶了。渐渐地，妈妈有办法让宝宝在想象中，对她自己所提供的东西产生兴趣，然后宝宝开始含住乳头，用牙龈咬住乳头根部，可能还会开始吸吮。

进而宝宝会有一个停顿。宝宝的牙龈松开了乳头，把头转向一边，从刚刚的吸奶活动中转移开。这时宝宝关于乳房的念头和印象也渐渐褪去了。

喂奶是两个人心心相映的沟通

妈妈看出最后这一小段发生的重要性了吗？宝宝先是有了一个念头，接着乳房和乳头就来了，之后就发生了一次接触。然后，宝宝的念头又结束了，宝宝把头转向一边，乳头也随之消失了。这个过程发生得很隐蔽，不仔细观察是看不到的，但宝宝发生的这个过程在许多养育方式中是重中之重，正是如此，才让我们正在描述的宝宝和身处忙碌的养育机构里的宝宝，在经验上有了很大的差异。同样是宝宝的头转向一边，妈妈对此的处理又有什么不同呢？妈妈不会把自己的乳头再往宝宝的嘴里硬塞，迫使吸吮动作又马上开始。妈妈明白宝宝的感受，因为她自己也是鲜活的、有想象力的，她有耐心等待一会儿。过不了几分钟，甚至更短，宝宝会再次转向妈妈早已心甘情愿地等在那儿的乳头了，于是一次新的接触又发生了，而且时机刚刚好。上述这些情况和过程循环往复不断发生，那么这个哺乳的过程就不仅仅是宝宝从一个装着奶水的容器里吃奶，更重要的是宝宝在与一个个人所有物（乳房）发生了关联，而这背后代表着有一个活生生的人（妈妈）暂时把自己拥有的东西（乳房），心甘情愿地借给另一个知道怎么用它的人（婴儿）来使用。

一个妈妈能够做到如此精巧细致地去适应宝宝的需要，而不是按照自己的知识和意愿去强迫宝宝，这个事实就表明这个女人（妈妈）就是一个活生生的人，要不了多久，宝宝就会感谢这一事实。

我想特别强调一点，在第二个例子中，妈妈是允许宝宝自己把头转开而不吃奶的。这一点尤其重要，当宝宝停止想要乳头或暂时不相信它时，妈妈能够允许自己也把乳头从宝宝的嘴里拿开，这个做法让她成为了一个真正的妈妈。这在最初是一种非常精细体贴的操作，妈妈并非总能成功，而且有时宝宝也会用一种个人化的方式，表明自己有行使正当权利的需要，比如拒绝乳头、把头转向一边，或者干脆睡着了。这会令一个奶水充足的妈妈非常失望，因为她正渴望继续大方地奉献自己的奶水。有时候，她会无法忍受胀奶的痛苦（除非有人事先教会她如何挤奶，这样她就能坚持住，等到宝宝再次把头转向她）。不过，要是妈妈们知道了宝宝自己从乳房或奶瓶移开是有价值的，她们也许就能处理好这些困难。她们会把宝宝的这种移开或睡意，当作一种宝宝需要特殊关照的提示。这意味着为哺乳所准备的恰当环境设置务必要一切完备才行。妈妈一定是舒服的，宝宝也一定是舒服的，喂奶时间一定是充裕的，宝宝的手臂和头部运动自由而不应该受约束，而且一定要有一片开放的皮肤能自由感受到妈妈的皮肤，甚至有的宝宝需要被赤裸地放到妈妈赤裸的身体上。设置这些条件可能会遇到困难，但如果妈妈因此就试图强行喂奶，绝对是一点好处都不会有的。假如遇到困难，只有先设置好能让宝宝发现乳房的哺乳环境，才有一线希望能让宝宝建立起适当的哺乳经验。这一切的深远影响，都将在婴儿未来的生活中表现出来。

你的育儿经验让你成为真正的妈妈

借着这一主题，我想再说说孩子刚刚出生后，妈妈的处境。这个妈妈刚有过一次焦虑且艰难的分娩经历，她仍然需要专业娴熟的帮助，需要某个有分娩后护理经验的人来照顾一段时间。不难理解，她在这段时间里特别容易感到需要依赖，也对恰好在身边的重要女性的意见特别地敏感，不管是医院的护士、助产士，还是她自己的妈妈或婆婆。这么看，她此时的处境还是挺为难的。她自己为了迎接这一时刻，已经怀胎九月，做足了准备，而且我试着说明过，她是最佳人选，最知道怎么能让宝宝接受乳房哺乳的过程；可是，其他有识之士如果意见强硬的话，她很难能与她们抗衡，至少得等到她生过两三个宝宝并且经验丰富以后才会有自己的育儿主见。最理想的状态无疑是产科护士（助产士、保姆、妈妈、婆婆与这位新妈妈）相处融洽，意见一致，这倒也是常事。

一旦周围有了这种融洽一致的关系，妈妈就能用自己的方式，尽一切可能与宝宝建立第一次接触。大部分时间里，宝宝就在她旁边睡着，她可以随时看向床边的摇篮或小床里面的小家伙，瞧瞧她是不是真的生了个漂亮的小宝宝。她会渐渐习惯自己宝宝的哭声。如果她感到哭声很烦人，在她睡觉时，宝宝会暂时被抱走，但过后会被抱回来。然后，当她察觉到宝宝开始想要食物，或只是想和她的身体有一般性接触时，她就会经人协助把宝宝抱进怀里，开始照料宝宝。在这段体验过程里，宝宝的脸颊、嘴巴、双手，会和妈妈的乳房展开奇妙的接触。

人人都听过这种故事，一位年轻妈妈对育儿的事情是困惑和糊涂的，但没人给她任何说明和解释；宝宝也被抱到另一间屋子里，可能和其他宝宝放在一起，这些宝宝一直离开着妈妈，每到喂奶时间护士才把宝宝抱回来交给妈妈。由于总是有宝宝在哭叫，结果妈妈从来听不出哪个是自己宝宝的哭声。到了喂奶时间，宝宝们被抱进来，递给他们的妈妈，却都被紧紧地被裹在毛巾里。妈妈不情愿地抱着这个怪模怪样的东西，还要用乳房喂养它（我有意说成"它"），可是，不仅妈妈感觉不到有个小生命在怀里精心地使用着乳房，而且宝宝也毫无机会去探索环境并形成一些印象和念头。有人甚至听说，有些所谓助手因为宝宝不开始吸奶而异常恼怒，结果横加干涉，把宝宝硬推向乳房。有过这种可怕经验的人可能还不在少数。

不过，即使是妈妈们也必须从经验中学习如何成为妈妈。我想，她们从这个角度看待做妈妈这件事会更好，是育儿经验让她们成长为一个真正的妈妈。如果她们是从另一个角度来看，认为自己必须认真读书，学习怎么从一开始就做一个完美的妈妈，那她们可就走错路了。从长远来看，我们需要的是妈妈们，还有爸爸们，逐渐地发现他们其实可以信赖他们自己。这些妈妈们还有爸爸们，一起组建了最好的家庭，为宝宝们可以自然地成长和发展提供了一个健康的环境。

第八章　乳房喂养最好

在上一章中，关于乳房哺乳这件事的讨论是比较个人化的，而在这一章，我们将更多地从技术层面讨论这个主题。首先，我们从妈妈的视角看看需要讨论些什么，然后，医生和护士们就能搞清楚，那些妈妈可能会遇到或问到什么问题。

在一次儿科医生们的讨论会上有人指出，我们其实并不清楚乳房哺乳的特殊价值是什么。同样，我们也不知道遵循什么原则来选择断奶时间。显然，生理学和心理学都要为这些问题的解答留出一席之地。现在，我们不得不将躯体加工过程的复杂研究留给儿科医生，而尝试从心理学的角度对这些问题做一些评论。

乳房哺乳是人类最强烈的情感关系

虽然乳房哺乳的心理学原理极为复杂难懂，但就我们已知的一些知识也足以写些清楚有用的内容了。不过还有个难题，那就是写出来的内容不一定能被接受，即使那是在描述事实。这个难题必须首先得到处理才行。

一个成年人，或者就算是个小孩子也已经不可能确切地知道当婴儿是什么感觉了。尽管婴儿期的感受无疑还贮存在每个人内心的某处，但要重新捕捉到它们绝非易事。可以说，那些遭受严重的精神病性症状折磨的人，会再现出婴儿式的强烈感受。那些病人被恐惧或悲伤完全占据时的状态，跟婴儿在某个时刻全神贯注于某一类感受的状态如出一辙。当我们直接观察一个婴儿时就会发现，我们很难把耳闻目睹的情况转换成感受性言语表达出来；要不然我们就靠想象，但又很可能想象错了，因为我们所带入这个情境的，全是后期发展出来的各种印象和念头。妈妈们则不同，她们在乎自己的小宝宝，最能贴近并理解婴儿的真实感受，因为她们有这个特殊能力，能去**认同**她们用心呵护的那个婴儿，生完孩子几个月之后她们就会失去这种能力了。但是，在忘却这个重要的直觉理解能力之前，妈妈们极少需要婴儿显露出什么信号，她们就能明白宝宝的感受和需要。

医生和护士尽管很擅长自己的本职工作，但不见得比其他人更清楚婴儿的感受，毕竟人类也才刚刚投入到认识自己的伟大任务中不久。据说在所有的人类关系中，最强有力的一种关系是处在兴奋的乳房哺乳经验中宝宝与妈妈（或乳房）的结合关系。我不期望这件事能轻易让人们信服；不过至少，在思考乳房哺乳相对于奶瓶哺乳的价值时，我们有必要把这个可能性纳入考虑范围之内。确实，动力性心理学的一般内容，尤其是婴儿早期心理学的内容，其中最最真实的东西是无法被人们一下子就完全接受的。换做其他学科，要是发现了一个科学事实，大家通常都能很快接受，而不感到有情感张力，但是心理学始终要面对这种情感张力，所以那些不那么准确的、甚至是错误的内容，反而倒比事实本身更容易被人们接受。

有了以上这些铺垫，我想开诚布公地说，婴儿和妈妈在乳房哺乳这场狂欢聚会中的关系是格外强烈的。另外，这段关系的内涵也非常复杂，其中包括期待的兴奋，喂奶活动的体验，还有各种生理满足感，以及体验到满足后从本能紧张转为安静休息的状态。成年后在性活动中的种种感受可以媲美婴儿期乳房哺乳时的美妙体验,而且成年人在经历性活动感受时确实还会唤起乳房哺乳的体验,确实如此,我们发现成年人性经验的模式常常具有衍生自早年婴儿期本能生命的特征和特质。

不过,这些本能生命时刻的内容还不是婴儿生活的全部。在狂喜的哺乳阶段和兴奋达到高潮的排泄体验之间的一段时期内,还存在着婴儿与妈妈的其他各种各样的关系内容。婴儿在早期情绪发展中的一项艰巨任务,就是要把自己与妈妈发生的两种关系联合起来:一种是本能被唤起时的**满足关系**,而另一种关系是妈妈作为环境和供应者,去满足婴儿日常生理需求时所必须的安全、温暖、免受意外伤害的**保护关系**。

满意的乳房哺乳关系是婴儿独立的起点

没有什么能比兴奋时期的美好体验,包括生理满足感和内心满足感,更能清晰而满意地让婴儿形成"**妈妈是一个完整人**"的概念了。当宝宝渐渐把妈妈作为一个完整的人来看待时,也就开始有办法给妈妈一些东西来回报妈妈的付出了。由此,宝宝也开始变得像一个**完整的人**了,并有能力把握住参与关系时的担忧时刻,这时宝宝虽然受到恩惠并心怀感激,但还没有能力向妈妈做出报偿。这一点正是婴儿内疚感的起源时刻,宝宝从此才开始有了因为亲爱的妈妈不在而感到难过的能力。假如一位妈妈既能和宝宝建立满意的乳房哺乳关系,又能在母婴关系中情感投入地与宝宝融为一体,并稳定地持续一段时间,直到她和宝宝都逐渐开始觉得各自是完整独立的人为止,那么这段母婴关系可以说是双倍成功的,而且宝宝的情绪发展也已经在健康的方向上走了好长一段路;在此基础上,宝宝将来就能独立存在于这个人类世界中了。许多妈妈觉得一定要在最初几天里就与宝宝建立起关系,也期望宝宝一定能在几周后就对妈妈的笑脸有反应。而要达成所有这类成就，其实需要母亲养育和本能满足的良好体验不断重复作为基础；一开始，笨拙甚至糟糕至极的哺乳，或者与宝宝其他本能满足体验有关的困难情境，或者超出宝宝理解能力范围的环境变化，都可以导致这些成就的失败。早期母亲与婴儿的完整人类关系能否建立，及其维持的质量，对后期儿童发展有着独一无二的重大价值。

毋庸置疑的是，一个因故无法进行乳房哺乳的妈妈，同样还有办法和机会与宝宝建立大部分这种早期人类关系的，她可以在哺乳的兴奋时刻用奶瓶给予宝宝本能饥饿需要的满足。不过大体上看，好像乳房哺乳的妈妈们都能在喂奶时发现自己更丰富的体验，而这似乎对早期两人关系的建立有很大贡献。如果仅仅是从本能的饥饿需要被满足的角度来说，那么乳房哺乳就不比奶瓶哺乳更有优势。然而无论如何，妈妈在哺乳中的整体心态才是至高无上的关键。

进一步讲，在研究乳房哺乳的特殊价值时，还有个至关重要的复杂问题，那就是**人类婴儿是有想法的**。在精神世界里，每一项功能都被时刻进行着精细加工，即使在生命之初，宝宝也有幻想附着在吃奶的兴奋和各种体验之上的。宝宝幻想的内容就是对乳房无情的攻击，随着小婴儿逐渐变得能察觉到被攻击的乳房其实是属于妈妈的时候，幻想最终变成了婴儿对妈妈的无情攻击。在原始的爱欲冲动里，存在着一个非常强烈的攻击性成分，那就是吃奶的冲动。稍加时日，在幻想层面，妈妈受到了毫不留情的攻击，尽管可以被直接观察到的显著攻击现象少之又少，但是婴儿那种带有破坏性成分的目的仍然是不可以被忽视的。满意的哺乳不仅完成了婴儿生理上的狂欢，也让一段带有攻击性幻想的经历圆满地结束了；然而，一旦小婴儿开始能把两人关系放到一起考虑时，并且发现被攻击和吸干的乳房原来是妈妈的一部分时，婴儿就在相当大的程度上，发展出了为自己所具有的攻击念头而担心和忧虑的能力，这个时候婴儿参与关系的任务已经展开了。

婴儿需要尽可能使奶瓶哺乳接近乳房哺乳

很显然，接受过一千多次乳房哺乳的婴儿，与接受了同样次数的奶瓶喂奶的婴儿相比较，他们的境况是大不相同的；相比于后者，妈妈在前一种情况下经历了更多的辛苦和磨难而幸存了下来，这更像是一个奇迹的出现。我并不是说，用奶瓶喂奶的妈妈对这种差距就无计可施了。用奶瓶喂奶的妈妈当然也可以让宝宝随性地抚弄她，以及嬉戏般地咬她，而且一切进展顺利的话，宝宝几乎会觉得自己就像被乳房喂养着一样。虽然如此，差异始终还是存在的。在精神分析过程中，如果有时间收集和归纳成熟的成人性经验的所有早期根源，分析师就能找到很好的证据，表明这些人在婴儿时期满意的乳房哺乳经验中，曾经获取了妈妈身体的一部分这个事实，已经为他们其他各种本能参与的体验提供了基本的"蓝图"。

有的宝宝没办法接受乳房哺乳，这也是很常见的事情，但原因不是因为宝宝先天能力不足（这是极其罕见的），而是因为有什么问题干扰了妈妈，使得她不能发挥出适应宝宝需要的能力。

与此相似，有些宝宝只有被放到小床里接受哺乳，才能获得有价值的经验，因为妈妈的焦虑或抑郁情绪，已经让实际抱持的丰富经验大打折扣，也难免会扭曲了整个抱持过程。通过仔细观察我们可以发现，婴儿从一个焦虑或抑郁的妈妈那里断奶后反而会变得轻松和解脱，识别出这一点，应该能让这一主题的研究者达到新的理论性理解，即在喂奶过程中，妈妈的积极正向能力对于实现其母性功能是至关重要的。成功的哺乳经验对妈妈来说是重要的，甚至有时比对婴儿来说还要重要，当然，这对婴儿的重要性本来就是确定无疑的。

有必要在此多说一句话，成功的乳房哺乳极其重要和有价值，但并不等于说所有问题都已经被解决了；**成功的意思是**：一段非常强烈、紧张而又丰富的人际关系经验已经开始渐渐展开了，伴随着这段经验，婴儿就会有尽可能多的机会表现出一些征兆；这些征兆说明，妈妈与婴儿能够**开始在一起直面**所有属于人类生命和人类关系所固有的、真实而重要的内在困难了。

当我们不得不用奶瓶来取代乳房哺乳时，通常这段关系各个方面都会变得轻松一些，而从轻松养育的角度来讲，医生也许觉得，既然各方面紧张都下降了，他建议用奶瓶喂养孩子显然是在做好事。然而，这只是从疾病和健康的角度来看待生命。那些真正关心婴儿健康发展的人，一定要能从孩子人格发展的**贫瘠和丰富**的角度来思考哺乳的关系，这的的确确完全是另一回事。

接受乳房哺乳的小婴儿，很快会展现出一种能力，就是他能使用某些客体作为乳房，即能使用妈妈的象征性客体。婴儿与妈妈的关系（包括兴奋状态和安静状态），会象征性地表现在婴儿与自己的小拳头、拇指及其他指头、小块儿布头或一个软软的毛绒玩具之间的关系当中。婴儿的感觉目标会非常平缓地逐步置换并移动到这些客体上，而一个客体能代表妈妈乳房的唯一前提是，乳房这个念头必须要通过先前与乳房有过实际接触的经验，并已经被吸收且合并到了宝宝的心里。起初，有人认为奶瓶也可以是乳房的替代物，不过，只有当婴儿有过接触妈妈真实乳房的经历，然后在合适的时机，奶瓶被当作一个玩具介绍给婴儿时，这件事才能说得通。如果一开始就用奶瓶而不是乳房哺乳，或者在最初几周就用奶瓶换掉了乳房，那么奶瓶就还是奶瓶本身，奶瓶不可能成为乳房的象征物，而且在很大程度上，这个奶瓶还会在母婴关系中间形成障碍，而不是纽带。总而言之，奶瓶并不是很好的乳房替代物。

考察乳房哺乳和奶瓶喂奶这两种方式对婴儿断奶的不同影响，是个很有意思的主题。基本上，这两种情形下的断奶应该是一样的过程。当宝宝成长到某一阶段，会开始玩丢东西的游戏了，妈妈很清楚，宝宝发展到这个状态时，断奶对他就很有意义了。这就是说，不论是乳房喂奶还是奶瓶喂奶，婴儿对断奶已经准备就绪了。但是，我们依然可以这样说，从某种程度上讲，没有哪个宝宝是自己完全准备好接受断奶的，尽管确实有一部分宝宝是靠自己断了奶。断奶过程总会伴有宝宝的一些愤怒情绪，而在这一点上，乳房和奶瓶的意义差别就相当大了。在乳房哺乳的情况下，宝宝和妈妈必定在断奶时有个商量和妥协的过程，其中就要处理宝宝对脱离开乳房的恼火，以及攻击的念头，这种攻击更多是出于愤怒的反应，而不是欲望的驱使。显然，成功经历过乳房哺乳过程的婴儿和妈妈，都会获得非常丰富的体验，而使用奶瓶代替乳房这种更机械化的喂养办法的婴儿，则会失去很多宝贵的体验。断奶经历中有一个重要的事实是，妈妈要从断奶所引发的一切不好的感受中挺过（幸存下）来，而她能挺过来（幸存），部分是由于婴儿保护了她，另一部分是因为她也能保护好自己。

领养的宝宝怎么喂奶？

还存在一些情况，如果一个婴儿将要被别人收养了，这就遇到一个既实际而又非常重要的问题：对婴儿来说，是接受过一段时间的乳房哺乳好呢，还是压根儿就没有过乳房哺乳好呢？我觉得这个问题还没有现成的答案。以现有的知识水平而言，当一个妈妈有了私生子，她也知道只能安排领养时，我们也不确定应该建议她先用乳房哺乳，还是应该一上来就用奶瓶喂奶。许多人坚持认为，妈妈有机会进行乳房哺乳的话，多少先哺乳一阵子后再把宝宝交托给别人抚养，感觉就能好很多；但是从另一方面讲，有过这段亲密接触后再与宝宝分离，妈妈很可能是极度痛苦的。这个问题非常复杂，也许让妈妈经历过这种痛苦，反而好过当她认清了这段真实体验的难能可贵以后，却发现自己错失了良机再后悔的情形。具体情况还要视个别差异而具体对待，当然一定要充分尊重妈妈的感受。让我们再来看看宝宝的情况，显然，成功的乳房哺乳和断奶经验会为宝宝的领养打下良好的基础，可是话说回来，一个宝宝迈出了这么好的第一步却还要被领养又十分罕见。最常见的是，孩子在生命之初已经是一团糟了，所以那些领养了孩子的人会发现，他们所照顾的这个宝宝，往往因为一段复杂的早年经历而已经变得紊乱和失常。可以肯定的是，早年的这些经历确实非常要紧，在领养问题上，我们万万不能忽略孩子在最初几天到几周内的哺乳史和一般照料史。生命的种种进程在万事俱备的时候都能轻松地起步，而一旦经历了几周甚至几个月的混乱状态后，再要启动生命的那些进程可能就真的很困难了。

你也可以说，如果一个孩子长大后最终要来寻求长程心理治疗，那么在其生命之初有过接触乳房的经验应该会有更好的效果，因为这能提供丰富人际关系的基础，以便在心理治疗中还有可能重新寻回这些关系。可不管怎么说，其实大部分孩子长大后没机会或并不会寻求心理治疗，而且稳定持久且高质量的心理治疗也真的很少能找得到；因此，在安排领养时，可能比较好的处理是一开始就要对宝宝采用可靠的奶瓶喂奶技术，尽管这是个不幸的开端，但我们也只能知足了，因为这种办法事实上不会过于亲密地引入妈妈这个人，所以更容易让小婴儿觉得，尽管参与喂奶过程的有好几个人，但至少养育模式还是一致的。从一出生就接受奶瓶喂奶的宝宝，虽然在体验上比较贫乏，或者恰恰由于体验上的贫乏，所以很可能以后可以接受一连串变换的照顾者们而不致太过混乱，原因很简单，至少奶瓶和喂奶是保持不变的。生命之初，婴儿一定要有一些可靠的东西可以依赖，否则我们无法指望婴儿在心理健康的道路上有个好的开始。

对于这个值得探究的领域，我们要做的工作还有很多，必须得承认，产生新理解所需的、最为丰富的原始资料，就来自于长程精神分析治疗的过程，包括对正常的、神经症性的、精神病性的各年龄段的儿童，以及成年人的分析性治疗。

  总之，要想轻易避开乳房哺乳的替代物这个问题是不可能的。在一些国家和文化背景下，认为用奶瓶喂奶才是正规的，而这个情况也一定影响了该群体的文化模式。如果一切进展顺利，那么从妈妈的角度来看，乳房哺乳不仅为宝宝提供了最为丰富的体验，而且也是最舒服的喂奶方式。从宝宝的角度来说，最为要紧的是乳房哺乳之后，妈妈和乳房的幸存（挺过来了），这要比一个奶瓶以及一个隔着奶瓶的妈妈的幸存重要得多。乳房哺乳的经验之丰富会导致妈妈和宝宝的关系中出现许多困难，但这根本不能成为反对乳房哺乳的理由，因为婴儿养育的目标绝不单单是为了避免出现症状或困难。婴儿养育的目标并不局限于培养宝宝健康的身体，还必须包括提供各种条件让宝宝获得尽可能丰富的情感体验，其长远效果就是增加宝宝个体性格和人格的深度、广度与价值。

第九章　宝宝为什么哭泣？

　　关于你想了解宝宝的愿望，以及宝宝也想被你了解的需要，我们已经谈了一些显而易见的事情。就像宝宝们需要妈妈的奶水和温暖一样，他们也需要妈妈的爱和理解。如果妈妈能了解你的宝宝，就能在宝宝需要帮助的时候恰当地施以援手，而且，由于没人比妈妈更能了解自己的宝宝，所以妈妈是帮助宝宝的最合适人选，无人能代替。现在，让我们看看宝宝特别需要帮助时发出的那些呼喊信号——即当他哭泣的时候，他们在表达什么意思。

　　如妈妈们所知，大多数宝宝经常会哭，妈妈也时常要判别，是让宝宝继续哭一会儿，还是要去安抚他、喂他吃奶，或是让爸爸来帮一把，或者直接一股脑儿的把他撒手交给其他带过孩子的妇女（如自己的妈妈、婆婆或保姆），因为这些妇女似乎对孩子了如指掌，或者她们自以为如此。妈妈或许希望我能非常直白地告诉你究竟该怎么办，但若我真的这么做了，你又会说："这太愚蠢了！宝宝哭泣的原因多种多样、千差万别，在没搞清楚宝宝为什么哭泣之前，你也说不好到底该怎么办。"确实如此，正因为这样，我接下来就想和妈妈们一起，试着理清宝宝哭泣的种种原因，这有助于你在宝宝哭泣时不再那么担心，从而做出正确的判断。

我们不妨把哭泣分为四种，这是比较准确的分类，所有我们想讨论的事都可以挂靠在这四种分类上，即宝宝哭泣代表着他：满足、痛苦、愤怒、悲伤。你会发现，我将要说的真是非常普通而浅显的事，每个小婴儿的妈妈都自然而然地知道这些事，只不过她平常对宝宝的哭泣的含义没有分的那么清楚，也没有试过把她所知道的用言语表达出来而已。

我要说的是，哭泣无外乎以下几种含义：要么是带给宝宝活动自己肺部的感觉（满足），要么就是一种苦恼的信号（痛苦），要么是一种生气的表现（愤怒），要么就是一首伤心的歌（悲伤）。如果你也觉得这个主张是可行的，那么我就来进一步解释我的意思。

因满足而哭泣

也许你会觉得奇怪，我怎么一上来先说哭泣是为了满足呼吸的需要，几乎是为了快乐而哭泣；因为大家更愿意认可，宝宝一旦哭起来，一定是有某种程度的苦恼使然。可我依然认为，为满足而哭泣是我们首先要说的事。我们一定要识别出哭泣中也有快乐的成分，这和宝宝运用其他身体功能时感到快乐是一样的，所以宝宝能哭够一定的量，有时可以说是令宝宝得到了满足，反之，没有哭够的宝宝是不满足的。

有的妈妈会跟我说："我的宝宝除了吃奶之前哭一下，几乎很少会哭。当然，他每天四点到五点都会哭一个小时，但我想他其实喜欢这样。他并不是真的遇到了麻烦，而我会让他知道我就在他身边呆着，但又不会特别刻意地要去安抚他。"

有时候人们会告诉你，绝不要在宝宝哭的时候把他抱起来。我们稍后会讨论这个问题。然而，还有另一些人竟说，千万不要让宝宝哭起来。我觉得这些人很可能还告诉妈妈们，不要让宝宝们把小拳头放到嘴里，不要让他们吸吮拇指，不要让他们使用小玩偶，也不要让他们在正经的喂奶结束后还在乳房上玩个不停。这么多的不允许啊！其实这些人不知道，宝宝有（而且一定要有）自己的办法来应对自己遇到的困难。

不管怎么说，那些很少哭泣的小宝宝，只是看起来不哭闹，但不见得就比那些拼命哭泣的宝宝过得更好，而且要是我个人在这两个极端当中选择的话，我倒愿意赌一赌爱哭的宝宝，毕竟他们还知道充分运用大哭大闹的本事，但前提是养育者不能经常任由宝宝的这种哭闹落入绝望的境地。

我想说的是，从小婴儿的角度来看，凡是身体的合理运动都是好的。呼吸本身就是新生儿的一项新成就，直到运用自如之前，这项技能对宝宝来说还是挺有趣的，此外还有尖叫、大喊以及各种形式的哭泣，肯定都让宝宝极为兴奋。重要的是，我们要认清哭泣的价值，这样我们就会看到，哭泣是如何在困难时刻起到自我安慰的作用的。宝宝们哭闹是因为他们感到了焦虑或不安，而哭确实帮上了不少忙，因此我们必须承认，哭也是有好处的，而且好处很大。再到后来，宝宝会开始讲话，不久后，学步儿还会噼里啪啦地说着喊着闹个不停。

妈妈们都知道，小婴儿会使用自己的拳头或手指，通过把它们放进嘴里来应对和忍受挫折。尖叫也像个小拳头，只不过是从里往外伸出来的，而且没人可以阻止。妈妈可以握住宝宝的双手，不让他放进嘴里，但是你没办法把宝宝的放声大哭大叫也压回到他的肚子里。你无法彻底制止宝宝的哭闹，我也希望妈妈们千万不要做这种尝试。假如你有个无法忍受噪音的邻居，那么你确实不走运，因为你不得不为了顾忌**他们**的感受，而采取措施让自己的宝宝停止哭闹，这完全是另一件事，而且也是不公平的。我们本该去研究宝宝哭泣的原因，然后据此去预防和阻止那些无益的、甚至可能有害的哭泣，但是要注意：不是所有的哭泣都是不好的。

医生们说，新生婴儿精力旺盛的哭泣是其健康和强壮的表现。是的，而且之后的哭泣依然是健康和强壮的标志之一，哭泣还是宝宝的一种早期体育锻炼形式,一种身体功能的使用和练习,这种哭泣令宝宝十分满足,甚至非常快乐。**然而,哭泣的意义远远不止如此,**那么哭泣还有什么其他的含义呢?

因疼痛而哭泣

人人都能很容易地识别出痛苦的哭泣,这种自然方式让你知道宝宝遇到了麻烦,他需要妈妈的帮助。

当一个宝宝感到痛苦时,他就会发出一声尖叫或某种尖锐的声音,同时,他还常常配合其他身体方式提示你是哪里出了问题。比如,要是他突然肚子疼,他就会蜷起双腿;要是耳朵疼,他就会抬起一只手鼓捣那只耳朵;要是一道强光让他不舒服了,他就会把头扭向旁边。不过,他还真不知道对一声巨响能做出什么反应。

痛苦的哭泣本身对小婴儿来说是不愉快的,也没人会认为它会愉快,因为这种哭声会立刻惊动周围的人,激发出他们那种急于做点什么来应对的迫切愿望。

宝宝有一种痛苦叫作饥饿。没错,饥饿对于小婴儿来讲确实像一种疼痛。饥饿带给宝宝的那种痛楚,大人们很可能都忘掉了,因为成年人已经很少会饿到肚子疼了。如今在英国,我猜极少还有人知道饥饿难耐的滋味了。想想看,我们极尽所能地确保食物供给,即便是战争时期也是如此。我们考虑的是要吃什么,而不用担心有没有东西可吃。如果我们喜欢的某种食物短缺了,我们可以不再想它,转去吃别的东西,而不用一直惦记着它却又始终得不到它。然而,小宝宝们对于急剧饥饿的痛苦折磨可是再清楚不过了。妈妈们都喜欢宝宝既听话,又贪吃,喜欢他们在食物准备好后,听到响动、看到景象、闻到气味时能兴奋起来;可是兴奋的宝宝就会感受到痛苦，并用哭闹表现出来。如果这种痛苦能带来随后立即满意的喂奶，那么它就能很快被遗忘。

宝宝出生以后，我们就经常能听到他因痛苦而哭泣。一段时间以后，我们会注意到这些痛哭中有了新的内容，那就是增加了为担忧而哭。我想，这意味着宝宝开始懂点事了。他渐渐知道，在某些境况下，他能预料到痛苦的到来了。当你开始脱他的衣服时，他就知道他要被带离舒适和温暖了，他也知道他的位置会发生变化了，他预想有可能会失去所有的安全感，所以，妈妈刚刚解开他的第一个扣子，他就会哭起来。这说明他开始有能力把事情联系起来考虑了，他也有了一些早先的经验，一件事开始能让他联想起过去的另一件事。日子一周周过去，随着他的长大，这些联系自然会越来越复杂，宝宝的心也就越来越复杂了。

你也知道，有时候宝宝的身体被弄脏了时也会哭。这可能表示，宝宝不喜欢被弄脏（当然，如果他长时间身体是脏的，他的皮肤还会因磨损而疼痛），但通常，这种哭和讨厌弄脏一点关系都没有——哭是因为宝宝已经学会预期骚扰了，而他害怕这种骚扰。经验告诉宝宝，接下来的几分钟，所有安心的保障将面临失败，也就是说，他将被解开衣服，移动位置，还会失去身体热度，可能被放进温度不合适的水中。

宝宝出于害怕的哭泣，其根源在于痛苦，这也是为什么不同宝宝的哭声听起来都差不多，但是，宝宝会牢记其中的痛苦，也会预期痛苦再次出现。一旦宝宝有过某些急剧痛苦的感受性经验，那么任何威胁着让他再次体验那种痛苦感受的情况，都可以让宝宝害怕得大哭。很快，他就开始发展出明确的想法，这些想法就会让他非常害怕，同样地，如果他吓得大哭，真正的麻烦在于某件事让宝宝联想到了痛苦，尽管这件事只是他想象出来的。

如果妈妈是刚刚才开始想到我说的这些事，也许你会觉得，我把事情搞得有点夸张复杂和难以理解了，但是事实确实如此，我也没有办法。幸好，接下来的内容眨眼之间你就能明白，因为我要说到哭泣的第三个原因：愤怒。

因愤怒而哭泣

我们都知道发脾气是什么样子，也知道被怒气冲昏了头脑时的感觉，我们甚至有时候无法控制我们自己。你的宝宝也很清楚大发雷霆是怎么回事。无论妈妈多么努力，你依然时常会让宝宝感到失望，而他就会愤怒地哭闹；不过在我看来，妈妈可以略感安慰的是，愤怒的哭泣可能表示他对你还有信心，他希望能改变你的做法。一个对妈妈失去信心的宝宝是不会愤怒的，也就不会愤怒地哭泣了，他只会停止要求，或者用一种悲惨、幻灭的方式哭泣，或者开始用头撞枕头、墙或地板，或者用尽一切办法来伤害自己的身体。

其实，对宝宝来说，尽可能了解和体验到自己愤怒情绪的全貌是有利于健康的。你看，当宝宝生气的时候，他一定会**觉得**自己是有伤害性的。你很清楚他发脾气的样子，他会尖叫、乱踢，如果是大一点的宝宝，还会站起来使劲摇晃小床的栏杆。他还会又咬又抓，乱吐乱喷，弄得一团糟。若是他心意已决，他可以屏住呼吸，把脸憋得发青，甚至痉挛发作。在这几分钟里，他真的打算彻底摧毁，或者至少是毁坏他身边的一切人和事物，而且丝毫不在意在这个过程中他有可能也毁了他自己。通常，你会尽一切所能把宝宝带出这个愤怒摧毁状态。不过说起来，如果宝宝是在愤怒的状态下哭闹，他感觉他似乎真的摧毁了周围的人和事物；但是，如果他身边的人却依然保持平静、没有惊慌失措，未受到伤害，那么这个经验会大大加强宝宝看清真相的能力，也就是说，他感觉真实的事未必就是现实，而幻想和现实虽然同等重要，但毕竟是截然不同的两件事。所以，宝宝愤怒时，周围人如何做出反应是非常重要的。当然，你也完全没必要试着激怒宝宝，原因很简单，因为不管你愿不愿意，已经有数不清的因素让你没法儿不激怒他了，就没必要再故意激怒宝宝了。

有些人行走世上，总是害怕自己发脾气，即使他们在婴儿期经历过淋漓尽致的暴怒，他们还是担心如果自己发了脾气，那就可能会有可怕的后果发生。出于各种原因，所谓可怕的后果从没被真正检验过。或许，在他们曾经发脾气暴怒时，他们看到自己的妈妈已经被吓坏了。本来，通过冷静的安抚，妈妈是可以给宝宝传递信心的，但是，妈妈反应出好像生气的宝宝真的很危险似的，这时宝宝就相信了，他自己发脾气可能会导致可怕的后果，这就把事情搞砸了。

会表达愤怒的宝宝十足是一个真正的人。他知道他想要什么，他也知道怎么能得到，而且他拒绝放弃希望。起初，宝宝根本不知道他还有武器，他简直想不到自己的叫喊和哭泣还有杀伤力，更想不到他的一团脏乱会给人添麻烦。但是几个月过去后，婴儿就开始能感觉到危险了，感觉到他有伤害别人的能力，也感觉到了他有时其实很想伤害别人；再过不久，结合他个人有关痛苦的经验，婴儿就知道别人也会遭受痛苦，也会感到疲惫和无力，婴儿的精神世界就越来越丰富了。

当你仔细观察你的宝宝时，如果你能观察到他知道他能伤害你和他想伤害你的端倪，你一定能得到很多的收获。

因悲伤而哭泣

现在，我想开始讨论第四个哭泣的原因——悲伤。我知道我不必向你描述悲伤，就像我不用向没有色盲的人描述颜色一样。不过，仅仅提一句悲伤就扔在那儿不管了，我也是不满意的，其原因有很多。其中之一是，婴儿的感受都是非常直接而强烈的，而我们成年人，尽管珍视这些婴儿期的强烈感受，也愿意在某些特殊时刻重新体验这些感受；但是长久以来，成年人已经习得了如何防御我们自己，不被这些几乎承受不住的感受所影响或支配，换做婴儿时的我们，就很容易被这些感受所淹没。假如我们挚爱的某个人去世了，那么悲痛就是无法避免的了，我们会停下来经过一段哀悼期，朋友们也会理解和包容我们。估计用不了多久，我们就能从这个状态中恢复过来。我们不会再像宝宝们那样，没日没夜地把自己暴露在痛彻心扉的悲伤之中。实际上，很多成年人为免受悲痛之苦，反而把自己防御得太过了，以至于他们都无法如其所愿、认真地对待这类事情；他们体会不到他们想要的深层次感受，因为他们对如此真实的一切是非常恐惧的。同时，他们也发现自己是不能投入情感地去爱一个确定的人或事物，因为他们觉得那是一种太大的风险；即便他们会得到充分的担保可以免于悲伤之苦，但仍然忌惮于可能会让他们失去很多的冒险。而恰恰是这些人多么热爱令他们热泪盈眶的伤感电影啊，这至少说明他们没有失去悲伤的能力！我得提醒你，当我谈到悲伤是婴儿哭泣的原因之一时，你也很难再记起自己婴儿期的悲伤，所以不能仅凭你直接的同情性感受，就认定你的这些感受也是你的宝宝的悲伤，因为有可能你的真实情感处于防御状态。

就算是宝宝们，也可以发展出强有力的防御，以便来应对痛苦的悲伤。但是，我将试着向你描述实际存在的、你也一定听见过的婴儿悲伤时的哭泣。我想，我能帮你看清悲伤哭泣的地位、意义和价值，这样当你再听到这种哭声时，你就知道怎么办了。

当你的宝宝能够开始为悲伤而哭泣时，你就可以推断，他已经在情感发展的道路上，走了相当长的一段路，并取得了很重要的成就了；这就像谈到愤怒时说过的那样，你试图诱发宝宝悲伤的哭泣，也将会一无所获。你没办法帮助宝宝悲伤，就如同你不能帮助他生气一样。不过，愤怒和悲伤还是有一点区别，即愤怒或多或少是对挫折的直接反应，而悲伤则意味着婴儿心里发生了极为复杂的一系列变化，我会尝试向你描述这种变化。

不过容我先多说两句，关于悲伤哭泣的声音，我想你也赞同，那哭声其中是有一种音律在的。有人认为，更有欣赏价值的音乐，其旋律的主要根源之一就是悲伤的哭泣。在某种程度上，小宝宝也在用悲伤的哭泣来自娱自乐。在他等待睡意来淹没他的忧伤时，他很容易随着哭泣而发出和尝试各种音调。等他再大一点，他就真的能听到，这些音调组成伤心的吟唱，并伴着吟唱自己入眠了。另外，你也知道，悲伤的哭泣常常会流眼泪，愤怒的哭泣就很少见眼泪，而没有能力伤心地哭泣，意味着宝宝的眼睛总是干燥的，鼻子也是干燥的（眼泪不从脸上滑落时，就会从鼻子里流出来）。所以说，流眼泪无论从生理上还是心理上讲，都是健康的表现。

或许我可以给你讲个例子，解释一下我所说的悲伤的价值。我想以一个十八个月大的孩子为例，因为同样的事情，放在婴儿早期来看比较晦涩难懂，而在这个年龄就更好理解了。有个小女孩在四个月大时被别人收养了，此前，她有过许多不幸的经历，正因如此，她特别依赖她的妈妈。可以说，不同于那些幸运宝宝的是，这个女孩心里还没能树立起好妈妈在身边的印象，因此，她牢牢黏着自己现在的养母，养母也对她照顾得无微不至。这个孩子太过需要养母陪在身边了，所以养母也知道自己一定不能离开孩子半步。在孩子七个月大时，有一次，养母把孩子托付给经验丰富的帮手带一下，自己暂时离开了半天，结果这对孩子来说简直就是一场灾难。现在孩子已经十八个月大了，养母决定外出休假两周，于是她跟孩子做了很好的交代，并把孩子交托给信得过的人照顾。然而就在这两周里，孩子大部分时间都在试图打开养母卧室的房门，她太焦虑了，以至于无法玩耍，也无法接受养母不在身边的事实。她害怕至极，甚至都掩盖了悲伤。我猜人们会说，对这个女孩而言，整个世界仿佛静止了两个星期一样。最后，养母回来的时候，孩子停顿发愣了好一会儿，才确信自己看到的真的是养母，然后一下扑到养母怀里，搂住她的脖子，失声痛哭，陷入了深深的悲伤，过了好久，孩子才恢复了常态。

你瞧，从我们局外人的角度来看，我们觉得在养母回来之前，小女孩都是伤心的。然而，站在小女孩的角度说，那时是没有悲伤的，直到养母重新出现在眼前，她才知道她可以伤心难过，并投入妈妈的怀抱，让眼泪洒落到妈妈的脖颈上。为什么是等到妈妈回来才感到悲伤呢？不得不说，因为小女孩此前首先要处理某件让她非常害怕的事，那就是，养母的离开，让她感到了对妈妈的恨。我举这个例子是因为，孩子事实上是非常依赖养母的（而且很难在其他人身上感到母性），这让我们很容易理解，当孩子恨妈妈的时候，她会感到有多么危险。所以她一定要等待，直到妈妈回来。

不过，妈妈回来后，小女孩又做了什么呢？她本可能冲上前去，咬妈妈一口以泄愤怒，而且你们很可能有过这样的切身经历，对此我一点也不惊讶。但是这个孩子却是搂住妈妈的脖子，陷入深深的悲伤。妈妈对这种表现又该如何理解呢？假如她把自己的理解变成语言（当然，我很庆幸她没有真的说出这堆话），她可能会说："我是你唯一的好妈妈。尽管你恨我离你而去，但发现这一点你还是吓坏了，而且你为你恨我而感到抱歉。不仅如此，你还觉得我离开是因为你做了什么坏事，要么就是因为你对我的渴求太强烈了，或者因为你在我离开之前就恨过我；总之，你觉得我的离开要归罪于你——你觉得我永远不会回来了。直到我回来后，你搂住我的脖子才能确认，你心里有种想把我赶走的念头，甚至我还没离开你时就有了。不过，你的悲伤让你理所应当地用双手搂住我的脖子，因为这显露出，即使你感到我的离开伤害了你，你也觉得这是你的错。事实上，你感到内疚，好像全世界的坏事全都因你而起，但其实你只是促使我离开的很小一部分原因。宝宝们都很麻烦，但妈妈们早就有这种心理准备，也喜欢麻烦的宝宝。由于你特别依赖我，所以你也特别容易让我筋疲力竭；不过是我决定要领养你的，我也从没觉得为你操劳有什么可怨恨的……………"

妈妈本可以说上面这一大堆话，但谢天谢地，她没有；实际上，这些念头可能都来不及浮现在她脑中。这时，她正忙着抱紧孩子，安抚她可爱的女儿呢。

悲伤情绪的重要意义

为什么我要这样来讲述一个小女孩伤心哭泣的事呢？我确信，没有两个人能以如出一辙的方式，描述孩子悲伤时会发生什么。我也敢说，我上面所讲的一些事情不一定确切。可是，这些事也没说错，而我希望我所说的已经足以让你看出，悲伤的哭泣是非常复杂的事，它意味着，在这个世界上，你的宝宝已经获得了自己的一席之地。他不再无足轻重、随波逐流，而是开始对周围环境负责任。他也不再只是对各种情况被动反应，而是感到自己要对一些情况负责。问题是一开始，他感到要对身边发生的事和生活中的外部因素负全部（所有）责任。但是渐渐地，他就能从他觉得要负责的所有事情中，分辨出他需要负责的那个部分。

接下来，让我们对比一下悲伤的哭泣和其他哭泣的区别。你看，因痛苦和饥饿而哭泣，是宝宝出生以后最常能听到的。愤怒出现在宝宝开始懂点事以后，害怕则标志着宝宝能够预期痛苦的到来，这表示宝宝已经能够产生一些想法了。悲伤所代表的意义还要远远大于其他的强烈感觉；如果妈妈们明白悲伤所蕴含的宝贵价值，她们就能避免错过一些重要的事。当孩子稍大一些，说出"谢谢你"和"对不起"时，大人们都会很欣慰，但是感谢和抱歉的早期形式其实就包含在婴儿悲伤的哭泣中，这种自发的表达，远远要比教会孩子说感激和忏悔的话更有价值。

你肯定注意到了，在我上面的描述中，那个伤心的小女孩搂住妈妈的脖子，就可以陷入深深的悲伤情绪中，这是多么合情合理的一件事啊。不过，在一段满意的母子关系中，一个愤怒的宝宝却很少会再表现出愤怒。

比如他赖在妈妈腿上，可能是因为他害怕离开它，而妈妈却很可能希望他离远点。这时，悲伤的宝宝就能被妈妈抱紧、依偎在妈妈怀里，因为婴儿自己为受伤的感觉负起了责任，他换得了继续与人保持良好关系的权利。实际上，悲伤的宝宝可能需要你用身体更外露地表达出你的爱，而不需要你去摇晃他、搔他的痒，或者用别的方式让他分神，好忘记悲伤，这样的方式是对婴儿悲伤情绪的羞辱。换句话说，孩子正处在一种哀悼悲伤的状态中，并且需要一段时间从中恢复过来。他只需要知道你还继续爱着他就好了，甚至有时候，最好能让他自己哭一会儿。记住，在婴儿期和童年期，没有什么其他感受能比真实自发地从悲伤和内疚感中复原更美妙了。确实如此，有时你会发现，孩子故意调皮捣蛋是为了招来一些惩罚，以此来感受内疚并悲伤地哭泣，然后去体会被父母原谅的感觉，这时，孩子迫切想要重温那种曾经从悲伤中真正恢复的美妙体验，这种体验是情绪成熟发展必不可少的。

总的来说，我已经分别讲述了不同种类的哭泣，当然还有很多可说的事情，但我想这些已经足以帮助妈妈们分辨它们了。我还没有提到的是无望和绝望的哭泣，要是宝宝心里不再抱任何希望了，就会崩溃并发出这种哭声。在家里，你可能从来听不到这种哭声，否则，情况就已经超出了你的控制；如果孩子发出了这种绝望的哭泣之声，尽管我反复强调过，你比任何人都更加善于照顾你的宝宝，但你也确实需要寻求专业的帮助了。通常，在养育机构里，我们常会听到孩子发出这种无望和崩溃的哭声，因为在那里无法让每个宝宝都有一个妈妈。我提到这种类型的哭泣，仅仅是为了补全哭泣的类别。事实上，如果你愿意全身心投入地照顾你的宝宝，这就意味着宝宝是幸运的；除非有什么偶然事件扰乱了你的常规养育，否则宝宝都能直截了当地让你知道，他什么时候生你的气了，什么时候又很爱你，什么时候他想摆脱你，什么时候他又感到焦虑和害怕，以及什么时候他希望你能明白他正在经历悲伤。

第十章　一点一滴了解这个世界

　　如果你去听哲学讨论会，你常常能听到人们口若悬河，大谈特谈什么是真实，什么是不真实。一个人会说，真实就是我们能触碰到、看到和听到的一切，而另一个人会说，只有感觉到了真实才算真实，比如一场恶梦，或者对那个挤公交车插队的人的厌恶。这些听起来都太复杂了，关妈妈照顾宝宝什么事呢？我希望我能对此稍作解释。

　　带孩子的妈妈们面对的是一种发展变化的情况：宝宝起初对这个世界一无所知，等到妈妈们完成了她们的任务，宝宝就会长大成人，变得了解世界，并能找到存立于世的办法，甚至参与到世界的运作中去。这是多么绝妙而惊人的发展啊！

　　但是你也知道，有些人在我们所谓的真实事物的判断问题上遇到了困难，他们感觉不到那些是真实的。对你我而言，某些事有时让我们感觉格外真实。我们可能都做过这样的梦，那种感觉比现实还真实的梦，类似地，有些人的个人想象世界，对他们来说，就比我们所谓的现实世界更加真实，而在现实世界中，他们几乎活不下去。

　　现在我们要问这样一个问题：为什么普通的健康人可以在同一时间里，既能感觉到外部世界的真实性，又能感到想象的和个人内在世界的真实性呢？你和我是怎么成长为这样的人呢？这可是一个极大的优势，因为我们既能利用想象力让这个世界变得更加激动人心，又能使用现实世界的事物来丰富我们的想象。那我们是天生如此的吗？我得说，我们不是生来就能这样的，除非在最开始，我们很幸运地遇到了一个妈妈，她能够向我们一点一滴地介绍这个世界才行。

那么，把我们换做两岁、三岁或四岁的孩子们又会怎么样呢？还有，在看待世界这个问题上，学步期的儿童又是什么样的呢？对蹒跚学步的孩子来说，每一种感知觉都是极为强烈的，同时也是好奇的。这种儿时特有的绝妙而强烈的感受，在我们成年后，只能在一些特殊时刻才能再次触及，而任何能帮助我们通达这种感受，且又不会威胁到我们的事情，都是受欢迎的。

比如，某些人是靠音乐或一幅画作来达到这种感受，而另一些人则是靠足球比赛，有的人喜欢精心打扮去跳舞，还有的人在车队经过时瞥见女王就有这种感受。幸福的人既能在现实中牢牢站稳脚跟、立足于实际，又能保有童真和好奇心，享受浓烈的深情，哪怕只是在梦里梦到和记起这些感情。

同时活在现实和想象的世界里

对于小孩子，尤其是对婴儿来说，生命其实就是一连串激动人心的强烈体验在流动。你一定见过，打断孩子的游戏会发生什么情况；其实你最好是先提醒孩子一下，这样孩子就有可能给游戏做个收尾，并忍受住你的打扰。某个叔叔送你儿子的玩具，其实就是一小部分现实世界，再有，要是这个玩具能以合适的方式、在恰当的时机、由对的人交给孩子，它对孩子就有了某种意义，我们也应该能理解和考虑到玩具礼物的这层意义。或许我们还记得自己的那个小玩具，以及当时它对我们的特殊意义。可要是现在它还摆在壁炉架上，那看起来得是多么乏味无聊啊！两岁三岁或四岁的孩子们其实是同时活在两个世界中的，我们大人和孩子共享的这个世界，同时也是孩子自己想象出来的世界，这样孩子才能强烈而热切地体验这些世界中的内容。之所以这样，是因为我们对待这个年龄段的孩子时，我们不会非要让他们对外部世界必须有准确的认识。孩子们并不需要时时刻刻都脚踏实地地活着。如果一个小女孩说自己想要飞起来，我们不会生硬地告诉她"小孩子不会飞！"相反，我们会把她抱起来，高高举过头顶四处转转，再把她放在柜子顶上，好让她觉得自己像一只小鸟，飞回了鸟巢。

要不了多久，孩子们自己就会发现，实际上自己的飞翔并不会神奇地实现。也许只能在梦里，还能留存着如魔法般飘在空中的愿望了，至少也会梦见自己迈着好大的步子走路。有些童话故事，像是"健步如飞的魔靴"（*Seven-League Boots*）或是"神奇的飞毯"（*Magic Carpet*），是成年人为我们儿时飞翔主题所做的贡献。十岁左右的孩子，就会开始练习跳远和跳高，而且努力要比别人跳得更远、更高。上面这些内容，除了梦以外，其他都带有某些极其强烈感受的残迹，而这些感受，都与三岁时自然冒出来的飞翔念头有关。

重点在于，我们不会也不可能把现实强加到小孩子身上，我们甚至希望，等到孩子五六岁时，我们依然不必这么做，因为如果一切进展顺利的话，到了这个年纪的孩子们自然会开始对成年人所谓的现实世界产生科学般的兴趣和好奇心。现实世界可以提供更丰富的东西，只要孩子们在接受它时，不要因此失去他们个人的那个想象性世界或内部世界的真实性就好了。

对于小孩子来说，他们的内心世界既是内在的，同时也是外在的，这是再合理不过的了；所以，我们才能通过陪孩子游戏，或者其他的方式，得以进入孩子们的想象性世界，并且参与到孩子们的想象性经验中。

比方说一个三岁的小男孩。他很快乐，整天自己玩耍，或者和小伙伴们一起游戏，他已经能坐到桌边，像大人一样吃饭了。白天的时候，他可以非常清楚地区分什么是大人说的现实，什么是自己童真的幻想。到了晚上又怎么样呢？小男孩睡着了，肯定还要做梦。有时候，一个恶梦会让他突然尖叫着醒来，或者哭喊或者喊妈妈。妈妈听到了，会马上跳下床赶到孩子睡觉的房间，把灯打开，然后把孩子抱起搂在怀里。孩子会因此开心吗？恰恰相反，他会大叫："走开，你这个巫婆！我要我的妈妈。"他的梦境可能已经延续到了真实世界中，接下来的二十多分钟里，妈妈只能在旁边等待着，什么也做不了，因为对孩子来说她现在就是个巫婆。过了一会儿，小男孩忽然伸出双臂搂住妈妈的脖子，依偎着妈妈，好像妈妈刚刚才出现似的，在他还没来得及告诉妈妈"女巫骑着扫把"的梦之前，他就又睡着了，于是妈妈把他放回到他的小床上，自己也回房间了。

再来看一个七岁的小女孩，一个很乖的孩子，她告诉你，她在新学校里的所有孩子都针对她，女老师也是又凶又讨厌，总是挑她的刺，还拿她当反面典型在全班讲，并羞辱她。这是怎么回事呢？想必你会亲自去趟学校和老师谈一谈。我不是说所有老师都完美无缺；不过，你可能会发现这个老师其实是个非常直爽的人，而且事实上，老师也很苦恼，因为小女孩似乎总是自己找自己的麻烦。

看吧，孩子们就是这样。按理说，在他们的年龄阶段，他们本来就不需要完全了解这个世界是什么样的，他们也应当被允许出现我们大人所说的妄想。也许，你请老师来家里喝杯茶聊一聊，事情就解决了。不久，你可能发现孩子又跑到了另一个极端了，开始非常依恋她的老师，甚至奉她为偶像，这回小女孩是因为老师的爱，才开始担心其他的孩子说她。再过些日子，一切就又会归于平静。

要是换做幼儿园里更小一些的孩子们，我们就很难根据自己对老师的了解，来猜测孩子是否喜欢这个老师。你可能熟识这个老师，也许还觉得她不怎么样。她长得不好看，而且在她妈妈生病的时候还表现得很自私，诸如此类。可是，孩子对她的感觉不是根据这些事情得来的。也许，孩子很依赖她，很热爱她，因为她可靠又可亲，而且不用说，她会是孩子快乐成长过程中不可或缺的人物。

既区分也共享现实与幻想

上述种种情况，皆源自于早期的母婴互动关系的质量，这段早期关系有其特殊的条件。在这段早期关系中，妈妈从大千世界里专门挑出一小块儿范围，分享给她的小宝宝。一方面，她注意让这一块世界够小，才不会让孩子感到混乱，另一方面，她又能让这一小块世界渐渐增大，去迎合孩子日益增长的享受世界的能力。这是妈妈至关重要的养育工作之一，这是妈妈自然而然地做到的。

要是我们再仔细看看这段早期关系，你就会发现妈妈还做了两件非常有用而重要的事情。一件事情是她不厌其烦地避免巧合，太多巧合会把宝宝搞糊涂。例如，在该断奶的时候却把宝宝交给别人照料，或者干脆用交给别人照料来断奶，或者在他出麻疹时却改吃固体食物了，等等。另一件事情是，妈妈能够区分事实与幻想。这一点值得我们细致地讨论一下。

还是前面那个小男孩，当他半夜从梦中惊醒，说自己的妈妈是巫婆时，妈妈非常清楚自己不是巫婆，所以妈妈不会有情绪反应，以至于她愿意耐心等待孩子恢复清醒。第二天，当男孩问妈妈："世上真的有巫婆吗，妈妈？"她可以毫不费力地回答："当然没有。"但同时，她会找出一本故事书，把里面的巫婆故事讲给孩子听。当小男孩扭过头去，对你为他精心准备且用料考究的牛奶布丁一脸嫌弃，好像在说布丁不好、布丁有毒似的，你也不会烦心和生气，因为你清楚地知道布丁没问题。你还知道，他只是这一会儿觉得布丁有毒，你会找到办法打消他的顾虑，很可能过几分钟，他就会津津有味地把布丁吃光。要是妈妈对自己信心不足，你就容易大惊小怪，没准儿你还会把布丁硬塞进孩子嘴里，只为向你自己证明那些布丁是好的。

从各方面来说，妈妈对真实与不真实的清晰认识的能力会通过各种各样的方式帮助着孩子，因为孩子只能一步一步地逐渐理解到，这个世界其实并不像他想象的那样，想象也与世界不完全一样。二者是缺一不可的。你还记得宝宝爱上的第一件东西——一小块毯子，或是一个柔软的玩具——对婴儿来说，这些东西几乎就是他自己的一部分，所以要是它被拿走了或者被洗干净了，那结果将会是一场灾难。等到宝宝自己能把这件东西或别的东西扔出去（当然，他依然想让别人把它们再捡回来）的时候，你就知道时机到了，宝宝开始有能力允许妈妈离开，然后再回来了。

接下来我想回到这一切的起点，如果这一切恰好有个好的开始，那么后面这些事的发展都会顺利很多。我想再说说早期喂养这个事情。你还记得我说过，妈妈的喂养方式是，当宝宝准备在脑海中浮现出些什么时，妈妈就让她的乳房（或奶瓶）及时出现，当宝宝脑海中的念头消退时，妈妈就让乳房（或奶瓶）也一起消失。你能看出什么来吗？这是妈妈用一种好的开始，向宝宝介绍着这个世界。在接下来几个多月的时间里，妈妈大约进行了一千次这样的喂奶，包括其他方面的照顾，都是以同样精妙和同调的配合方式，恰好适应着宝宝的需要。对这个幸运的宝宝来说，世界一开始就是这样结合着他的想象运作起来的；只有被这样对待的宝宝，世界才会被编织到宝宝整个想象的脉络中，而宝宝的内在世界和内在生命，也被他所感知到的外部世界不断充实和丰富起来。

现在，我们再回头来看看那些讨论"真实"为何物的人。假如其中某个人有个平凡的好妈妈，从婴儿时期就向他慢慢地介绍这个世界，就像你对你自己的宝宝所做的那样，那么，他将会看出真实其实有两种类型，他也能在同一时间里感受到这两种真实存在。旁边还有另一个人，可能这个人的妈妈把一切都搞砸了，于是对于这个人来说，同一时间里面真实就只能有一种，要么是具体现实的，要么是幻想的。这个不幸的人看到的，要么是一个人云亦云、千篇一律的世界，要么就是一个虚无缥缈、个人幻想的世界。这俩人碰到一块儿，一定会争论不休。

所以说，世界是什么样的，绝大部分取决于它是怎么被母亲呈现给婴儿和成长中的孩子的。平凡的妈妈都可以开启并坚持这项惊人的任务，为小婴儿一点一滴地介绍这个世界，不是因为妈妈有多聪明，哲学家才需要聪明，而仅仅是因为妈妈深爱她的宝宝，并愿意为他付出一切。

第十一章 把宝宝当作一个人

我一直在想，怎么才能把宝宝当作一个人来描述。有些事显而易见，比如当食物进入宝宝的身体后就会被消化，一部分被分布到身体各处用于成长，一部分被储存为能量，还有一部分以某种方式被排泄掉。这样看待宝宝时，我们的兴趣点在于身体。可如果我们还看同一个宝宝，而这次是对这个人感兴趣时，我们就不难发现，伴随着身体的喂养经验，还有一种想象性喂养经验。二者互为基础。

你大概可以这样去想，你出于母爱为宝宝做的所有事情，都像食物进入宝宝身体那样也进入了宝宝心里。宝宝会利用进入到心里的这一切内容构建出些东西，不仅如此，他还会在各个发展阶段利用你，然后再去弃你，就像他对待食物（吃饱了就丢弃）的方式那样。或许为了把这些说得更明白，我得先让宝宝突然长大一点。

让我们来看一个十个月大的小男孩。在他的妈妈跟我讲话的时候，他就坐在妈妈的膝盖上。他活泼好动，精神十足，很自然地对周围的一切充满了好奇。为了避免一切变得乱糟糟的，于是我在桌角放了一个诱人的小东西，就放在了我和妈妈的座位之间。我和妈妈一边继续谈话，一边留意着桌角的那个东西，一边观察宝宝的动静。你也知道，假如他是个正常的宝宝，他一定会注意到那个诱人的小东西（假设是个勺子），也一定会伸手去拿它。事实上，很可能当他刚刚碰到勺子时，他又会突然变得极为克制，这就好像他想到了："我还得先搞清楚一件事：我要是这样做了，妈妈会作何感想？在我弄明白妈妈的想法之前，我最好先别碰它。"于是，他会左顾右盼，暂时不看那个勺子了，好像他没再把它放在心上一样。可是要不了多久，他就又会重新燃起对那勺子的兴趣，然后小心翼翼地用一根手指碰一碰勺子。他可能终于抓起了那把勺子，接着望向妈妈，看是否能从妈妈眼中瞧出她的心思是什么。这个时候，我也许不得不告诉妈妈该怎么做了，因为不然的话，妈妈很可能会包办太多，或者出手阻止宝宝；所以我要求妈妈尽量不要干涉宝宝正在做的事情。

这时候，小男孩渐渐从妈妈眼中发现，自己这个新鲜的举动并没有被妈妈反对和阻止，于是他抓住勺子，而且握得更紧，开始把它变成了自己的东西。可另一方面，他依然很紧张，因为如果他对这个勺子做了他迫不及待想做的事，他不能确定将会发生什么事情，甚至，他都不能确定自己到底想拿它做什么。

过了一小会儿，我们猜他自己快要发现他想对勺子做什么了，因为他的小嘴开始兴奋起来了。他虽然还是那么安静和若有所思，但是口水已经从他的嘴里流出来了。他的舌头看起来也开始松松垮垮的，嘴巴开始想要这个勺子了，牙床也准备享受地咬它一口。很快，他就把勺子放进嘴里。接着，他就会有一些寻常的攻击性感受，那是狮子、老虎和其他宝宝抓到好东西时都有的反应。他好像要吃掉它一样。

现在我们可以说，宝宝已经把这个东西据为己有了。他不再继续纠结和沉寂了，也不再奇怪和怀疑了。取而代之，他变得相当确信，而且他的新收获也让他感到非常地充实。可以说，在他的想象中，他已经吃掉了这个勺子。就像食物吃进肚子并被消化之后，变成了宝宝的一部分那样，这个被宝宝以想象性方式据为己有的东西，现在也变成了宝宝的一部分了，可以被使用了。那么他会怎么使用它呢？

答案你很清楚，因为这仅仅是特别呈现的一个小片段，在家里这就是时时刻刻发生的事。接下来，他会把勺子从自己嘴里拿出来，把它放到妈妈嘴边去喂妈妈，也想让妈妈假装吃掉它。这里要注意，他并不是想让妈妈真的咬到勺子，而且如果妈妈真把勺子吃进自己嘴里的话，那反而会吓坏宝宝。这是一个游戏，也是宝宝把自己的想象付诸实现的一种尝试。宝宝在玩这个游戏，他也在邀请别人一起玩。他还会做什么呢？他也会喂我，也可能想让我玩吃东西的游戏。或者他会对着房间另一端的人，做出把勺子伸向那个人嘴边的姿态。他想让每个人都分享这个好东西，既然他已经拥有了它，何不让其他人也可以拥有它呢？他终于有了一些可以大方分享的东西了。瞧，他又把勺子伸进妈妈的衬衫里，放在她的乳房上，然后，他重新发现了它，又把它拿了出来。接着，他把勺子塞到吸墨垫板下面，乐此不疲地玩着失去它而又找到了它的游戏。或者他注意到了桌上的那个碗，于是开始从碗里捞出想象中的食物，像模像样地吃起他的肉汤。这是一段非常丰富而宝贵的经验，它与身体中部的那段神秘的胃肠消化食物的过程惊人地相似，那是一种介于食物被吞咽后消失，然后其残余物又在身体末端排出的大小便中被重新发现的过程。我可以一直不停地说下去，向你讲述不同的宝宝的性格是如何被这类游戏日益充实起来的。

再看时，小男孩已经把勺子弄掉了。我猜他的兴趣开始转移到别的事情上了。我会把勺子捡起来，再次递到他的手里。没错，他表现出也还想要它，并重新开始刚才的游戏，像之前那样玩着勺子，就像它是额外的一部分自己。噢，最后他又把勺子弄掉了！显然，他弄掉勺子也不是那么无心的，应该是故意的。也许他喜欢听勺子掉落到地板上的声音。我们等着看。我又把勺子交给他。这回，他刚拿到勺子，就故意立即把它放掉了；放掉勺子是他现在想做的事。我再次把勺子递还给他，这次他几乎是立刻就把它扔了出去。现在他转而伸手去抓其他的东西了，勺子被宝宝忘得一干二净了；这一幕表演于是告一段落。

我们目睹了这个小男孩对某个事物开始产生兴趣，接着把它变成了自己的一部分，然后我们看到他如何使用它，最后又把它抛在一边。诸如此类就是你家里孩子日常发生的事，只不过在婴儿观察情境下，因为我们给了宝宝足够的时间，来充分经历整个体验的过程，才让这一序列更加明显起来。

游戏帮助形成内心世界

我们从对这个小男孩的观察中学到了什么呢？

首先有一点是，我们亲眼见证了一段完整的婴儿游戏活动。因为是在受控环境下，所以事情可以有开始、中间过程和结束时刻，这是一个**完整的事件**。**这对宝宝来说非常有好处**。当妈妈急急忙忙，或者心烦意乱时，妈妈就没法允许婴儿进行的**完整事件**（游戏）发生和发展，你的宝宝就会很可怜。可是，当你时间充裕，而且要照顾宝宝时，想必你应该留出了充足的时间，那么你就能让宝宝的各种"整个事件"自然地发生和发展。完整事件才能让宝宝们有**把握时间**的感觉，因为他们不是天生就知道，一件事开始了，还会有个结束。

你有没有发现，只要帮助宝宝对事情的开始和结束有坚定的感觉，我们就能**享受**（或者觉得不好时，就能**忍受**）事情的中间过程？

通过允许你的宝宝有时间以便获得完整经历，以及你也参与到这些经历之中，妈妈就渐渐为孩子打下了一个基础，让你的孩子最终有能力享受（或忍受）各种各样的经历，而不必总是心神不宁。

观察这个玩勺子的宝宝，我们还能发现另一件事。我们看到，当宝宝准备开始一段新的冒险经历时，他会先萌生出怀疑和犹豫。我们观察到，宝宝伸出手去，碰碰勺子，再拿起它，在第一轮简单的尝试后，他又暂时撤回了对勺子的兴趣。然后，经过仔细地感知妈妈的感受后，他才又恢复了兴趣。不过，直到他把勺子真的放进嘴里啃咬过之后，他的紧张和含糊才能得以释怀。

如果新的情况出现时妈妈就在身边，宝宝是很愿意先征求你的意见的。所以，妈妈需要清楚地知道，什么东西可以让宝宝碰，什么不能碰。最简单的办法往往就是最好的办法，那就是，别把宝宝不能拿也不能放进嘴里的东西放在宝宝周围。你看，宝宝在试图找出妈妈种种决定背后的原则，这样才能最终预测什么是妈妈允许的，什么是妈妈不允许的。等他再大一点，语言就有用了，妈妈可以说"太尖了""太烫了"，或者用其他方式提醒婴儿那些东西或行为对身体有危险；你一定有办法让宝宝知道，当你洗衣服而把取下的戒指放在一边时，那不是给他把玩的东西。

你注意到了吗？宝宝一开始对于可以碰什么、不可以碰什么其实是糊涂的，而妈妈恰恰可以帮他澄清这种糊涂。妈妈能这样做，一是靠你清楚自己禁止什么，以及为什么禁止；二是靠你总在当场，能做事前预防，而不是事后补救。当然，宝宝愿意把玩和咀嚼活动，为此你还会特意准备一些适合的东西给他使用。

还有件事。我们也可以从技巧层面讨论我们的观察，我们看到宝宝学着伸出手去，找到并抓住了什么，然后把一个抓住的物品放进嘴里。每当一个六个月大的宝宝完成这套表演时，我都感到非常惊讶。另一方面，换做一个十四个月大的孩子，其兴趣点又太过复杂多变，不会像十个月的小男孩那样，能让我们看得那么清楚。

然而除了这些，我想我们能从观察宝宝中学到最棒的一点就是：

眼前的一切让我们看到，宝宝不仅仅是个躯壳，他还是个活生生的人。

在各个年龄段，宝宝都会发展出各种各样的技能，将这些记录下来再看会很有意思，但有趣的事情又远远不止是这些技能。还有游戏就很重要。能够玩游戏，说明宝宝已经在自身内部构建起一些东西了，这些东西可以称为游戏的素材，一个活生生的想象性内部世界，这也是宝宝的游戏所要表达的内容。

婴儿的这个想象性生活，不仅充实和丰富了身体经验，反过来也被身体经验所充实和丰富，可谁能说的清楚，这个相互丰富的过程从多早的时候就开始了呢？三个月大的宝宝，在从妈妈乳房吃奶的同时，可能就想把一根手指放在妈妈的乳房上，玩起了喂妈妈吃奶的游戏。那么谁又晓得出生头几周的情况呢？一个小宝宝，可能一边从乳房或奶瓶吃着奶，一边还想吸吮拳头或手指（就是说，想要鱼与熊掌兼得），这就表明，除了填饱肚子以外，小宝宝还有比吃奶更多的需要。

话说回来，我写这些又是给谁看的呢？妈妈们一开始就能毫不费力地从她们的宝宝身上看到这个人的存在。可是总有一些人会说，六个月以前，宝宝们只有身体反应和条件反射，没什么其他的。你们不要再被他们的这种说法带跑了，好么？

宝宝作为一个人的迹象会不时出现，妈妈可以尽情享受发现它们的过程，因为宝宝确实也需要妈妈这样去做。所以，在宝宝玩性大发时，妈妈愿意什么都不做，静静地等待着，你可以不着急、不慌乱、不急躁，只是在旁边陪伴着。宝宝们的这种玩性尤其提醒着我们，宝宝心里有一种个人的内在生活存在着。假如这恰好契合了妈妈自己那种相应的玩性，那么宝宝内在的丰富性就会开花结果，而你能和他玩到一块儿，就是你们母子关系中最棒的部分。

第十二章 断奶的问题

你们已经足够了解我的风格了,肯定知道我不是要告诉你断奶的确切方法和具体时间;断奶的好办法不止一种,你完全可以从保健师或诊所那里得到很好的建议。我想从一个更普遍的角度谈谈断奶这个问题,来帮你看清你在做什么及其意义是什么,而不论你是用哪种断奶方式在做。

良好的喂奶经验是顺利断奶的基础

事实上,大部分妈妈们断奶都挺容易的。为什么呢?

主要原因是,之前的喂奶过程本身进展顺利。因为**只有宝宝确实曾经真正拥有过一些东西,现在才能放弃它们**。我们确实没办法让人们放弃那些他们从来就不曾真正拥有过的东西。

我还能清楚记得我童年的一个场景,当我还是小男孩时,我被允许尽情地吃覆盆子配奶油,能吃多少就可以吃多少。那是一种绝妙的体验。现在,比起大吃特吃覆盆子来说,我倒是更乐于享受对这段体验的回忆。说不定,你也记得类似这样的事情?

所以说，断奶的基础是以前**有过的良好喂奶体验**。在平凡的九个月里，宝宝在妈妈乳房上吃奶的次数大概有一千次左右，这能带给宝宝数不清的美好回忆，或者做美梦的素材。但是，重点不在这一千次的次数上，而在于宝宝和妈妈喂奶时在一起相处的方式和关系质量。正是妈妈体贴地适应（就像我常常说的那样）小婴儿的需要，才启发了宝宝"这个世界是个好地方"的念头。**只有这个世界满足婴儿在先，才能让婴儿慢慢走出来适应这个世界**。妈妈一开始就主动与宝宝合作，自然会换来宝宝与妈妈的配合。

如果你也像我一样，相信宝宝生来就是有想法的人，那么你就能理解，喂奶时间也经常相当令人讨厌，因为它打断了宝宝睡眠的安宁，或是清醒的沉思。而且，婴儿的那些本能需求通常既猛烈又吓人，最初在婴儿看来，这些需求似乎能威胁到他的存在。饥饿的宝宝，感觉他自己就像被饿狼附身了一样，非常的吓人和恐惧。

经过大约九个月时间，宝宝就变得习惯这类事情了，而且即使再被本能冲动和需要袭来和摇动时，宝宝也能把持住自己了。宝宝甚至能渐渐承认，这些冲动和需要其实是一个人生命意义中的一部分内容。

当我们看着小婴儿一步一步长大成人，我们同样也看到，妈妈在安静的时间里，也逐渐被婴儿感知为一个完整的人了，并确切地感知到了她表现出的某种迷人而宝贵的东西。因此，当宝宝饥饿时，以及知觉到自己正无情地攻击着的是同一个妈妈时，他的感觉是多么糟糕啊。难怪婴儿会常常没胃口了。也难怪，有些婴儿不能认可乳房其实是妈妈的一部分，而硬要把它们与妈妈分割开，妈妈是那个亲爱的、完整而美丽的人，而乳房则是被兴奋攻击的对象。

在成年人之间也经常会发现，当他们彼此产生激动之情时，却很难让自己投入地表达出来，这会造成很多苦恼，甚至导致失败的婚姻。这件事情和其他方面的事情，最终能否走上健康的轨道，其基础都取决于是否有过完整的婴儿期经历；平凡的好妈妈会帮助宝宝度过这段时期，而且她并不惧怕宝宝的各种念头，还会在宝宝全心扑向她时，用爱回应宝宝。

或许你也看得出来，为什么妈妈用乳房哺乳，以及宝宝从乳房吃奶，真的是一种更加富足的经验呢？当然，所有的事情也可以通过奶瓶喂奶来完成，而且有时候用奶瓶喂奶反而最好，因为不会那么兴奋，所以可能确实让宝宝更容易接受。然而，**乳房哺乳经验的顺利进展和成功结束，是在为生命打下的良好基础**。这个经验带给人丰富的梦想，也让人有了冒险的能力。

断奶的好时机

可是俗话说，一切美好的事物都会结束。结束成全了事物的美好。

在上一章里，我描述了一个小宝宝抓勺子的情景。他拿起勺子，放进嘴里，享受着拥有和把玩它的感觉，然后，他放掉了勺子。因此，宝宝脑子里冒出了结束的念头。

七到九个月大的宝宝已经开始有能力玩扔东西的游戏了，这是很常见的事。**扔东西是个特别而且有着重要意义的游戏**，可玩起来也特别地气人，因为总得有人不厌其烦地捡回宝宝扔掉的东西。即使在大街上，当你从商店里出来时，你会发现宝宝已经把婴儿车里的东西扔了一地，可能有一个泰迪熊、两只手套、一个枕头、三个土豆，还有一块肥皂。也许你可以找人帮忙把东西都捡回来，很显然，宝宝希望你把它们都捡回来。

到九个月大时，大部分宝宝们对如何摆脱事物已经相当明确了，他们甚至可以自行断奶。

说起断奶，其实真正的目标是，**利用宝宝所发展出的摆脱事物的能**

力，并且让乳房的丧失不单单只是一种偶发事件。这是幼儿发展的一个里程碑。

但是，我们必须直面一个问题：为什么宝宝一定要断奶，为什么不能一直继续吃奶呢？好吧，我不得不说了，永远不断奶的妈妈未免太感情用事了，而且这多少有些不现实。**断奶是此时幼儿的一种发展性需要，而断奶愿望的启动一定来自于妈妈**。妈妈必须勇敢到足以承受住宝宝的愤怒，以及随之而来的各种可怕想法，然后坚持为美好的喂奶过程画上一个句号。无疑，喂奶过程比较成功的宝宝，也是乐意在恰当的时候断奶的，主要是断奶之后，婴儿才能开启更为广阔的经验领域。

通常，当断奶时机到来时，妈妈应该早已经在为宝宝添加辅食了。你会喂他吃一些坚硬的食物，比如面包干之类的，让宝宝可以咀嚼，你也开始用浓汤或类似的食物替换了某一顿乳房哺乳。你还可能遭到宝宝对任何新鲜食物的拒绝，不过你发现，只要耐心等待，然后再次尝试把被拒绝的食物介绍给他，宝宝可能会以欣然接受来回报你。一般我们不需要采用突然转变的方式断奶，也就是从完全乳房哺乳，到一下子完全不喂母乳。一旦（由于生病或其他倒霉事）而不得不突然转变时，你就要做好遭遇困难的心理准备。

如果妈妈知道，宝宝对断奶的反应非常复杂，你就自然会避免在断奶期间把宝宝交给其他人照看。如果在断奶的同时，恰好赶上你们在搬家，或者你需要离开去陪你的母亲同住，那么宝宝就会很可怜。假如妈妈能为孩子的断奶提供一个稳定的环境，孩子就能像其他时候一样，从断奶经验中有所收获并继续成长。假如你做不到这一点，那么断奶可能会是一种苦难的开始。

还有件事，你很可能也发现了，孩子在白天时可以断掉奶水并且健壮成长，可是到了晚上最后一顿时，也许只有乳房哺乳才行。你看着小孩子一点一点长大，但你迟早会发现，他的成长步伐并不总是向前的，有时候会暂时后退。你肯定乐于见到，孩子大部分时候表现出了与年龄相符的成熟度；甚至可能在某些时候他还会像个小大人似的。然而，偶尔他也会又变回去，甚至表现的像个小婴儿，而妈妈一定也会主动适应幼儿的这些变化。

比如，你的大男孩已经会穿衣打扮了，也能勇敢地与对手抗争了，他可以向每个人发号施令。可是，当他一起身，头不小心撞到了桌子，他一下就变回了小宝宝的状态，然后，他会把头靠在你的腿上，伤心地痛哭。通常妈妈对此早有准备，你料想得到，一岁的宝宝常常还是会表现得像是只有六个月大。这些都是你娴熟养育的一部分，那就是随时知道你的宝宝某时某刻是多大。

因此，你也许在白天断奶，到了晚上孩子似乎变小了，又会黏着你要奶吃，你会在晚上继续喂他一次母乳。不过，迟早你是要把奶水全部断掉的，而且一旦你明确了你要断掉乳房喂奶的决心，对宝宝来说也就容易得多了，如果你自己拿不定主意，犹豫不决，那么孩子也会很为难，断奶过程就会变得很困难。

断奶是一个过程，需要稳定的环境

现在让我们看看，当你如此勇敢地决定断奶时，你可能遇到什么样的反应。我说过，也许宝宝会自行采取断奶行动，所以你都没注意到有什么麻烦，只是留意到宝宝对食物有些没胃口。

通常，断奶是个过程，需要慢慢来，而且需要一个稳定的环境，不要节外生枝。婴儿显然很喜欢拥有新的体验，但是我也不希望你误以为宝宝对断奶有所反应，甚至有严重的反应，是什么奇怪的事。本来表现很好的宝宝，这会儿可能很不听话，他会丧失食欲，或者痛苦地拒绝进食，或是用一种易激惹和哭闹的方式表达对食物的渴求。这个阶段，强迫宝宝进食毫无益处。因为在这段时间里，在宝宝看来一切都变坏了，而你对此是无能为力的。你能做的就是等待，并随时准备着，等待着宝宝逐渐恢复进食的那一时刻。

或许，宝宝开始会经常尖叫着从睡梦中醒来，你只需要帮助他慢慢从睡眠中清醒就好。也可能事情进展还算顺利，但你仍然会注意到，宝宝变得悲伤，他的哭声中也有了新的调调，这种调调也许还会转化成音符或旋律。孩子体验这个悲伤情绪未必是坏事。不要以为伤心的宝宝都需要逗来逗去的，非要逗笑才行。他们完全有值得悲伤的理由，你只要稍加等待，给孩子独处的时间和空间，孩子的悲伤就会慢慢结束。

宝宝在断奶期间时常会感到伤心，因为环境激发出了宝宝的愤怒，而且损坏了曾经美好的东西。在宝宝的梦中，乳房也都不再美好了，而是时常被宝宝所憎恶，所以宝宝也觉得乳房是坏东西，甚至是危险的。正因如此，那个给出毒苹果的坏巫婆在童话故事中总有一席之地。对一个刚刚断奶的婴儿来说，那个曾经真正的好妈妈的乳房已经变坏了，所以一定要给他留点时间，让他恢复信心并适应新的生活。平凡的好妈妈在这件事上没有推脱责任，一天二十四小时中，她常常必须做几分钟的坏妈妈，而她也习惯了这一点。过段时间，她就又会被看作好妈妈。最终，孩子长大后就会了解妈妈的真正为人，她既没有那么理想化的好，但也绝不是一个坏巫婆。

因此，婴儿的断奶要在更宽泛的层面来理解——断奶不只是让宝宝可以吃其他食物，或是能使用杯子，或是激动地用双手吃饭；断奶也包含了平缓进展的幻灭过程*，帮助孩子进入幻灭过程是父母养育任务中很重要的一部分。

---

* 婴儿原始幻想破灭，比如幻想永远依赖妈妈——译者注

平凡的好父母并不想让孩子盲目地崇拜他们。他们容忍着被孩子极端地理想化和憎恨,好的父母都努力帮助孩子去认识清楚父母的真实状态,他们期盼有一天孩子能自己发现其实父母也只是普通人,就像他们本来那样,根本就不是什么都能办得到。

第十三章　进一步把宝宝看作是个人

人类的发展是一个连续不断的过程。这种连续性表现在身体的发育、人格的发展，以及关系能力的展开中。错过或者糟蹋了任何一个发展阶段，无一例外地会产生不良后果。

健康其实指的就是成熟，就是适合年龄阶段的成熟度。除了某些意外的疾病，在身体层面上显然确实如此；从心理学上讲，其实也没理由否认健康和成熟指的就是同一件事。换句话说，在人类的情绪发展过程中，如果没有遇到阻碍或扭曲，那么人类情绪就是健康和成熟的。

要是我说对了，这就意味着妈妈和爸爸对婴儿的所有养育，不仅是为了让他们自己和婴儿高兴才做的，那同样是绝对必须要做的事情，假如没有这种养育，宝宝就不大可能成长为一个健康成熟或有用的成年人。

从身体层面讲，养育活动可能会犯一些错误，但我们一般能容忍软骨病，或是孩子什么都好，就是有些弓形腿。然而在心理层面上，一个宝宝若被剥夺了养育中十分常见、却又必不可少的要素，诸如妈妈慈爱深情的身体接触，那么势必就会在情绪成熟的发展上受到某些扰动，并会在成长中显现出特殊的困难。反过来说，当孩子一路长大，经过了一段又一段错综复杂的内部发展，最终获得了建立各种关系的能力时，父母就会知道，他们的精心养育绝对是孩子最终获得这些成就不可或缺的基本成分。这对于我们所有人来说，都有不同寻常的意义，我们之所以是相当成熟或健康的成年人，不得不承认，是因为有一个人（妈妈）在一开始为我们的生命开了个好头。这个好的开始——也就是这个儿童养育的基础——正是我想试着描述的事情。

一个人的历史不是从五岁或两岁，又或六个月才开始的，而是从一出生就开始了——甚至你可以说从出生前就开始了。每个宝宝从一开始就是个人，而且需要被某个人（妈妈）认识和熟悉。没有人能比妈妈更能了解自己的宝宝了。

妈妈如何让宝宝感觉到自己是个人

有了上面两段陈述的铺垫之后，接下来，我们怎么继续谈呢？心理学能告诉一个人如何成为妈妈或爸爸吗？我认为这样想会把我们带入歧途。不如，我们来研究一下父母们自然而然在做的一些事情，试着让父母明白为什么这样做，父母也许就会更有信心去做妈妈和爸爸。

我来举个例子。

来看一个妈妈和她的女宝宝。当妈妈要抱起宝宝时，她会怎么做呢？她是抓起宝宝的脚，把她拽出婴儿车，然后甩起来抱住吗？还是她一手夹着香烟，另一只手随便抓住宝宝呢？都不是，她用一种异乎寻常的方式来做这件事情。我猜，她通常是在靠近宝宝之前，会先发出一些预警信号，让宝宝知道她来了；接着她会先用手环绕住宝宝，把她聚拢好再移动她；实际上，她是先征得了宝宝的合作后才抱起她的；然后，她把宝宝从一个地方抱到另一个地方，从小床抱到自己肩膀上。她让宝宝贴在自己身上，让她的头依偎在自己的颈边。**难道不正是妈妈这样的举动，让宝宝开始觉**

得自己是个人的吗？

再看另一个妈妈和她的男宝宝。她是怎么给宝宝洗澡的呢？她是把宝宝扔进电动洗衣机里，让机器自动完成清洁过程吗？根本不是。妈妈知道洗澡时间对她和宝宝来说是个非常特别的时刻，她准备要好好享受一番。她把那些单调的体力活做得恰到好处，用手肘测试水温，注意不让宝宝抹了肥皂后从手中滑落，然而除了这些熟练操作之外，妈妈会让宝宝的洗澡过程变成一段享受时光，这会充盈她们日渐增长的关系，这不仅是妈妈对宝宝的关系，更是宝宝对妈妈的关系。

为什么妈妈要操这么多心呢？我们能否毫不夸张，而又不多愁善感地这样说：这是因为爱，因为她内心油然而生的母性，因为她全身心地投入，所以她能深刻理解宝宝的需要？

让我们回顾一下妈妈抱起宝宝的这件事情。能不能这么说，妈妈其实没有特别刻意去努力做什么，只是非常自然地一步步做了她该做的事情。她为了让小女孩儿愿意被抱起来，有意无意地做了以下这么几件事：

（1）给婴儿发出预警信号；

（2）征得她的同意与合作；

（3）把她的身体聚拢好；

（4）带她从一个地方到另一个地方，而且用意简单到婴儿能理解妈妈在干什么。

另外，妈妈还会避免自己的双手太凉，吓着宝宝，或者裹尿布时避免太紧挤着宝宝的皮肤。

妈妈也会有自己的个人情绪和感受，不过她不会把无辜的宝宝卷入到自己的情绪中；或者她也不会把自己的不良情绪释放在宝宝身上。有时宝宝不停地大喊大叫，听得她生不如死，但她依然一如往常地抱起宝宝，克制住自己的情绪，不会去报复——至少没那么多的报复。她会尽量避免让宝宝成为自己冲动情绪的受害者。说白了，婴儿养育和医生行医类似，都是对一个人（医师或妈妈）的情绪可靠性和稳定性的试探。

有一天也许坏事恰好赶在了一起。你还没列好清单，洗衣工就来电话催你了；这时，前门的门铃也响了，还有不知是谁又在敲你家后门；这让妈妈感到心情烦恼和急躁。可是，一个妈妈会等待一会儿，等到让自己先恢复了平静，然后再去抱她的宝宝，而且她会用一贯温柔的技巧去抱，这也是宝宝认得出妈妈的一个重要部分。妈妈那高度个人化的技巧，是宝宝寻找和识别她的重要特征，就像她的嘴巴、眼睛、肤色和气味一样。妈妈一而再、再而三地处理好自己生活中的情绪、焦虑、兴奋，只把属于宝宝的那部分情绪留给宝宝。这就为宝宝奠定了基础，让宝宝可以开始构建自己的想法和体验，慢慢去理解极端复杂的人与人之间的关系。

可以说，妈妈一直在调整自己，变得让宝宝能够理解；她在主动适应宝宝的需要。这种主动适应正是婴儿情绪成长的根基，尤其在一开始——宝宝只能领会最简单的环境时，她就已经在让自己适应宝宝的需要了。

妈妈是宝宝的唯一需要

我有必要尝试着解释一下，为什么如此强调妈妈要费心操持这些麻烦事，以及受篇幅所限我无法一一涉及的其他事情。其中一个让我必须这么做的原因是，有些人真的相信并指导妈妈说，在孩子出生后的头六个月里，妈妈可有可无。他们说，在头六个月里，只有养育技术才有用，而那些训练有素的工作者就可以提供好的照顾技术，不论是在医院还是在家里。

在我看来，尽管可以教授和读到一些育儿方法，我依然确定，**养育自己的宝宝完全是妈妈个人化的事情，做这项工作，没有其他任何人可以取代妈妈，也没有任何人能做得像亲生母亲那样好**。虽然科学家们面对这个问题时，必须先找到证据才能令人信服，但是，妈妈们不需要这样的证据，妈妈们始终相信，从一开始她们就是宝宝的唯一需要。我再补充一点，这个观点并非仅仅是基于妈妈的讲述，或凭空猜测，或是纯粹的直觉；这是我经年累月的婴儿观察和研究得出的结论。

妈妈如此费心是因为她有种直觉（我发现妈妈的这个感觉很准），那就是人类小宝宝若要健康而充分地发展，从一开始就应该有个性化养育，可能的话，最好由孕育并怀胎的亲生母亲来做，只有她对宝宝有着根深蒂固的兴趣，可以容忍从宝宝的角度看世界的反应，也喜欢让自己成为宝宝的全世界。

不过，这并不是说，几周大的宝宝也像六个月或一岁的宝宝那样能认识妈妈。在出生后头几天里，宝宝只能感知到妈妈的养育模式和技巧，还有妈妈的局部，比如乳头的细节、耳朵的形状、表情和笑容的韵味，以及呼吸带出的温暖和气味。婴儿在很小的时候，就有可能在某些特定时刻，对妈妈的完整性有一种痕迹印象。然而，婴儿除了需要感知到这些外，还需要妈妈**作为一个完整的人持续在场**，因为只有一个完整而成熟的人，才能具备育儿任务所要求的爱与其他特质。

我曾冒险评论说："从来就没有一个单独的小宝宝这回事。"意思是说，当我们要去描述一个宝宝时，你其实是在描述一个**与某人在一起的宝宝**。**一个宝宝是无法单独存在的，本质上，宝宝是某种关系的一部分。**

所以，我们也必须重视妈妈。如果她和宝宝关系的**连续性**被破坏了，那么有些失去的东西是无法再得到的。可我们对妈妈的角色多么缺乏理解啊，还以为把她的宝宝带走几周，再交还给她，她还能从关系断掉的地方接续起来似的，其实这是个很大的问题。

宝宝需要怎样的妈妈

我想试着分别说明宝宝真正需要的是什么样的妈妈。

（一）我想说，宝宝需要的妈妈是**一个鲜活的人**。宝宝需要能感觉到妈妈皮肤和呼吸的温暖，能够品味她，看到她。这一点极其重要。宝宝应该能够全方位地接触到妈妈生机勃勃的身体。没有妈妈鲜活的存在和临场，再专业的育儿方法也派不上用场。这和当医生是一样的。一个村庄里的全科医生，最重要的是他要活着和有功能，在村子里他能被找到。村民知道他的车牌号码，也认得出他戴帽子的背影。他用了多年时间学习做一名医生，这项训练可能还花光了他爸爸的大把积蓄；但是最后，真正重要的已经不再是医生的学识和技能，而是事实上村民们知道也感觉得到，他这个医生还好好地活着，随时都能找得到他看病。这个医生的生理性存在满足了村民的情感需要。妈妈和这个医生一模一样，而且有过之而无不及。

如此，对婴儿的心理照护和生理照护就被结合在了一起。二战期间，我曾和一群人讨论受战火侵袭的欧洲儿童的未来。他们征询我的意见时，问我当战争结束时，对于这些儿童来说，首要的**心理**干预需要做什么。我说了："给他们食物。"有人提出："我们不是指生理干预，我们是说心理干预。"可我依然觉得，在孩子们饥饿的时候给他们食物，就是在满足他们的心理需要。**在人类最基础的阶段，爱是以满足生理需要的形式而表达和传递的。**

当然，如果身体照料是指给宝宝接种疫苗，那就和心理学没关系了。宝宝不会因为你预防了天花在社区里的蔓延，就能领会到你的良苦用心——可是医生攻击宝宝的皮肤（扎他一针），真的是会让他疼得大哭。

但是，如果身体照护意味着在合适的时间，以合适的温度，提供合适的食物（我是说从宝宝的角度说是合适的，不是从妈妈的角度），那么这些身体照料同时也就是心理照料了。这个原则非常地实用，只要是宝宝能领会和赏识的照料方式，不管它看起来多么和单纯生理相关，它也是在满足婴儿的心理和情感需要。

从以上这第一种角度来看，妈妈的生机活现和生理照顾，为宝宝的早期情绪发展提供了一种必不可少的心理和情感性环境。

（二）宝宝需要妈妈向他一点一滴地介绍这个世界。通过养育者的各种手法和技巧，宝宝初步接触到了外部现实和周围世界。人类尽管终其一生，都要持续地为这个困难问题而挣扎奋斗，不过在生命的一开始，宝宝是特别需要妈妈的帮助的。我会解释一下这种养育是什么意思，因为很多妈妈可能从来没从这个角度思考过婴儿喂养；当然，医生和护士更是极少考虑喂养活动的这个层面。

我们想象一个从没吃过奶的宝宝。当饥饿感出现时，宝宝也准备构想出一些东西；出于需要，宝宝准备创造出一个满足自己的来源，可是宝宝没有先前的经验显示外面有什么可以期待的。假如恰在此时，妈妈把乳房正好放在宝宝期待出现什么东西的地方，而且留出大把的时间让宝宝用嘴、双手，可能还有嗅觉，去充分地感受这个乳房，那么，宝宝正好就"创造"出了那个等着被发现的东西。宝宝最终得到了一种幻象，即这个真实的乳房，似乎恰恰正是从宝宝的需要、贪念，以及最初的原始爱欲冲动中被创造出来的东西。宝宝会将乳房的样子、质地、气息、味道印记在心，不用多久，宝宝就能比照妈妈所提供的乳房，创造出相似的东西。断奶之前可能有一千次的喂奶时间，宝宝都是以这种特别的方式去了解外部现实，而提供这种方式的必须是一个女人，最合适的就是亲生妈妈。一千次重复当中，宝宝始终会有种感觉，想要的东西能被创造出来，而且就在那儿能被找到。由此，宝宝就发展出了一种信念，即这个世界能够容纳和满足自己的所想所需，那么结果就是，宝宝对一种鲜活生动的关系充满了希望，而这种关系联结着婴儿的内部现实世界和外部现实世界，也联结着宝宝与生俱来的原初创造力和所有人类共享的大千世界。

因此，成功的婴儿喂养是婴儿养育中必不可少的一部分。同样的道理，养育关系中还有很多其他重要的部分，诸如婴儿需要妈妈接受他的排泄物等，但我不打算在此展开并详细讨论。其实婴儿需要妈妈接纳这种用排泄的方式所呈现的关系，这种活跃的"给出－接纳"关系要远远早于婴儿能通过有意努力而有所作为的时刻，以及早于婴儿（也许在三岁、四岁，或六个月大）开始出于内疚感而想回报妈妈的时刻；也就是说，要早于婴儿为贪婪的攻击做出补偿的时刻。

（三）除了上面所说的，我还想加上第三点，宝宝需要的是妈妈这个"本人"，而不是需要一个优异的养育工作者。我把妈妈的工作称为"幻灭"宝宝的过程。妈妈先是给了宝宝一种全能感幻象，即这个世界可以被宝宝自己的需要和想象力加以创造（当然，某种意义上这是不可能的，不过这个问题可以留给哲学家去考虑），她也让宝宝树立起了对事物和人的信念，我说过这为发展打下了健康的基础，接下来，她就要带着宝宝经历幻灭的过程，这也是一种广义上的断奶。我们对孩子最贴心的供养，是大人一直希望能让现实的要求保持在孩子各个发展阶段可以承受的范围之内，直到孩子能够负担起幻灭的全面冲击，以及他的创造性能从成熟的技能，发展为对社会的真正贡献。

在我看来，《囚室的阴影（shades of the prison house）》"这首诗描写出了这种养育性幻灭的过程和它的痛苦本质。在妈妈的帮助下，孩子才能渐渐接受：尽管世界可以提供他所需要的和想要的，以及为此创造出的东西，但这件事不会自动发生，也不是由心情所致或心愿所想而随时能实现的。

你有没有注意到，我逐渐从"需要"的概念，转换到了"愿望"或"欲望"的概念？这个变化表示孩子在逐渐长大，在慢慢接纳外部现实，同时也随之削弱了本能冲动和需要的紧迫性。

孩子需要妈妈为他暂时付出自己、并操劳费心。一开始，妈妈会为了孩子的方便而让自己随身相伴、随手可及，就像装进了孩子的口袋里面一样。然而总归，这个孩子会要离开那个最早期曾经全然依赖的环境（那时候环境也必须完全适应孩子的依赖需要），而且也开始能够意识到并接受两种同时共存的想法——即妈妈的想法和宝宝的想法。可是，除非妈妈首先得让自己成为孩子完全依赖的对象，否则妈妈是无法一点一点地剥夺孩子对妈妈的依赖的（断奶、幻灭）。

我的意图并不是说，在乳房哺乳这件事上失败了，宝宝的一生就毁了。毫无疑问，合理的奶瓶喂养技巧也可以让宝宝的身体健壮成长，一个不能用乳房哺乳的妈妈，在奶瓶喂养过程中，也几乎能满足宝宝的全部心理和生理需要。尽管如此，我们还是要把握一个原则：宝宝的情感发展，最初只能建立在与一个人的良好关系之上，理想中，这个人应该是亲生妈妈。谁还能像亲生妈妈一样，对宝宝的需要既感同身受，又能提供满足呢？

第十四章　宝宝与生俱来的品德

我们或早或晚都要考虑这样一个问题：父母对于成长中的孩子究竟应不应该施加自己的影响，以及要施加多少父母自己的价值判断和信念的影响呢？通俗地讲，我们大家所关心的其实是如何"训练"孩子的问题。说到"训练"，也让我想到了接下来我正想谈到的事情，就是关于如何让你的小孩子变得乖巧又爱干净、听话又孝顺、友善合群，而且品德高尚，等等。我本来还想说让宝宝变得快乐又幸福，可是我们都知道，任何人都没办法通过"训练"让一个孩子感到快乐和幸福。

在我看来，"训练"这个词多多少少都跟养狗有关，而狗也的确需要接受主人的训练。我倒觉得我们能从训狗中学点东西，比如要是主人能拿定主意，狗也会比较开心。小孩子也一样，他们也喜欢父母对什么事都有主见。可是，狗可以不用最终长大成人，孩子可不能像训练狗一样被训练长大，所以当我们再回来说你的小孩子时，我们还得从头来过，最好是看看我们在多大程度上能够完全忽略掉"训练"这个说法。

其实和其他许多事情一样，只要婴儿和小孩子能够理所当然地享受到特定条件与环境的养育和照顾，那么他们自然而然就会发展出好和坏的感觉，而为孩子将来是非观念的形成留有了空间。当然啦，事情远远没有这么简单，原先小婴儿是靠本能冲动和自以为能控制一切的幻象来行事的，经过相当复杂的过程，孩子最后要发展出适应环境的能力。我都没办法告诉你这个过程有多复杂，只能说这需要花点时间从容进行。只要你觉得这个事值得一做，你自然就会安下心来静待时机，让孩子该发生的事情发生。

自发性是品德的基础

我还想继续谈论小婴儿，但是想要从婴儿的角度说明白在生命的头几个月里婴儿究竟发生了什么事情，这件事实在是太难了。为了更容易理解一些，我们先来看一个五六岁的小男孩画画的例子。我必须先假定他知道正在发生什么事情，以便我从他的角度来说说这个过程，但实际上他可能并不真的知道我所说的这些情况。好，他准备画一张画啦，那么他会怎么做呢？首先，他之所以想画画是因为他有一种内心冲动，这种冲动让他想乱写乱画和把画纸涂得一团糟，但仅仅这样做可算不上是一张画。画画是因为他既想保持这种原始快乐的新鲜感，同时又想表达出他自己的想法，而且表达方式还得能让别人理解他想表达的内容。照此来看，如果他真可以完成一张画的话，那就是说他已经找到了一套让自己满意的（心理和身体）控制技巧了。比如，他首先要找到一张合适的画纸，这张纸要满足他对尺寸和形状的要求。接下来，他期待着能把从练习画画当中得来的一系列技巧都用到画画上。然后，他还知道画作完成时必须要让画面保持平衡——像是房子的两边都要有树——这是他对公平需要的表达，而这一点很可能是从父母那儿学来的。总之，他会注意让画中有乐趣的内容都均衡地表现出来，而且光线、阴影、色彩搭配也都要匀称。不仅如此，除了有趣的画面要遍布整张画纸外，他还不忘用一个中心主题把所有内容都串接起来。你看，这个小男孩确实是在自发控制系统的帮助下，通过创造了这一整套可以让别人接受的图画，试着表达了一个自己的想法，而且还尽可能保留了这个想法诞生之初的新鲜感。仅仅是描述这一切就已经几乎让我喘不过气来了，可是你的孩子却能轻而易举地做到并完成这些过程，所以其实只需要你给他们一点点机会就行了，根本不需要你做过多的事情。

当然，正如我说过的，这个五六岁的小男孩还不知道发生了这么多事，他也就没办法讲出整个过程。可想而知，小婴儿就更不知道自己的内心里面都发生着什么了，只能靠我们的观察研究才能得出结论。

小婴儿的心理过程其实和这个小男孩很相像，只不过一开始小婴儿的表达更加晦涩难懂。一张还没上色的画就已经够让人难以辨认的了，更何况小婴儿表达的内容可能连草图都算不上，但不可否认的是，这些内容已经是小婴儿对社会所做出的小小贡献了，也只有那些足够敏感的妈妈才懂得欣赏宝宝的表达。宝宝的一个微笑、一个笨拙的手势，或是一个准备要吃奶的咂嘴声，都是宝宝的表达，都饱含着宝宝的千言万语。也许通过一个呜咽的声音，敏感的妈妈就能得知宝宝需要她，只要她到来的及时，她就能身体力行地帮宝宝排除困难，而不是让事情白白变得一团糟。这就是孩子将来发展出合作感和社会合群感的开端，所以再怎么麻烦也是值得妈妈去做的。许多小孩在长到可以起夜、省去了妈妈洗尿布的麻烦后，却还连续尿床好几年，这是因为他们要在夜里重新回到小婴儿时代，用这种方式重温过去的经历，尝试着去发现和弥补那些曾经错过的事情。在这种情况下，错过的事其实就是妈妈的敏感性和注意力不够精准，宝宝发出的兴奋或烦恼的信号，本来足以吸引妈妈亲临现场并把事情做好，可是妈妈错过了这些信号，那可真是白白浪费了妈妈帮助宝宝发展的大好机会，毕竟只有妈妈才能参与和分享宝宝的这一切，而其他代理抚养人是做不到的。

小婴儿不仅需要把自己的身体感受与妈妈爱的关系联结在一起，他还需要依靠这种爱的亲子关系作为一个安全基地来解决自己的恐惧感。这些恐惧感从本质上说是原始的，恐惧感存在的基础是小婴儿对环境的残酷报复有一种（预期）担心。当小婴儿变得兴奋时，他也会伴有攻击性和破坏性的冲动或念头，其表现就是他控制不住要尖叫或者想咬东西，可是他很害怕因此而被养育者残酷地报复，于是对于此刻的小婴儿来说，外部世界马上就像变成了能咬人的嘴巴、怀有敌意的尖牙利爪，以及带有各种威胁的敌人。这种时候，小婴儿早期的生存经验就会被激活，那种不知道还能不能活下来的感受和体验就会让他感到非常的恐惧和害怕，要不是妈妈一如既往地发挥了保护作用，帮助小婴儿把这些恐惧隐藏起来，恐怕他的世界真要变成可怕的地方了。妈妈（我没有忘记，爸爸也是这样的），其实只要作为一个人出现在那里，就能改变小婴儿感到恐惧的性质，让他渐渐能把妈妈和其他人也当成人类来看待。这样一来，小婴儿将得到一个体贴的、安全的妈妈，这个妈妈会理解小婴儿，会响应小婴儿的冲动念头，甚至可以被小婴儿惹得伤心或生气，但就是不会让婴儿的世界中出现不可思议的报复性质。当我这么说时，你马上就能看出来，这种报复的力量能否变得人性化，对小婴儿的影响来说有着天壤之别。首先，妈妈自己很清楚"实际破坏"和"破坏意图"之间是有差别的。所以当她被宝宝咬到时，她虽然会叫一声："哎哟！"但同时也能识别出宝宝仅仅是有想吃掉她的破坏意图，但她一点也不会慌乱，因为她自信小婴儿不可能真正破坏她。事实上，她反而会觉得这是宝宝在恭维她，赞赏她有这么好的乳房和奶水，这一咬也是宝宝在表达兴奋的爱。当然了，妈妈本身也没那么容易被吃掉，叫一声"哎哟"只是因为她觉得有点儿疼。要是不巧宝宝太早长牙的话，他确实可以咬伤乳房。但是妈妈一定要有能力忍受住婴儿给自己带来的一些痛苦，一定要挺过来，给宝宝一个机会，让宝宝对妈妈能够忍受住和幸存活下来这件事感到安心和有保证。你也可以给宝宝一些硬的东西，一些有这种幸存价值的东西，像是拨浪鼓或磨牙玩具，让他去咬，当他发现自己能好好咬个够时，他就能很放心，不会因为有个想咬的意图就会遭到妈妈的报复，结果就把小婴儿自己也吓得不行。

道德和责任感是怎么来的

在这些生命的早期阶段，环境（母亲）中让小婴儿觉得适应或有"好"的体验的那些事情，会被小婴儿当成自己的好品质组建在婴儿的经验储存库当中，这些体验最初是和小婴儿的健康状态分不开的。而以后等到小婴儿能有意识地觉察到环境变得不安全时，这个"好"经验的储存库中就会提供好的和安全的经验感受，这是一个自动化的过程，而意识到环境的不安全也就不会对他产生太大的影响了。

我们有两种方式可以向小孩介绍整洁和道德的标准，长大后这些标准就会变成他们的宗教信仰或政治信仰。第一种方式是，父母强行向孩子教育和灌输这些标准和信念，并强迫宝宝或孩子接受它们，而丝毫不考虑将它们和孩子成长中的人格整合起来。令人遗憾的是，确实有许多孩子只接受过这种道德灌输的方式，他们的人格发展实在是不尽如人意。

第二种方式是，父母容许并且鼓励小婴儿与生俱来的道德倾向自然地发展。妈妈有着对小婴儿真实的母爱，也因此对小婴儿有足够的敏感性，有了这些条件，小婴儿的个人道德感的根基和种子就能保存下来。我们都看到过，小婴儿是何等地不愿意和讨厌浪费一个体验的机会，如果等待能够增进人际关系的温暖和亲密的话，他巴不得选择等待，宁可去忍受原始乐趣得不到满足所产生的挫折感。我们也看到过，妈妈如何帮小婴儿建立一种充满爱意的关系，用来包容住小婴儿的活跃感和暴力性。在这个整合的过程中，既有攻击和破坏的冲动，也有给予和分享的冲动，它们相互关联，而且相互抵消着彼此的影响。可是，那些强制训练的方式就利用不了孩子的这个整合过程了。

在这里我想告诉大家，实际上，孩子养成自己的责任感是一个循序渐进的过程，这种责任感的基础说白了就是一种罪疚感。在这个过程中，养育环境中必不可少的要有妈妈或母亲角色存在，而且在一段发展阶段内，妈妈还必须持续地存在着，只有这样，孩子才能在她的帮助下，调解和容纳自己性格中的那些破坏性部分。这种破坏性在客体关系的经验中会越来越成为一个性格特征，我提到的这段发展时间，大约要从婴儿六个月一直持续到两岁左右，在这之后，孩子就可以比较好地融合出一个念头，这个融合就是在想毁掉一个对象时，真的也还爱着这个对象。在这段时间里，宝宝特别需要妈妈，特别需要妈妈的"幸存"。妈妈既充当了宝宝的生活环境，同时也是一个特定的对象，是那个被宝宝兴奋地爱着的对象。宝宝会慢慢把这两种妈妈融合在一起，然后变得既能去温柔亲切地爱妈妈，也能充满深情（包括愤怒等负性情绪）地对待妈妈。然而，这一切又会让宝宝陷入一种特殊的焦虑，也就是罪疚感之中。好在小婴儿逐渐也能容忍这种罪疚感的焦虑，因为他知道，尽管这种感觉来自于本能经验中的破坏成分，但是将来总会有机会修复和重组它们。

我们从小男孩的画中看到了这种平衡和公正的品质，可你看，小婴儿早就在体验着这种早期的平衡和公正，比起父母强加的任何标准来，这种平衡和公正能让小婴儿有更深刻的是非之心。说起来，婴儿能发展出这个公平和是非之心都要感谢妈妈，是妈妈用爱为小婴儿营造了一个可靠和稳定的养育环境，才得以发展出这些早期的道德品质。可是，假如妈妈不得不离开自己的婴儿，或者她生病了，或者她心事重重的，或者她焦虑急躁的，以至于她不能关注到婴儿，我们就会看到，婴儿对环境的可靠性就会失去信心，婴儿会感到罪疚的能力也一并渐渐消失了。

我们也可以这样想，孩子必须要发展出一个内心里面的好妈妈才行，如果婴儿能发展出内心里面的好妈妈，这让他觉得在人际关系中不论得到什么体验都是件值得高兴的事。当孩子成长到这一步时，妈妈自己就不再需要那么紧张和敏感了。这时，她就可以帮孩子强化和丰富他发展出的道德感了。

至此，文明已经在一个新新人类（小孩子）的心里面再度展开了，父母要做的就是提前准备一些道德准则，然后等待孩子长大，到他足够大时，他自然会来向你寻求这些准则。孩子本身有一些非常有害的严苛的道德，而孩子如果顺从它们就会牺牲掉他个人的生活方式，他对这种顺从也是有怨恨的，而道德准则的功能之一，就是让这些严苛的道德和怨恨变得更加人道。不过，变得人道虽然是好事，但父母可别完全扼杀掉孩子的这些严苛道德——很多父母常常会太过注重温顺、平和与安静，这可以理解，但这也会造成孩子的个性缺失和过度顺从。孩子的顺从其实是为了得到父母立即的奖赏，而父母却会想当然地把这种顺从误解为是孩子长大了或懂事了。

第十五章　孩子的本能与正常困难

当孩子生病时，那些育儿的演讲和书籍就很容易造成误导了，这时妈妈需要的应该是一名能为她的孩子看病、做检查，并和她讨论这是怎么回事的医生。但是，普通健康儿童的常见问题则是另一回事，而且妈妈们也不能指望，她们的好孩子能永远一帆风顺，让人没有任何担忧和焦虑地成长，其实指出这一点，妈妈们反而会觉得有用。

发展中出现症状是正常现象

就是那些普通的健康孩子，无疑也会在发展过程中暂时表现出各种各样的症状。

是什么原因导致了婴儿期和童年早期的这些麻烦呢？我们想当然地假设一下，比如你的养育一直技巧娴熟且始终如一，那么可以说，你已经圆满地为这个社会新成员打下了健康的基础，可是，又是什么原因决定了孩子依然会表现出问题呢？我认为答案是，这主要和孩子的本能问题有关。接下来我就想写写这件事。

试想，此刻你的宝宝正躺在那里安静地睡觉，或者抱着什么东西，或者自己玩着，总之是你乐于看到的某个安静状态。但是，在健康情况下，宝宝也会反复出现兴奋状态，而你对此再清楚不过了。直观地看，你可以说宝宝是饿了、身体有需要了，或是本能需要出现使然；换个角度看，你也可以说宝宝开始有兴奋的想法了。这些兴奋体验在孩子的发展过程中发挥着非常重要的作用，它们推动着成长，也使成长变得很复杂。

在兴奋状态下，小孩子会有许多强烈而迫切的（本能）需要。通常你也能满足小孩的这些需要，不过有些时候，孩子的有些需要确实非常强烈，你无法全部满足它们。

现在来看，有些这类需要（比如饥饿）是普遍公认的，也很容易引起母亲的关注。还有许多种其他类型的兴奋（需求），其本质尚未被广泛地了解。

事实上，孩子身体的任何部位在某个时刻都可以变得兴奋（有了需求）。以皮肤为例。你肯定见过小孩子抓自己的脸，或者抓其他部位的皮肤，也见过皮肤本身变得兴奋时，还会长出些疹子。皮肤的某些部位会比其他部位更加敏感，尤其是在某段特定的时期内更是如此。你若能仔细而全面地留意孩子的身体，就能想象到兴奋落实在身体上的各种形式。当然，我们不能遗漏了性的成分。这些兴奋的事情对婴儿来说至关重要，它们是婴儿期清醒生活中的重要点缀和注释。兴奋的想法紧随着身体兴奋而出现，如果我说这些想法不仅与快乐有关，要是宝宝发展得好，这些兴奋的想法还与爱有关，你也不会觉得稀奇。渐渐地，婴儿会长成一个有能力爱别人的人，也能感受到自己做为一个人被爱着。宝宝与妈妈、爸爸、周围其他人之间有一种非常紧密而有力的爱的联结，那些兴奋体验就与这种爱有关。这种爱也会周期性地以某些身体兴奋的形式，被宝宝强烈地感受到。

伴随着原始爱欲冲动的那些想法，绝大多数都带有破坏性，而且几乎也与愤怒有关。不过，要是接下来的活动能带来这些本能爱欲需求的满足，那么使宝宝感觉很好这样的结果也是不错的。

你很清楚，在这种时候，不可避免地也常常会让宝宝感到极大的挫折感，而这会导致生气，甚至暴怒（这是一种健康的情绪）。所以，如果你时不时地看到宝宝表现出愤怒的情绪或行为时，你不会认为宝宝病了，你还会学着去区分宝宝的愤怒、悲伤、恐惧和痛苦。在愤怒状态下，婴儿的心跳要比平时快很多。事实上，你如果去听心跳的话，能数到每分钟220下左右。愤怒意味着孩子已经发展出了一些信念，相信自己有能力可以为某些人或某些事而生气了。

一旦宝宝充分体验到了各种情绪，那么也就担上了某种风险，而这些兴奋体验和愤怒常常会让宝宝非常痛苦；所以你会发现，你家这个十分正常的孩子也会努力找到一些办法，试图回避这些张力十足的感受。其中一个办法，就是抑制住自己的本能冲动和兴奋——比如，婴儿变得不能在喂奶时表现出自己全部的兴奋。另外的办法是，孩子专吃某些食物而不吃其他的食物，或者可以接受别人喂食，偏偏不能让妈妈喂。如果你足够了解孩子们，你就能发现他们花样繁多的办法。这些问题并不代表孩子病了；我们只是看到了，小孩子们在寻找各种巧妙的手段来应对那些无法忍受的感觉。他们不得不回避某些自然产生的感受，因为这些感受要么太过强烈，要么就是其完全的体验会带来某种痛苦的冲突。

进食困难在正常孩子身上很常见，妈妈为此不得不忍受着失望过上几个月，甚至几年，这都是常事，在这段时间里，妈妈制作美食的好手艺在孩子那里全白费了。说不定，孩子只肯吃常规食物，而凡是为了特殊照顾他所准备的精美食物，反而都被拒绝了。有时候，妈妈们不得不允许孩子完全拒食很长一段时间，因为这种情况下，即使妈妈尝试强行喂食，也只会招来孩子更强烈的反抗。但是如果她们等一等，而且不做"多此一举"的事，过些时间孩子又会重新开始吃东西。你一定不难想象，一个缺乏经验的妈妈遇到这种事得多么地担忧，她需要咨询医生或护士打消她的顾虑，让她明白她不是在忽视或伤害她的孩子。

小孩子会周期性地进行各类纵欲狂欢活动（不仅是进食的狂欢），这些狂喜和亢奋是发展中的自然表现，而且对小孩子非常重要。其中，排泄过程就会令他们特别激动，而与身体性器官部位相关的活动，随着幼儿的成长，在恰当的时候甚至会更令他们兴奋和好奇。当然，我们很容易观察到小男孩小鸡鸡的勃起反应，却很难知道小女孩是如何感受到性兴奋的。

宝宝有自己的价值信念

顺带一提，你会发现小孩子对整洁和肮脏的看法，起初与你的看法并不一致。比如粪便在排泄过程中，因为伴随着兴奋和快感，所以宝宝很可能觉得那是好东西，而且好到可以吃掉它，还可以把它们抹到小床上、墙上，甚至自己嘴上。这种事可能挺让人讨厌的，不过宝宝天性如此，你应该不会太介意。你会安心等到宝宝自觉自愿地出现更多有教养的志趣。很快，宝宝的厌恶感就会出现，以至于突然之间，一个曾经吃肥皂、喝洗澡水的宝宝，一下子变得过分干净了，甚至几天前，他还把粪便拿着玩和塞进嘴里，现在却拒绝一切看起来像排泄物的食物。

有些时候，我们能看到一些大一点的孩子退回到了婴儿般的状态，那么我们知道，他们是遇到了某种阻碍发展的困难，所以孩子需要退回到婴儿期的庇护下，目的是为了重新行使宝宝般的权利，以便重建自然发展的法则。

妈妈们虽然眼见这些事情发生，而且她们也确实会参与其中，但她们更愿意观察这个稳定而自然的发展过程，而不是强加自己的是非观念给小孩子们。

给幼儿强加一种是非观念会导致一个严重的麻烦，那就是会致使幼儿的本能冲动如影随形，并使幼儿的力量变得更加软弱和敏感脆弱。比如，当兴奋的体验涌现时，就会破坏宝宝通过顺从获得爱的努力尝试。结果，本能兴奋的运作不仅没有增强宝宝的自我力量，反而让宝宝变得软弱和沮丧。

正常孩子由于不会太过于严格地镇压那些强烈的本能感受，也因此会遭受相应的困扰，对于那些无知的观察者来说，孩子的这些困扰看起来就像不良症状。我提到过愤怒这个现象就是这样的情况；而乱发脾气和阶段性的决不妥协，在孩子两三岁时很常见。小孩子也常常做恶梦，如果孩子半夜尖叫着醒来，邻居们可能还以为你在搞什么鬼。事实上，孩子只是做了一个与性相关的梦而已。

幼小的孩子并非只有在不健康时，才会怕狗、怕医生、怕黑，或是在黄昏时，对一些声音、阴影和模糊的形状异想天开；他们并不是只有在不健康时，才容易绞痛、疝气、呕吐，或是兴奋起来肤色发青；他们不一定只有在不健康时，才会一两个星期完全不理亲爱的爸爸，或者不和阿姨打招呼；他们也不是因为不健康，才想要把刚出生的妹妹扔进垃圾桶，甚至去掐刚出生弟弟的脖子，或是靠相当残忍地虐待一只猫来极力回避对新生宝宝的恨意。

而你也清楚得很，有太多方式能让干净的小孩变得脏兮兮的，或让干爽的小孩变得湿漉漉的，实际上，两岁到五岁之间，孩子什么事情都可能发生。你可以把这些事情全都说成是本能的作用，是本能需求带来的绝妙感受，也是本能在孩子的幻想中（因为所有身体反应都和想法有关）所引发的痛苦冲突。我要补充的是，在这个关键的年龄阶段，本能已不再只有婴儿化的特性了，如果我们还继续用婴儿式粗浅的词汇，比如"贪吃（greediness）"和"乱七八糟（messing）"，描述这些本能需要显然是不够的。当一个健康的三岁孩子说"我爱你"时，其含义和成年男女之间的爱与被爱几乎是一样的。事实上，这句话已经带有常规意义上的"性"含义了，它既涉及身体的性器官部位，也包括着与恋爱中的青少年或成年人类似的性想法。你可以想象到，有惊人的力量在暗暗运作着，而你需要做的只是把家务安顿好，并做好充足的心理准备，千万不要对孩子做其他无效的事情。随着时间的流逝终会让孩子从这些本能运作中自然解脱出来。当孩子长到大约六七岁时，一切动荡和兴奋会渐渐尘埃落定，孩子会保持冷静和清醒而度过学龄（小学）期，直到青春期来临；所以，这几年你也可以放松一些，把一部分教养的责任和工作交给学校，以及训练有素的老师。

第十六章　幼儿与周围人的关系

一个婴儿的情绪发展从他生命的源头就开始了。如果我们要评价一个人与周围人的相处方式，就要观察组建他的性格和生活的过程，那样我们也就一定不能忽略在他生命最初几年、几个月，甚至几周或几天里所发生的事情。当我们着手处理成年人的问题时，比如婚姻问题，我们当然会遇到许多晚期的发展性问题。虽然如此，在研究任何一个个体时，我们不但是在看他的现在，也在看他的过去，不光要看他成人的部分，也要看他婴儿的部分。我们随口能说出的性感受和性想法，其实在我们很小的时候就出现了，时间远远早于老一辈人的生活理念所能允许的年纪，某种意义上，人类关系的全貌其实在生命一开始就出现了。

"过家家"是多人关系的游戏

让我们看看，健康的小孩子们玩过家家游戏时干了什么。一方面，我们可以肯定地说，游戏中一定有关于性的主题，只是通常不会那么直接地表现出来。如果仔细观察的话，你会在游戏中发现许多成年人性行为的象征性表现，不过这不是我们当下要关注的事情。更值得我们注意的是，孩子们非常享受在游戏中扮演角色，这种扮演则是基于他们已经有能力向他们的父母认同。从游戏中你就可以看出，他们显然做过大量的观察，他们会组建一个家庭，布置房子，共同分担照顾孩子的责任，甚至能维持住一种游戏设定，以便能在其中探索他们的自发性。（这是由于完全靠自己去面对那些本能冲动，他们也会害怕和恐惧。）我们知道这些都是健康的。如果孩子们能一起玩这样的游戏，以后就不用父母去刻意教他们怎么组建一个家庭，因为他们已经理解了家庭的本质。反过来说，如果在一个孩子的心里没有过家家的感觉，也不会玩过家家游戏，我们有可能在他长大后教会他建立家庭吗？我想这是不太可能的事情。

虽然我们很高兴看到孩子们能够享受和投入这些游戏，也在游戏中展现出他们有能力认同家庭、父母、一种成熟的趋势，以及责任感，但是我们也不想孩子成天只是玩这些游戏。确实，他们要是成天只玩这些游戏，反而该令人担忧了。我们其实希望，这些下午还在玩游戏的孩子们，到了茶点时间又变得嘴馋而贪吃，到了上床时间也会彼此猜忌，到了第二天早上又变得淘气而肆无忌惮；因为他们还只是孩子。如果他们运气好的话，他们是有一个真正的家的，在这个真实的家庭环境中，可以继续探寻他们的自发性和个性特质，尽情释放他们的天性，就像说书人那样，一旦热情投入于讲故事，他都会为那些自己冒出来的灵感而惊讶。在现实生活中，孩子们可以使用他们真实的父母，而在游戏中，他们则转而寻找自己当父母的感觉。我们欢迎孩子玩这类组建家庭的游戏，还有其他各类扮演游戏，包括老师与学生，医生、护士和病人，还有公共汽车司机和乘客，等等。

从所有这些游戏中，我们看到了孩子是健康的。而当孩子们成长到这种有能力玩游戏的阶段，我们也不难理解，他们已经度过了许多复杂的发展过程，当然，这些发展过程还远远没有真正完成。如果说孩子们需要有个普通的好家庭可以被用来认同的话，那么同样道理，他们从生命发展的最初阶段，就深深地需要有一个稳定的家庭和稳定的情感环境，让他们能有机会按照自己的节奏，去经历稳定而自然的发展过程。顺便说一句，父母没必要追根究底地知道小孩子的所有心思，就好像他们不用了解孩子们所有的解剖学和生理学知识，也一样能照顾好孩子的生理健康一样。反而至关重要的是，父母需要有一定的想象力，有能力识别出父母之爱不仅仅是他们自己的自然本能，也是孩子在他们身上绝对需要的东西。

妈妈不能有强烈的责任感

若一个妈妈尽管是好心好意，但却只相信宝宝一开始不过是一堆生理机能、解剖结构和条件反射的组合物，那么在她的照顾下，宝宝是发展不好的。确实，宝宝还是会被这样的妈妈好好喂养，也许生理健康和身体成长也都达标了，可是，除非妈妈在新生婴儿身上就能看到人性的存在和人性的需要，否则要想为孩子打下坚实的心理健康基础的机会微乎其微，而只有稳固的心理健康基础，才能让孩子在日后发展出充实、丰富而稳定的性格，使他不仅能适应这个世界，也能成为这个需要他去适应的世界中的一员。

麻烦的是，妈妈常常很容易被自己强烈的责任感所吓到并被其支配着做事情，然后她就很快去翻教科书或各种育儿书，查找可以遵循的规则和示范。其实最合适的婴儿养育只有发自妈妈的真心才能做到；或许我应该说，婴儿养育这件事，光靠头脑和智力是做不好的，妈妈还必须开放你的情感，让你的心和感受变得自由才行。

比如，给宝宝喂饭虽然只是妈妈让宝宝认识她的方式之一，但也是非常重要的一种方式。我曾写道过，孩子若从一开始就能得到体贴的喂养，还有各种方式的悉心照料，那么对于我们经典的哲学难题："出现在那里的客体真的是在那里吗？还是那只是我们想象出来的？"孩子就已经收获了超越任何现成答案的真正解答。对孩子来说，客体是真实的还是虚幻的已经不那么重要了，因为他已经找到了一个妈妈的存在，而妈妈又愿意为他提供这种幻象，并且这种幻象会在一段足够长的时间里可靠地存在并连续地提供给孩子；这样，阻隔在想象和真实情况之间的那条鸿沟就被拉近了，而且是根据这个孩子的特点，有针对性地能拉多近就有多近。

这样长大的小孩子，在他大约九个月大时，就已经能与他外部的某些人或物——他会渐渐认出那就是妈妈——建立起良好的关系了，而这种关系能够帮助孩子承受住所有可能发生的挫折、困难，甚至分离所带来的丧失的痛苦。如果妈妈只是机械地给宝宝喂奶，照顾宝宝时也不体贴，也不想主动适应宝宝个性化的需要，那么这就对宝宝非常不利了，要是这样的宝宝也去构想出一个全情奉献的妈妈，那一定是个保留在想象中的理想化的妈妈形象，而内心里面与他现在妈妈的关系就是脆弱的和经不起考验的。

我们常常会看到，有一些妈妈没有能力生活在婴儿的世界里，但所有婴儿却必须要生活在妈妈的世界里。从表面上来看，这样的妈妈带出来的孩子也许看起来发展的还挺好。可能要等到青春期或是更晚的时候，他才最终有能力发出相关的抗议，但抗议的方式要么是精神崩溃，要么是通过对抗的行为或态度来寻求心理健康。

相比之下，那些有能力主动配合而且办法丰富的妈妈，可以为宝宝提供一个接触世界的基础，而且不止如此，她还让宝宝和世界的关系充满了丰富的可能性，让这种关系随着时间的流逝，能够发展并结出成熟的果实。宝宝和妈妈在这种原初的关系里，还有个不得不提的重要成分，就是包含于其中的强有力的本能力量；如果宝宝和妈妈都能从自己的本能力量关系的考验中幸存下来后，这种亲身经历就能教会宝宝，本能经验和兴奋的想法也是被允许的，它们未必就会破坏安静状态的关系、友谊和分享。

然而，我们不能轻易下结论说，每一个被精神专注的妈妈精心喂养和照顾的宝宝，就一定发展出完全健康的心理。即使早期的成长经历很好，所有收获也要经过时间的积累和沉淀。同样，我们也不能下结论说，每个被养育机构抚养长大的宝宝，或是被一个没有想象力、害怕到不敢相信自己判断力的妈妈养大的宝宝，就注定将来要进入精神病院或少管所。事情绝没有这么简单，我有意把问题简化，只是为了能说得更加清楚一些。

我们已经见识过，出生条件良好，又从一开始就被妈妈当作一个人来看待的健康小孩，不仅干净整洁、性格好，还很听话。正常孩子从一出生，就对其生命有一种个人化的见解。那些健康的宝宝们常常也会有很严重的进食困难；他们也许在排便问题上表现得抗拒而任性；他们经常用强烈的尖叫表达抗议，或是踢妈妈并拉扯妈妈的头发，甚至想把妈妈的眼睛挖出来；实际上，他们也是烦人的讨厌鬼。可是，他们又表现出自发性和绝对真挚深情的冲动，他们不时会给你一个拥抱，或者给你一个亲吻，或者在哪里慷慨一下；经历这些时，宝宝的妈妈就发现自己也得到了回报。

不知怎么的，育儿书籍似乎更偏好描写性格好、听话、干净的孩子，然而，只有孩子有了合乎时宜的发展，而且有能力认同家庭生活中的父母，并由此自然发展出上述性格美德时，这些美德才真的有价值。这很像我在之前章节中描述过的，孩子的艺术成就发展也是一个自然的进程。

为什么孩子会适应不良

现如今，我们常常提到适应不良的孩子，但这个孩子的适应不良，恰恰是因为在他一出生和早年的成长中，他的环境、家庭或这个世界首先没能成功地适应他所造成的。由此导致婴儿的服从和听话是一件非常可怕的事情，这意味着，父母用高昂的代价换取了孩子一时的听话和顺从的方便，而以后的日子里，他们将不得不一遍又一遍地偿还这份代价，一旦他们负担不起了，就要由社会继续偿还了。

我还想多说一下，在母婴最早的关系中，有一个与那些准妈妈特别相关的困难。在宝宝出生时以及之后几天里，医生对妈妈而言变得非常重要，医生既是整个分娩过程的负责人，也是妈妈信心的来源。这个时候，没有什么比让妈妈熟悉自己的医生和护士更重要的事情了。可不幸的是，我们不能假定，让这个医术精湛，擅长处理身体健康和疾病领域问题，且处理分娩问题得心应手的医生们，同样也对宝宝与妈妈之间的情感联结的事情知根知底。医生要学习的东西太多了，所以不能指望他既是身体的专家，同时又能及时了解最新的母婴心理学知识。因此，一个优秀的医生或护士，也总有可能在并无恶意的情况下，提出了各种育儿指导或建议，恰恰就干扰了妈妈和宝宝最初这种微妙接触的关系。

妈妈确实需要医生和护士，需要他们的医疗技术，也需要他们提供好的医疗环境，让妈妈可以把分娩的担忧抛在一边。但是在这个环境中，妈妈依然需要有能力发现自己的宝宝，要有能力让宝宝也能发现她。而且，她需要有能力让这个过程自然而然地发生，而不是遵循什么书上的规则或医生的建议。在母亲与婴儿的情感关系这一点上，妈妈自己就是专家，不必感到难为情，而医生和护士只是辅助者而已。

可是我们观察到，大众文化越来越倾向于人们远离直接的接触，远离临床实践，远离过去所谓的粗俗百姓，说白了就是鼓励人们远离裸露的、自然的和真实的状态，而且还鼓励朝着要消除母亲和婴儿实际身体接触和互动的方向发展。这是很危险的做法！

婴儿的早期情感生活还通过另一种方式，奠定了婴儿成长后期情感生活的基础。我曾提到过，从出生开始，本能驱动力量就以某种形式进入到婴儿和妈妈的关系中。这些强烈的婴儿本能中夹杂着攻击性成分，还有被挫折所激发出来的所有恨意和愤怒。攻击性成分加入并结合着兴奋性爱的冲动，会让人们感到真实的生命非常危险，因此，大部分人或多或少会有些小心、拘谨和抑制。也许我们进一步看看这个问题会有所收获。

我得说，最为原始和早期的本能冲动和需求给人的感觉都挺无情无义的。如果早期进食冲动中伴有一种摧毁性成分，那么婴儿起初为了吃到奶也是不计后果的。当然，我谈论的是想法和念头，而不只是我们实际看到的身体过程。起初，婴儿是被本能冲动牵着走的，然后非常缓慢地，他才能认识到，那个在吃奶的兴奋体验中所攻击的乳头，其实是妈妈身上比较脆弱的一部分，而妈妈是不同于自己的另一个人，她是在兴奋和狂欢间期的安静状态下非常有价值的一个人。尽管我们看到的婴儿攻击是微乎其微的，但是兴奋的小婴儿却在其幻想中凶暴地攻击着妈妈的身体；当喂奶体验带来了满足时，随着时间的推移，攻击也会渐渐停止。每一种身体过程都会被幻想所充实和强化，随着婴儿渐渐长大，这就会发展出稳定的确定感和复杂感。在婴儿的幻想中，他甚至要撕开妈妈的身体，这样就能得到妈妈身体里面的好东西，并合并到自己身上。因此你看得出这有多重要，宝宝需要有这样一位妈妈能够持续地照顾他，并坚持照顾他一段足够长的时间，在他的种种攻击中妈妈能够幸存下来，最后假以时日，宝宝就对这个妈妈客体感到了柔情，进而产生了罪疚感，并感到要为妈妈的幸福而担心和忧虑。妈妈在宝宝的生活里一直就是一个活生生的人，这一点让宝宝有可能发现自己内在天生的罪疚感，这是唯一有价值的罪疚感，也是后来极力想要修复、重新创造和给予等发展性冲动的主要来源。按自然顺序，宝宝会先后出现这些内容：**无情的爱、侵犯性的攻击、罪疚感、关心与担忧、悲伤，以及修复、建立、给予的愿望**；这是一系列贯穿婴儿期和儿童早期的重要基本体验；然而，除非有妈妈，或代理妈妈工作的人，才能够陪伴婴儿一起渡过这些阶段，以使各种元素有可能整合起来，否则一切都无法成真。

接下来，还有另外一种方式，可以说明平凡的好妈妈为她的宝宝所做的一些事。普通的好妈妈毫无负担且不知不觉地，在一直帮助着孩子区分实际发生的事情与想象中发生的事情。为了小婴儿能理解所发生的事情，妈妈也会对现实情况和丰富的幻想做分类整理的工作。我们可以说，妈妈保持了客观性。这在宝宝的攻击性问题上尤为重要。一位妈妈会保护自己不被宝宝咬得太厉害，她也会阻止两岁的孩子用小棍打新生弟弟或妹妹的头，可同时她也能识别出，这个表现尚佳的孩子，一样会有力道惊人且真实的摧毁性和攻击性想法，而她并不会被孩子的这些想法吓得惊慌失措。她很清楚，孩子的这些想法必然会出现，所以当它们渐渐浮现在孩子的游戏中或梦境里时，她也不会感到稀奇，甚至她会根据孩子心里自发出现的想法，主动给孩子讲承载着相应攻击或摧毁性主题的故事或童话书。她不会试图阻止孩子拥有这些摧毁性的想法，这样一来，她就能让孩子与生俱来的感受罪疚的能力自然而然地发展出来。我们希望这种天生的罪疚感随宝宝的成长而出现，为此我们也愿意等待而不是主动用道德教育让孩子感到罪疚；父母强加给孩子的道德感实在是令人厌烦得很。

　　诚心要做妈妈或爸爸的人，无疑是准备要**自我牺牲**一段时间的。平凡的好妈妈不用别人说就知道，在育儿的这段时间里，任何事情都不能打断孩子和她之间关系的**连续性**。当她大方自然地去做时，她不仅是在为孩子的心理健康奠定基础，而且，若没有她一开始就如此费心尽力地提供给孩子各种体验的机会，孩子也无法达到心理健康。妈妈自己知不知道这一点呢？

Part Two 第二部分
孩子与家庭
The Family

从此，孩子就进入了家庭的关系和生活中！

正常情况下，爸爸是否能够真正认识和了解自己的宝宝，这要取决于妈妈怎么做。每个小孩天生有权利拥有自己的小小地盘，也有权利每天占用母亲和父亲的一段时间。这是小孩理所应当得到的，而且在小孩子的地盘上，他说了算。

爸爸的及时出现及其对亲子关系广泛的影响，自然会导致小孩生活的复杂性。爸爸必须要进入小孩的世界，让孩子发展出对爸爸的嫉妒、爱，或者爱恨交加的情感，这就为日后应对外部现实的困难打下了坚实的基础。

建立在父母关系基础之上的家庭，也要发挥其持续存在和幸存的功能；孩子表达出的恨意，还有恶梦中浮现的憎恨，之所以能被孩子容受，是因为这个家庭其实是为了孩子能有最好的发展结果，而甘冒最坏的风险，一直在持续健康地运作着。

第十七章　父亲究竟起什么作用

我在工作中遇到许多孩子的母亲来找我讨论："父亲究竟在家庭中该怎么做呢？"我猜大家都清楚，正常情况下，爸爸是否能够真正认识和了解自己的宝宝，这要取决于妈妈怎么做。有太多原因让爸爸很难参与到婴儿的抚养当中去。比如，在宝宝醒着的时间里，爸爸几乎都不在家。更普遍的是，即使爸爸在家，妈妈也会觉得有些为难，她不知道在什么时候能用得上丈夫，什么时候又该让他别管闲事。不用说，在爸爸回家之前妈妈就把宝宝哄睡着了，这样事情就简单多了，就像在他回来前洗好衣服、做好饭一样是个好主意。不过，想必你们不少人也有这种经验，就是夫妻每天分享一点育儿过程中的小细节，对你们的婚姻关系也大有好处，这些细节在外人看来也许傻得可笑，但是对于夫妻双方和婴儿来说，却是这段时间里极其重要的事。随着婴儿长大、蹒跚学步、长成一个小孩儿，成长中的点滴细节也越来越丰富，爸爸和妈妈之间的感情也会因此更加深厚。

一开始爸爸需要妈妈的安排

据我所知，有些爸爸一开始在自己的宝宝面前会感到非常的害羞和小心谨慎，而且确实有些爸爸从来就对婴儿没什么兴趣；但是，至少妈妈可以让爸爸帮点小忙，可以在宝宝洗澡时安排爸爸在一旁观察，甚至只要他愿意，也可以让他参与进来。就像我说过的，很大程度上，这要看妈妈怎么做。

我们不能轻易推断，让爸爸尽早参与育儿工作在任何情况下都是好事，因为人跟人实在太不一样了。比如有些男人觉得，他们要是当妈妈，会比他们的妻子做得更好。这样的男人可能会让你感到很讨厌，尤其明显的是当他们随便就过来，做上半个小时耐心细致的"妈妈"，然后又轻巧离开的时候。他们以为当妈妈就这么简单，却完全无视一个事实，即真正的妈妈是要每天二十四小时、不分昼夜地都在做好妈妈。不过也有可能，有些爸爸确实比他们的妻子更能做到妈妈该做的事，可他们毕竟不是妈妈，也不能取代妈妈；所以针对这个问题，还是要找出其他解决办法，而不是让妈妈渐渐淡出育儿工作。好在妈妈们通常都清楚，她们才是最擅长做自己工作的人，所以她们最有权可以按自己的意愿安排丈夫参与育儿工作。

爸爸的角色不能缺如，也无人能代替

假如我们从头说起，会发现婴儿最先认识并了解的人是妈妈。婴儿或早或晚会识别出妈妈身上的各种特质，而其中像温柔、甜美等特质，也总会让人联想到妈妈。可是，妈妈也有各种严肃的特质，比如，她也会强硬，也会一本正经，或相当严厉；不过确实，一旦宝宝能接受现实，即奶水不可能在他想吃奶的时候就立刻恰好到来，那么妈妈守时的喂奶在宝宝看来也是极有价值的事情。妈妈的这些严肃特质并不是她的本质特点，而它们会在婴儿心里渐渐聚集，聚合成种种感受，最后指引着婴儿去父亲身上寻找这些感觉。仅仅把妈妈的这些特质组合为规则和示范、许可和禁律、死板和不妥协，远远不如把这些特质投放到一个可敬可爱的强壮父亲身上。

所以说，当爸爸以父亲形象进入孩子的生活后，他就接手了婴儿投放在他身上的一些感受，那都是婴儿早先对妈妈身上某些特性产生的感受，爸爸的这种接手，会让妈妈大大地松一口气。

我想试着分别叙述一下爸爸在各个方面的价值。我要说的第一件事情是，爸爸需要在家，让妈妈感到身体舒服，心情愉快。孩子对于父母之间的关系状态是非常敏感的，可以说如果父母之间真实关系的发展是亲密的、温暖的话，孩子是第一个知道并感激这一事实的人，孩子也会通过变得少出问题、更知足、更好养活来表达他的感激。我猜这是婴儿或孩子在表示他们有了"社会性安全感"。

爸爸和妈妈之间性的结合也为孩子提供了一个事实，围绕这个稳固的事实，孩子就可以构建出一种幻想，这个坚如磐石的性结合事实，会让孩子既可以信赖和依靠，也可以踢打和对抗；进一步讲，这个事实也为孩子找到三人关系问题的个人化解答，提供了一部分自然基础。

第二件事，正如我说过的那样，爸爸需要给予妈妈道德和精神上的支持，要为妈妈的权威撑腰，要成为妈妈在孩子生命中所植入的律法和秩序的代言人。爸爸不必一直在那儿专门做这件事，但他需要经常出现，让孩子感觉到他也是真实而鲜活的存在。孩子的大部分生活还是得靠妈妈来安排，孩子们也愿意看到，当爸爸不在家时，妈妈能把家照顾得井井有条。

话是没错，每个女人的言行举止也要有分量；可是如果要她一个人扛起全部重担，既要在孩子生活中充当强壮和威严的角色，同时又要爱孩子，那妈妈的负担确实是太重了。此外，父母双亲都在家里也能让孩子感到轻松点；孩子可以通过把慈爱留在一方身上，而去记恨另一方的方式，以此来学会同时拥有爱和恨的本事，这本身就具有稳定性作用。有时你会看到，一个小孩在踢打他的妈妈，那么你就会想，要是丈夫在身边支持着妻子，这个孩子很可能想踢的会是爸爸，而大多数情况下孩子根本不敢真的去踢爸爸。每隔一段时间，孩子总需要去恨某个人，而如果爸爸总是不在身边让孩子有个人可以恨的话，孩子就只能恨妈妈一个人了，这种家庭情境会把孩子搞得稀里糊涂的，因为孩子所恨的妈妈也正是孩子从心底里最爱的那个人。

第三件事，孩子需要爸爸，因为自己的爸爸有许多正面和积极的品质，而且有区别于其他男人的独特之处，人格中有他活跃的生命力。宝宝在生命的早期阶段，当一切印象都还鲜活生动的时候，如果可行，那就是让小宝宝认识爸爸的好时机。当然，我可没有让爸爸们把自己的个性特点强加给孩子。你能观察到，有的孩子几个月大就会四下张望，寻找爸爸，会在爸爸进屋时伸出手去找他，还会仔细听爸爸的脚步声；而另一个孩子却会扭头不理爸爸，或是慢慢地过上好久才让爸爸成为其生命里又一个重要的人。有的孩子很想知道爸爸到底是什么样的人，而另一个孩子却只把爸爸当作梦想的对象，根本不能像其他人一样去认识爸爸的为人。即便如此，如果爸爸能在身边，也愿意去了解自己的孩子，那么这个孩子还是幸运的，最乐观的情况下，爸爸会极大地拓展和丰富孩子的世界。当妈妈和爸爸都乐于为孩子的存在负责时，一个好家庭的舞台就算搭好了。

要想去细数爸爸充实孩子生命的方式，几乎是不可能的，因为可能性实在太多了。孩子心中的理想典范，至少有一部分，就是从他们看到的爸爸或以为是自己看到的爸爸身上来的。当爸爸早出晚归，渐渐展现出其工作状态的本质时，也为孩子的世界开启了一片新天地。

孩子们有一种过家家式的游戏叫作"妈妈和爸爸"，如你所知，在这个游戏中，爸爸早上离开家去上班，而妈妈则在家做家务和照顾孩子。孩子们对家务事再熟悉不过了，因为身边每天都在发生，可是孩子对爸爸的工作，更不用说他下班后的各种兴趣爱好，都是很新奇的，它们可以开阔孩子的眼界。能工巧匠的爸爸让孩子多么开心啊，当这样的爸爸在家时，他会乐于让孩子见识他高超的手艺，会和孩子一起制作精美实用的东西。假如爸爸不时参与到孩子的游戏中，他一定能带入很有价值的新元素，让孩子的游戏更加丰富多彩。不仅如此，爸爸还能根据自己对世界的知识，找到合适的玩具和器材帮助孩子更好地做游戏，而又不妨碍孩子们想象力的自然发展。很不幸，有些爸爸会把事情搞得很糟糕，比如，这类爸爸们给小儿子买了一个玩具火车，结果他们自己先霸占着玩得不亦乐乎，或者他们对玩具爱不释手，结果不让孩子玩它或者拆它。这都是爸爸的玩心太大所导致的。

其实爸爸为孩子们做了很多事，我不得不提的一件重要事情就是，爸爸要在孩子的早年生活中有能力存在着并活着，而且一直好好地活着。实际上，这个简单事实的价值很容易被人们忘掉。尽管孩子们会自然而然地去理想化他们的爸爸，可是，孩子与爸爸生活在一起，了解爸爸的为人，甚至在某种程度上花点心思找出爸爸在哪儿，这些也都是非常宝贵的成长经验。我知道有一对儿女，在爸爸入伍参战的那段时间里，他们也觉得度过了一段美好的时光。当时，他们和妈妈住在有漂亮花园的房子里，拥有生活必需的一切，甚至更多。有时候，他们也会情绪激动，集体陷入一种反社会倾向的行动，几乎要把房子都掀翻了。如今回想起来，他们发现当时这种周期性的情感爆发是一些尝试，他们在潜意识当中需要尝试呼唤爸爸这个人出现。无论如何，妈妈在丈夫来信的支持下，设法带孩子们熬过了这段时间；不过你可以想象，她是多么渴望丈夫和她一起在家与孩子们生活在一起，这样她就能偶尔坐下来歇会儿，而由爸爸去叫孩子们上床睡觉。

再举个极端的例子。有一个女孩，她的爸爸在她出生前就去世了。她的悲剧在于，她只有一个内心理想化的爸爸可以让她建立对男人的观感，而没有过对一个真正的现实爸爸慢慢感到失望的机会和经验。因此，在她长大以后的生活中，她就会快速而轻易地把她遇到的男人们都想象得理想而完美，这在一开始能产生男人们都是尽善尽美的效果。可是迟早，她认识的每个男人都会不可避免地表现出一些缺点，每逢这种时候，她就会陷入绝望之中，而且开始不停地抱怨。可以想象，这种重复模式毁了她的生活。假如她的爸爸在她童年时还活着，这个爸爸既可以被她理想化，也可以让她发现其实爸爸他自己身上也有缺点，爸爸还能在让她失望之后，从她对爸爸的恨意中幸存下来，如果发展是这样的，那这个女孩要幸福得多了。

无论男孩还是女孩都需要与爸爸互动

众所周知，有时候爸爸与女儿之间有一种极为重要而生动的情感联结。事实上，每个小女孩都曾梦到过要取代妈妈的位置，或者至少梦到过与爸爸在一起的浪漫情景。当女儿产生这类情感时，妈妈一定要对小女儿宽宏大量一些。有些妈妈发现，自己容忍父子之间的友谊很容易，可看到父女走得很近就会感到很难受。然而，如果父女之间的亲密依恋被妈妈的嫉妒感和竞争感过分干涉，以至于父女亲密依恋情感不能自然发展的话，那将是大大的遗憾；因为要不了多久，这种浪漫依恋的挫折就会令小女孩开始失望并清醒过来，最终她会长大之后，到家庭以外去寻找实际的解决办法，以此来实现她儿时的梦想。假如爸爸与妈妈的关系过得幸福而和谐的话，这些爸爸和子女们的强烈依恋情感也就不会威胁到父母之间的感情。在这件事上，女孩的兄弟们能帮上大忙，他们就像垫脚石一样，让姐姐或妹妹的情感从爸爸和叔叔们身上转向了家庭之外其他的男性。

另一种情况也很常见，那就是一个男孩与他的爸爸发现他们彼此是竞争得到妈妈的对手。同样，假如妈妈与爸爸之间感情融洽的话，这件事也不会引起这个男孩太多的焦虑。当然，父母彼此相爱又相互信任的关系，从来就不会受到外来因素的干扰。小男孩所表达的情感可能会极尽强烈，因此男孩子应该受到认真对待。

听说，有的孩子在童年时期从来没有整天单独与爸爸一起相处过，甚至连半天都没有过，我觉得这种事情挺糟糕的。我得说，妈妈有责任定期让爸爸与女儿，或者与儿子，一起走出家门来一场探险活动。综合考虑各种因素，这都是一种完全值得感激的举动，这其中的很多经验将是子女一生的宝贵财富。对妈妈来说，送小女儿和爸爸出去玩并不总是那么容易，尤其是当她自己也想和丈夫单独出去的时候；她当然也应该与自己的丈夫单独外出活动，否则，她不但会心存怨恨，而且还容易感到与丈夫的关系疏远了。不过，如果妈妈能时不时地让爸爸与子女们，或者与某个子女一起外出活动，她将大大增加自己作为妈妈和妻子的价值。

所以，要是你的丈夫在家，你也不难发现，你花心思帮助他和孩子们认识彼此会非常有价值。他们的关系充实与否，取决于爸爸与孩子们自己，这不在你的能力范围之内。但是，你却有十足的能力和勇气让他们的这段关系变得有可能，也有能力去妨碍这种关系，或者损害这种关系。

第十八章　别人的标准和你的标准

我猜想，所有的人都有自己的理想和标准。每个人在组建自己的家庭时，都会设想房子看起来应该是什么样的，装修配色方案怎么弄，家具如何布置，早餐餐具怎样摆放。大部分人都知道自己想要搬入一套什么样的房子，都能感觉出住在城里好还是农村好，也很清楚哪部电影值得去看，这就是每个人各自的标准。

我的地盘我做主

刚刚结婚的人也许都在想："从现在起，我能按我喜欢的标准和方式开始生活了。"

有个五岁的小女孩，她正在扩充自己的词汇量，她听到有人说"小狗按照自己的意愿回家了"，于是她也学会了这种说法。第二天，她对我说："今天是我的生日，所以一切要依照我的心愿去做。"好，用这个小女孩的话讲，刚结婚的你会想："从现在起，我终于能生活在按照我的意愿营造的家庭氛围里了。"注意，我并不是说你的意愿一定要强过你的婆婆，但那是你的意愿，这才是最重要的差别。

假设你拥有了自己的房间、公寓或新家，你多半会马上着手按自己的喜好标准进行布置和装修。当你挂好新窗帘以后，你就会请别人来家里做客暖房。重点在于，你终于实现了这样的一种状态，那就是在你自己的地盘上由你说了算，甚至你自己都为你做出的这些事情感到吃惊和自豪。显然，你这一生都不停在尝试着自己说了算，现在你终于有了结果。

要是在结婚的初期，你和丈夫没有怎么因为细节问题而吵过嘴，那只能说你太走运了。有趣的是，争吵几乎总是开始于对什么是"好"、什么是"坏"的争论，而其背后真正的麻烦，还是用那个小女孩的话讲，是两种个人的意愿之间的碰撞。比如，你觉得这块地毯好，是因为是你买了它，或是你决定选它，或是曾在打折时你为它讨价还价了，而同样，你的丈夫觉得另一块好也可能是因为他决定要买另一块；问题是，你们俩怎么才能同时感到是你们自己选择了这块地毯呢？好在，彼此相爱的两个人发现，他们的"意愿"在某种程度上总是能找到共通之处，所以问题不会太大；还有一个解决办法就是双方达成共识，很可能还是心照不宣的，就是家务事按妻子的意思办，而丈夫则在工作中随意发挥。人人都知道，英国人的家是妻子的城堡。而在家里，男人也愿意看到妻子操持并认同这个家。可惜，大部分时候，男人在工作中总是找不到妻子在自己家中的这种独立自主的感觉。另外，男人也很少能认同自己的工作，而这种情况在技工、小店主身上愈演愈烈，小人物往往更容易陷入这种窘境。

要说有的女人其实不想做家庭主妇，在我看来是她们忽略了一个事实，那就是没有什么地方比自己的家更能让这个女人掌控一切了。只有在自己的家，她才能无拘无束，只要她有勇气，她可以在家里尽情地舒展自己，找到完整的自我。关键是，结婚时她真的应该有一处自己的公寓或房子，这样她才能有施展自己才能和想法的空间，而不至于处处遭到近亲的反对，也不需要去顶撞自己的妈妈。

我说了这么多主要是想让你明白，当一个宝宝来到世上之后，想按他自己的意愿做他自己该有多么的困难，而宝宝们又是一定要做自己的。为了按他的意思来，宝宝会打破妈妈的美梦，而谁也不能说美梦被打破了也没关系，因为所谓的美梦，实际上是年轻妈妈新近才找到的独立精神，以及刚刚才赢得了的对其个人意愿的尊重。有些女性宁愿不要孩子，因为对她们来说，婚姻意味着刚刚建立起她们个人的影响力，那是她们多年的等待和筹划后，最终才换来的，如果马上就要了孩子，似乎就会大大损失这种价值。

那么，假如一位年轻妻子刚刚可以开始熟练地安顿家务，她为此感到很自豪，而且她也才开始掌握自己的命运，探索自己的喜好；你想假如这个时候她有了小孩会怎么样呢？我想，这位年轻妻子刚怀孕的时候，她不一定会想到这个婴儿会威胁到她新近获得的独立性，因为这时她的心思还在其他事上。这个时候，她正为有了宝宝而感到兴奋、好奇、倍受鼓舞，而且她还会设想按自己的计划抚养宝宝，也觉得宝宝会很享受地在自己的影响力范围内成长。到目前为止，所有一切都还好，而且她这么想也没有错，婴儿确实会从原生家庭中吸收一些东西，形成自己的文化和行为模式。不过，有些话我还是要说的，而且这些话非常重要。

孩子带着想法来到了这个世界

几乎从一开始，新生儿就有了自己的想法；假设你有十个孩子，他们成长在由你掌管的同一个家庭，你仍会发现不可能有两个孩子是完全一样的。同样，十个孩子也会在你身上看到十个不同的妈妈，即便是同一个孩子，也会看到不同方面的你。有时候，他会把你看作慈爱的和美丽的妈妈，而其他时候，比如光线不足，或者他半夜做了恶梦而你进入他的屋去看他时，忽然之间，他又把你看成了恶龙或女巫婆，或是其他可怕而危险的东西。

重点在于，每个新生儿降临到你家的时候，同时也带来了他自己对这个世界的不同看法，而且他也需要掌控他自己的一片小世界，所以说，每个新生儿都在挑战着你曾经精心构筑、努力维持的那套规则和秩序。我知道你很珍惜你自己做主的生活方式，所以我真为你感到遗憾，因为你从此变成了一个妈妈，你从此需要适应婴儿，而不是相反。

我看能不能帮帮你。这种情况的一部分困难源自于你已经认定了一个事实，就是你之所以喜欢你自己的方式，是因为你认为你的方式是对的、好的，而且是合适的、最棒的、最聪明的、最安全的、最快捷的、最经济实惠的，等等。不用说，你常常有正当的理由这样去想，而且涉及应对这个世界的知识和技术时，一个孩子不可能比你更有见识。但是关键在于，你喜欢和信任你自己的方式，并不是因为那是最好的方式，而是因为那是你的方式。正因为如此，你才会想要、甚至必须要掌控一切。为什么不呢？房子也是你的，你之所以结婚的部分原因也在于此，另外，你也许只有握权在手，才能感到安全。

没错，在你的房子和地盘里，你完全有权利要求别人遵守你的准则，比如按你决定的次序摆放早餐，饭前要洗手，上床前要洗澡，不许说脏话，等等；然而，你有这份权利，仅仅因为这是你的房子和你的生活方式，而不在于你的生活方式是最好的——尽管它可能还真是你的最好方式。

容许孩子掌控自己的世界

你的孩子们也很期望你真正知道你想要什么和信奉什么，而他们会因为你有坚定的信念而获益，也会或多或少在你的准则之上建立自己的标准。可是同时，重点在于，难道你不觉得孩子们也有他们自己的理想和信念，他们自己就有寻求秩序的意愿吗？孩子们可不喜欢一直乱糟糟的，也不愿意永远自私自利。你能否意识到，假如你过分关注于你要在家中确立自己的权威，而不能容许婴儿和孩子释放他们的天性，创造出属于他们的、自有其道德准则的小世界，那么你的行为必然会伤害到他们吗？如果你对自己有充分的信心，我想你也乐于试试自己的权利限度能放得多宽，你可以让每个孩子按他自己的冲动、计划或想法掌控他们自己的一小片局面，但其实那依然局限在你的影响范围内，只是你把你的尺度放宽了而已。"今天是我的生日，所以一切都要听我的。"当小女孩这样说时，并不会招致混乱；这一天的安排可能和其他日子没什么两样，唯一的区别在于，这一天是由孩子做主安排的，而不是妈妈、保姆或学校老师做主安排事情。

　　当然，妈妈从婴儿一出生开始就很平常地安排着和做着这些事。她虽然不能完全被婴儿随叫随到，但她可以规律地进行乳房哺乳，这已经很不错了，而且她还常常能成功地给予宝宝一小段幻象，让宝宝以为是梦想般的乳房在满足他，在幻象中，宝宝还不必认清梦想中的乳房满足不了他这个事实，不管梦境多么美好。说梦里的乳房不能把宝宝喂胖，意思是在说，宝宝会发现乳房还是要长在妈妈身上才有用，而妈妈则是外化和独立于他之外的另一个人；光是自己有想要吃奶的念头是不够的，妈妈也必须有想要喂他吃奶的念头才行，也就是说这两个念头对上才行。对孩子来说，要认清这件事是一项很艰难的任务，而妈妈可以保护她的婴儿不至于太早或太突然地遭遇到幻灭*。

　　同样在一开始，宝宝也被看作是非常重要的。如果他需要食物，或者由于不舒服而哭闹，那么首当其冲的就是照顾他的需要，其他杂事都要

---

* 那个幻象的破灭。——译者注

暂时靠边站；他也被允许肆意地表达冲动，比如没来由地搞得一团乱，只因为他想要这样做。在小婴儿看来，妈妈变得严格了，反倒是个奇怪的变化。有时候，妈妈因为害怕别人或邻居提意见或不满意，而突然变得严格起来，并开始对宝宝进行"训练"，直到让宝宝遵从了自己的清洁标准才肯罢手。她还以为，自己让宝宝完全放弃希望，不再保有珍贵的自发性和冲动性，是做了件好事。事实上，过早和过严地对宝宝进行清洁训练，最终往往会使婴儿遭遇挫败，而一个六个月大时很讲卫生的孩子，很可能长大后却公然挑衅或强迫性地把自己弄脏，而且极难重新训练好他。幸好，多数情况下孩子会找到一条出路，从而让自己没有完全放弃希望；孩子们只不过把自己的自发性隐藏在了症状里面，比如尿床。（作为一个婴儿观察者，当我看到一个相当专横的妈妈有个会尿床的孩子时，还是替孩子感到欣慰，那是孩子在坚持着自己的意见，尽管他还不知道自己到底在干什么。）当妈妈一面保持自己的价值观，一面又能耐得住性子等待孩子发展出他自己的价值感来，这个妈妈将会收获到丰厚的回报。

　　如果你允许你的孩子发展他的掌控权，你就大大地帮到了他。虽然在你和他的掌控权之间一定会发生冲撞，但这是发展的自然现象，而且比强迫孩子承认你最正确绝对要好多了。你有更好的理由允许他，那就是你也喜欢按自己的方式来，所以孩子也喜欢你喜欢的东西。你可以让孩子在家里占据房间一角，或者拥有自己的小柜子，或者一面墙壁，作为他的地盘，让他可以弄脏、清洁或装饰，而全凭他自己的心情、幻想或一时兴起。每个孩子都有权利在你的房子里占有一席之地，作为他的领地，他也有权利指望你和爸爸每天分给他一点时间，在此期间，你们是在他的世界里。当然，如果偏向另一个极端，那么用处就不大了，如果妈妈自己没有一套鲜明的个人生活方式，而是一切都让孩子做主，那么没有人——包括孩子——会感到开心。

第十九章　什么是"正常的孩子"？

我们经常谈论问题儿童，也尝试去描述和归类他们的问题；我们也谈论常态或健康，可是要说清楚正常儿童是什么样子的却非常困难。说到身体时，我们很容易就理解正常是什么意思。身体正常是说，孩子的身体发育达到了同龄人的平均水平，而且没有生理疾病。同样，我们也明白智力正常是什么意思。然而，一个身体健康、智力正常甚至超常的孩子，依然有可能在人格完整性（心理健康）上远远没有达到正常的状态。

我们当然可以从行为层面考虑什么是正常，然后去比较一个孩子和其他同龄的孩子；可是，在只看行为就给孩子贴上不正常的标签之前，我们还是要迟疑一下，毕竟正常的内涵变化范围实在太广了，甚至人们对正常的预期也是千差万别的；比如一个孩子饿的时候哭了，问题在于，这个孩子多大了？一岁的孩子饿的时候会哭并没有什么不正常的。再比如，有个孩子从妈妈的包里拿了一块钱，我们还是要问，这是几岁的孩子？大部分两岁的孩子都会时常做这种事。或者我们观察到两个孩子，他们都表现得好像随时会挨打一样；其中一个，生活中找不出这种恐惧的现实基础，而另外一个，在家里一直都挨打。还有，一个孩子三岁了还在接受乳房哺乳，这在英国是非常罕见的，可是在世界其他地方，这却是一种传统。因此，不是说比较了两个孩子的行为，我们就能明白正常的含义。

正常是指性格的阶段性成熟

我们想知道的是，孩子的性格是否正常建立起来了，孩子的性格是否以一种健康的方式稳固下来了。其实孩子的聪明才智并不能弥补他在性格成熟过程中遭遇的发展停滞。如果情绪发展在某个点被耽搁了，孩子就会在之后特定情景重现时，不得不返回到被耽搁的那个点，重新表现得像个婴儿或小小孩。例如，我们说某个人每当遇到挫折时，其行为举止就会像个小孩，整个人就会变得不讲卫生、惹人讨厌，或者还会突发心脏病。而一个所谓的正常人，是有其他多种办法应对生活中的挫折的。

我会试着从正面角度说说孩子的正常发展。不过在那之前，我们得先达成共识，那就是婴儿的各种需要和感受都是极其强烈的。我们绝对有必要把孩子看成一个人，尽管他与世界的关系才刚刚开始，但是他从人生起点就是带着人类所有的强烈情感出发的。成年人会采取各种手段，试图重新捕捉婴儿期和童年早期的感受，因为那些感受如此激动人心，所以弥足珍贵。

以这种假设为前提，我们可以认为童年早期是一个建立信赖感的渐进过程。对人和事物的信赖感，又是通过数不清的好体验一点一滴积累起来的。这里说的"好"，意思是足够令人满意，也就是孩子的需要和本能冲动得到了满足和正当理解。这些好体验可以制衡那些坏体验，这里说的"坏"是指愤怒、恨意和怀疑出现时的体验，而它们都是婴儿发展中不可避免的感受。每个人都得在其自体内部找到一个位置，在那里操作和构建一套本能冲动和欲望的组织；每个人也一定要发展出个人化的办法，能与这些本能冲动和欲望共存于分派给他的那一片天地里，而这绝非易事。

实际上，人们需要了解的重点是，对于婴儿和儿童来说，即使拥有了一切美好的食物和条件，但生活也并不容易，何况根本就不存在不流眼泪的生活，除非一个人丧失了他的自发性而变得顺从。

正常孩子也有人生困难

从这个事实出发，即生命本身固有的困难会让每个婴儿和孩子都不可避免地表现出这些困难的迹象，我们接着就能明白，其实每个人都可以出现症状，任何人在特定条件下，都可能出现疾病的征兆。即使是在最温和适宜、通情达理的家庭生活背景中，也不能扭转普通人成长很艰难的这个事实，而且，假如真的有一个完美适应的家庭也会挺让人受不了的，因为你都不能通过合情合理的表达愤怒来喘口气。

所以说，上述事实导引我们想到，正常这个词其实有两种含义。一种含义对心理学家有用，他们说的正常是一套区分标准，因为他们得把有缺憾的一切都称作异常。另一种含义对医生、父母和老师有用，他们用正常来形容一个孩子，是说他很可能终将成长为令人满意的社会成员，尽管他当下表现出了一些症状及不合适的行为问题。

举个例子。我知道一个早产的男婴，医生可能就会说早产是不正常的。这个宝宝有十天不愿意进食了，所以妈妈只能把奶水挤出来装到奶瓶里喂他。这样做对一个早产儿是正常的，而对于足月产儿童就不正常了。在这个早产儿本该足月出生的那一天，他终于开始接受乳房哺乳，尽管吃奶速度很慢，但只能按他自己的节奏来。从一开始，男孩就对妈妈有着各种极致的需求，妈妈发现要想养好他，只能由着他自己来，让他决定什么时候开始，什么时候停下来。整个婴儿时期，他对每一件新事物都尖叫以对，唯一能让他使用新杯子、新浴盆、新床的办法，只能是把他引向它们，然后等而又等，直到他自己转向它们为止。这种任性而为的程度在心理学家看来已经是异常了，可是，因为他有一个愿意随侍左右的妈妈，我们依然可以说这个孩子是正常的。进一步体现出生命艰难的证据是，男孩发展出非常剧烈的尖叫发作，发作到了难以安抚的程度，妈妈唯一能做的就是把他放到小床里，在旁边陪着，等他恢复过来。尖叫发作期间，孩子是不认识妈妈的，所以妈妈对他起不了任何作用，直到孩子开始回过神来，妈妈才再一次变回对他有用的人。这个孩子被送往心理学家那里进行专门的检查，但是，在见面前的等候时间里，妈妈发现孩子和她竟然不用帮助也开始能理解彼此了。于是心理学家也没再插手。他虽然分别看到了孩子和妈妈身上的异常之处，但他宁愿说这对母子是正常的，好让他们运用自己的自然资源从困境中恢复，收获宝贵的人生经验。

　　按我的理解，我会这样描述一个正常的孩子。一个正常的小孩**能够调用**自然状态下的任何手段，来抵御焦虑和无法忍受的冲突。孩子所调用的那些手段和办法，（在健康状态下）与他能得到什么样的帮助有关。不正常的表现是，孩子只能**局限**而**僵化**地使用症状，而症状与能指望用得上的帮助之间又没什么关系。当然，我们不得不承认一个事实，在最早的婴儿期，孩子还没能力判断什么样的帮助是可用的，相应地，他就需要妈妈这边能更紧密地先适应他的需求。

　　以尿床为例，这是一个再平常不过的症状了，几乎是每个养育孩子的人都遇到过孩子尿床这件事。如果孩子尿床是对母亲苛刻管教方式所提出的一种有效抗议，或者说是他在坚持主张自己的个人权利，那么这个症状就不是一种疾病；相反，这个征兆表明孩子依然希望保持住自己的个性，因为他的个性可能受到了某种威胁。在绝大多数案例中，尿床都在发挥着类似的作用，只要花些时间，加以平常而良好的照料，孩子最后就能停止这种症状，转而采用其他办法来主张自己的个性。

　　再以拒绝食物为例，这是孩子的另一个常见症状。孩子拒绝进食绝对是正常现象。我相信你提供的食物本身是好的。真正的重点在于，孩子无法总是感觉到食物是好的，也无法总是觉得好食物是他应得的。花点时间冷静地照顾他，孩子最终会自己搞清楚什么叫作好，什么叫作坏；换句话说，他会发展出喜好和厌恶，就像你我一样。

我们的孩子都会正常使用这些被称为症状的办法；我们说正常的孩子也能在适当的境遇下表现出这些症状。然而对于得了病的孩子来说，麻烦的其实不是症状，而是症状并没有起到应有的作用，结果变成了妈妈讨厌、孩子更嫌弃的东西。

因此，尽管尿床、拒食以及其他种种症状，它们可能真的是需要治疗的征兆，但也不必非得如此。事实上，那些确定可以算作正常的孩子们，也可以表现出像是有这些症状，乃至真有这些症状，但这仅仅是因为生命的艰难，而每个人从出生开始就面临着这种固有的艰难。

孩子出现困难的原因

这些困难是怎么产生的呢？**首先**，这源自于两种现实之间的根本冲突，一种现实是我们外在人人共享的世界，另一种现实是每个孩子个人内在的感受、想法和想象所组成的世界。从出生开始，每个宝宝就不断被引介到外部世界的真实中。在早期的喂养经验中，宝宝的想法就在与外在事实作比较；那些宝宝所渴望的、期待的、一闪而过的想法，会被用来权衡妈妈所实际提供的，以及取决于另一个人的意愿而存在的东西。毕生之中，只要与这种本质上的两难境地有关的事情，必定总是令人苦恼的。就算是有最好的外部现实，也会令宝宝失望，因为它不可能完全符合宝宝的想象；而尽管在某种程度上，外部现实可以被熟练操控，可它依然不在宝宝魔术般的控制之下。摆在养育者面前的一项主要任务，就是帮助宝宝经历这个**从幻象到幻灭**的痛苦过渡，任何时候，养育者都得及时赶到，尽快把宝宝遭遇的问题化解得越简单越好。婴儿期的大部分尖叫和乱发脾气，其实都是围绕他的内在现实与外在现实的冲突展开的拉锯战，我们得把这场激战算作是正常的。

这个独特的幻灭过程有个特殊的部分，即孩子发现了即刻冲动所带来的乐趣。可是，孩子要想长大，加入其他人组成的群体，就不得不放弃大部分这种即刻满足的自发性乐趣。然而，起初没有被发现和拥有过的那些东西是谈不上放弃的。可想而知，妈妈先要确保她的每个孩子都感到拥有过了爱的本质，然后再要求他们退而求其次，这该有多难啊！面对这么痛苦的学习过程，孩子会顶撞和抗议，但这些困难确实是可以预料的正常现象。

困难的**第二**个来源，在于婴儿开始有一个可怕的发现：兴奋的到来总是伴随着非常有破坏性的想法出现。当婴儿吃奶时，他很容易感到一种破坏欲，想要摧毁一切美好的事物，包括食物，还有拥有并提供食物的那个人。这种想法非常吓人，也许是随着婴儿渐渐认出了养育活动背后有个人，才让他害怕，或者因为婴儿非常喜欢这个在喂奶时间里出现的那个人，而这个人好像在要求自己去摧毁她、榨干她。那么伴随这种想法，接下来的感受就是，如果摧毁了一切，那就什么都没有了；然后会怎么样呢，是不是饥饿会再次到来呢？

所以孩子会做些什么呢？有时候，孩子就会干脆停止对食物的渴求，由此获得内心的平静，但同时也就失去了一些宝贵的东西，因为没有了渴求也就无法得到完全满足的体验。这里我们看到一个症状——对健康贪吃欲望的抑制——这是我们在所谓正常孩子身上，或多或少都能看到的现象。如果在尝试各种妙招来避开这个症状的过程中，妈妈知道这些小题大做的表现是怎么回事，她就不太会因为孩子暂时拒食而感到惊慌失措，并还能游刃有余，而这在育儿时通常是好事。大部分婴儿和孩子最后都能应付得很棒，这是因为亲自负责养育的那个人表现得冷静而自然，而且始终如一。

以上这些还只涉及婴儿和妈妈的关系。要不了多久，在其他的困难和动乱之外，孩子认识到还要把爸爸考虑进来，这也是个麻烦。你在孩子身上看到的许多症状，都与这种关系的复杂性有关，而爸爸的出现及其对亲子关系广泛的影响，自然会导致这种复杂性。不过，我们当然不希望没有爸爸参与进来。孩子对爸爸的嫉妒、爱，或者爱恨交加的情感，本就应该导致各种症状的出现，而且这显然要比孩子没有应付过这种外部现实的困难，就直接跳进下一阶段要好得多。

另外，新宝宝的降生给大孩子带来的苦恼和扰动，同样也是他们值得拥有的体验，而不该遭受指责。

最后，由于无法论及全部，我只想再说一点，孩子不久后就会创造出一个个人的内在世界，其中，上演着各种争斗，胜负交替，魔法般的力量支配着一切。从孩子们的画作和游戏中，你会看到这个内在世界的一些端倪，这些内容需要得到重视。由于这个内在世界在孩子身体里面占据着一个位置，所以你要想到，孩子的身体必定会被牵涉其中。例如说，在各种身体疼痛和躯体化痛苦背后，也都伴随着孩子内在世界的张力和压力。而为了试图控制内在现象，孩子也可能会身体疼痛、痛苦，或者做出魔术般的举动，或者像被附体一样的手舞足蹈，当你不得不面对孩子这些"疯狂"的表现时，我希望你不要单纯地以为，孩子就是身体患病了。你想必早就料到，孩子会被各种真实的和想象中的人物、动物或什么东西占据身心，有时候，孩子的这些想象中的人和动物还会溜出来，而你也得假装能看得见他们，除非你想引起孩子更大的混淆，否则你不会在他还是个孩子时，就要求他像大人一样成熟。假如你得款待那些孩子想象出来的玩伴，你也别觉得稀奇，对孩子来说，他们也完全是真实的，只不过他们来自于孩子的内在世界，而暂时因为某个很好的理由，滞留在了孩子人格以外的世界。

　　我不打算继续解释生命为什么通常都很艰难，而想以一个友好的提示来结束这段文章，即你可以把大部分指望寄托在孩子的游戏能力上。如果一个孩子可以玩游戏，他就有了表现出一两个症状的空间，要是他还能享受游戏，不论是单独玩还是和其他小朋友一起玩，那么他当下就没有什么重大麻烦。假如通过游戏，孩子既能运用丰富的想象力，又能依靠对外部现实的确切感知而得到游戏的快乐，那你就该相当开心了，就算孩子还有尿床问题、口吃的毛病、乱发脾气，或者反复遭受暴躁和抑郁之苦也没有关系。玩游戏显示出这个孩子有一种能力，只要给予他足够良好而稳定的环境，他就能发展出一套个性化的生活方式，并且最终成为一个完整的人，那是全世界都需要也欢迎的一种人。

第二十章　独生子女问题

这次我想谈谈那些生活在平凡的好家庭，却没有兄弟姐妹的孩子们：独生子女。我想提出的问题是：什么情况下，独生子女和非独生子女这件事会变得要紧？

如今，当我看到周围有越来越多的独生子女时，我意识到父母一定有很好的理由只要一个孩子。当然，大多数情况下，父母是愿意尽力组建一个大家庭的，只是有这样或那样的原因突然出现，让他们无法这样做。不过通常，只要一个孩子都是有意计划好的。而且，假如你去问两夫妻为什么只打算生一个孩子时，他们常常会以经济问题为理由："我们只能养得起一个孩子。"

养育宝宝无疑是一笔很大的开销。我想，盲目建议父母无视对家庭经济负担的顾忌是非常不明智的。我们也知道，许多合法或私生的宝宝，被一些没有什么责任感的男女随便生下来就不管了，否则，他们自然应该在生养一大群孩子之前先慎重考虑一下。要是有人愿意拿钱来说这个事，那就让他们说吧，不过我真的认为，父母所怀疑的是他们能不能既支撑起大的家庭，而又能不失去太多个人的自由。假设两个孩子对父母提出的要求真的是一个孩子的两倍，那么父母就得预先算好生两个孩子的代价如何。

但是人们可能又拿不准，养多个孩子真的要比只养一个孩子负担重吗？

请原谅我把孩子叫作负担。孩子们确实是个负担，要说养育孩子能带来乐趣，那是因为他们是父母想要的，而且是父母决定要亲自扛起这份担子了；事实上，凡是真正的父母都赞成不把孩子叫作负担，而叫作宝宝的。有句意味深长的幽默谚语是："愿你所有的烦恼都是小东西！"要是我们太过多愁善感地去聊孩子，人们恐怕会干脆不想要他们了；妈妈们当然可以享受洗洗涮涮、缝缝补补的乐趣，但我们可不能忘了这些工作的辛苦和无私的意义。

独生子女的优劣势

独生子女无疑也占有一些优势。我认为，父母都能投入照顾唯一的宝宝，意味着他们可以为这个宝宝做出更好的安排，让他度过一个简单自然的婴儿期。这话的意思是，宝宝可以从一段尽可能单纯质朴的母子关系开始发展，这片小天地会慢慢变得复杂化，而又不会快过婴儿能够接受的发展速度。这种在简洁环境中建立的基本存在感，可以给宝宝一种稳定的感觉，而这能让宝宝受用一生。此外，我本来还应该提一提其他重要的事，比如食物、衣服、教育等，这些都是父母可以轻松提供给独生子女的东西。

不过现在，请允许我直接跳到一些独生子女的不利之处。独生子女最显著的损失就是缺少玩伴，缺少与兄弟姐妹大量相处才能得到的充实体验。孩子们的游戏中有着丰富的内容，而成年人是触及不到这些东西的；就算成年人理解游戏，但他们也做不到像孩子那样长时间地浸泡在游戏之中。事实上，要是成年人真的和孩子一起玩，那么游戏中那些自然的疯狂就太过明显了。所以，如果家里没有其他小孩，孩子的游戏可能会进行得不太顺利，会错失游戏中那种不合情理、不负责任和一时兴起所带来的乐趣；那么，独生子女就会倾向于变成小大人，宁愿扎到大人堆里去聊天说话，或帮妈妈做家务，或者学着使用爸爸的工具。对独生子女来说，玩游戏变成了做傻事。然而，一起玩游戏的孩子们有着一种无穷的创造力，他们会不停地发明出游戏的细节，也可以不知疲倦地玩上好久。

但是，我想还有一件事更为重要：对于孩子来说，经历新生弟弟或妹妹进入家庭是非常有价值的经验。实际上，我觉得怎么强调这种经验的价值都不为过。怀孕是个非常基本的事实，要是孩子没有见过怀孕时妈妈的变化，那就错失了特别多的东西。孩子先是发现自己不能舒舒服服地趴在妈妈的膝盖上了，然后他会慢慢找出原因，最后当新宝宝出生时，这一事实给了孩子确凿的证据，证明了他背地里早就知道的一些事，同时，他也看到了妈妈恢复常态。即便说也有不少孩子很难消化这件事，而且没能应付好整件事情所带来的强烈感受和内心冲突，无论如何，我还是认为，那些没有经历过妈妈怀孕的孩子，和没见过妈妈用乳房喂奶、给婴儿洗澡、照顾婴儿的孩子，他们的经验真是要比亲眼目睹过这一切的孩子欠缺很多。或许，小孩想生个小宝宝的愿望并不比大人差，可是他们做不到，所以只能用洋娃娃满足一部分的愿望。而就像代理行事一样，如果妈妈怀孕生孩子了，那就像他们也在生孩子似的。

独生子女尤其缺少发现恨意自然萌发的经验；孩子的恨意，是因为新生婴儿威胁到了原本稳定安全的亲子关系。当一个孩子在弟妹出生时表现出沮丧、苦恼，那实在是太常见了，可以说都是正常的。通常，孩子对新生儿的第一句评价挺不客气的："你看他的脸，长得像西红柿一样。"实际上，父母要是听到孩子直接对新生儿表达有意识的讨厌，甚至粗暴的憎恨，那就应该感到放心了。随着新生儿慢慢长大成人，可以一起玩耍，也可以令人自豪，这种恨意就会逐渐让位于爱。不过，孩子最初的情感反应可能是恐惧、厌恶，还可能有把小宝宝扔进垃圾桶的冲动。可是对孩子来说，当他发现他开始喜欢上的小弟弟或小妹妹，正是几周前他所讨厌的和想除掉的同一个人时，这种体验也非常宝贵。对所有的小孩来说，合情合理地表达恨意都是很大的困难，独生子女更甚，他们相对更加缺少机会表达天性中攻击性的一面，这是个很严重的事。一起长大的孩子通过玩各种各样的游戏，就有机会和他们自己的攻击性发生妥协，而且他们也有难得的机会能发现，当他们真的伤害了他们所爱的人时，他们自己是会介意的。

另外，新宝宝的降生还意味着，爸爸和妈妈除了彼此喜欢之外，还对对方有性的吸引力。我个人认为，孩子可以通过新宝宝的到来，再次确认父母之间亲密关系的稳固性；而且孩子本该能感觉到父母之间靠两性的吸引和结合，维持着家庭生活的结构，这种稳定感对孩子来说一向是至关重要的事情。

多子女家庭的孩子比独生子女还有另一个优势。在一个大家庭里，孩子们有机会在彼此面前扮演各种不同的角色，这就为他们以后进入更大的群体，融入这个世界做好了准备。而独生子女，尤其是连表兄弟都没几个的孩子，长大后就很难随意自然地去结识其他男孩和女孩。独生子女无时无刻不在寻找着稳定的关系，这很容易吓跑那些偶然认识的人；而大家庭中的孩子们，小时候早已习惯见到兄弟姐妹的朋友们来家做客，等到了后来自己谈恋爱的年纪，他们已经积累了丰富而实用的人际关系经验。

父母确实能为独生子女做许多事，而且很多父母也愿意尽全力这样去做，但他们同样会为此受苦。尤其是在战争年代，他们是不得已才非常勇敢地让孩子去参军打仗的，尽管在孩子眼中，这倒是唯一该做的事。男孩和女孩需要的是能铤而走险的自由，要是因为他们是独生子女，一旦受伤就会深深伤害到他们的父母，而为此不能随便冒险的话，那对孩子们又是个严重的挫折。还有个事实是，一对夫妻所养育和推向世界的每一个孩子，都能使他们自己的生命变得充实。

进一步讲，孩子长大以后，反过来如何赡养自己的爸爸妈妈也是个问题。要是有好几个孩子的话，兄弟姐妹就可以分摊照顾父母的任务了。但显然，独生子女也许会被自己想要照看好父母的愿望给压得透不过气来。或许，父母应该为自己如何养老早作打算。父母在养育孩子时，有时容易忘了孩子很快会长大，年轻的时间只有那么几年。然而，孩子长大后照顾父母（可能也愿意这样做），却可能要用二十年、三十年，甚至更久；通常这是个不确定的期限。如果有多个孩子，那么赡养父母的工作就会更简单，老人也更容易安度晚年。事实上，时有发生的情况是，年轻夫妻也想多要几个孩子，但是他们做不到，因为他们还负有重大的责任，要照顾年老多病的父母，却没有兄弟姐妹能一起分担并享受这项工作。

你也许注意到，我讨论了独生子女的优势和劣势，前提假设是这个孩子是一个普通的健康正常个体，生活在一个平凡的好家庭中。很明显，要是考虑异常情况的话，还有很多可说的事。例如，家中有一个发育迟缓的孩子，对父母来说就是个特殊的问题，理应得到特别的对待，这种情况下还要养好几个孩子就更加困难了，父母自然要考虑，其他孩子会不会因为这个麻烦孩子，以及被迫要接受和这个孩子同步的养育方式而吃亏。另一种同样要紧的情况是，孩子的父母有病——包括生理和心理疾病。比方说，有些妈妈和爸爸总是多少有些抑郁，或者容易担心；另外一些父母对这个世界充满了恐惧，于是他们建立家庭的原则是：外界对他们有敌意和危险。一个独生子女只能独自面对和处理这一切。一个朋友曾对我说："我总有种奇怪的、被日渐渗入的感觉；也许父母给了太多的爱、太多的关注、太多的占有欲，让我觉得我和他们是关在一起的，而他们也以为自己是我世界的全部，但其实早就不是那么回事了。对我来说，这是作为独生子女最最糟糕的部分。我的父母表面上对此是明智的。他们会在我还不太会走路时就送我上学，也让我和邻居家的孩子们生活在一起，然而在家里，这种奇怪的拉扯感和卷入感还是很强，就好像家庭关系永远要比其他任何事都重要。要是家里没有另一个同龄的孩子在，所有这些很容易让独生子女变得骄傲自大。"

综合我上述的个人观点，你的印象也许是我在极力鼓吹多生孩子组建大家庭，而不赞同只要一个孩子。然而实际上，父母最好是只要一两个孩子，然后尽全力养好他们，而不要毫无节制地生一堆孩子，却没有力气和稳定的情绪去对待他们。如果家里只能要一个孩子，那么切记，可以邀请朋友们的孩子来家里玩，而且要趁早。要是有两个孩子互相撞头打闹，可不是说他们以后就不该再见面了。如果实在找不到玩伴，还可以养狗或其他宠物，或者利用托儿所和幼儿园来弥补。假如独生子女的巨大劣势可以被理解，那么只要父母愿意想办法，这些劣势的影响在一定程度上是可以避免的。

第二十一章　双胞胎问题

关于双胞胎，我首先要说，他们完全是一种自然现象，实在没什么值得伤感或取笑的地方。我知道许多妈妈爱着她们的双胞胎孩子，也知道许多双胞胎乐于做双胞胎。可是，当被问及的时候，几乎所有的妈妈又会说，她们生双胞胎是出于无奈的选择，还有，就连那些看起来非常接受命运安排的双胞胎，也常常告诉我，他们更愿意一次一个地来到世上。

双胞胎自有他们需要解决的特殊问题。作为双胞胎中的一人无论有什么好处，他也会同时有诸多不利。我能帮你的不多，也很难告诉你怎么做，但我可以就他们的一些主要困难给你一两点提示。

双胞胎的类型

双胞胎有两种类型，而每一种类型的问题不尽相同。我们知道，宝宝的生长开始于一个小小的细胞，也就是受精卵细胞。卵子一旦受精就会开始生长，分裂成两个细胞。每个细胞再分裂成两个，就变成四个，然后这四个再变成八个，以此类推，最后分裂出数以百万的各种类型的细胞，彼此关联组成一个新的个体，整合成像当初那个受精卵一样的统合体。有时候，在受精卵第一次分裂成两个细胞之后，这两个细胞各自分开，然后独立发育，最后就会发展为同卵双胞胎：两个宝宝是从同一个受精卵发育出来的。同卵双胞胎通常性别相同，彼此的样子也非常相像，至少一开始是这样。

另一种类型的双胞胎的性别可能一样，也可能不一样，他们看起来就像普通的两个兄弟姐妹一样，只不过他们是从恰好同时受精的两个不同的受精卵发育出来的。这种情况下，两个受精卵会在子宫内并排发育。这种双胞胎不一定长得一样，顶多跟普通兄弟姐妹差不多。

不管是哪种类型的双胞胎，我们可能觉得孩子互相有个同伴还是挺好的——从来不会孤单，尤其是在他们长大的过程中。但是，他们存在着一个特殊的困难，而要理解这一点，我们就得先来说说婴儿的发展方式。一般情况下，如果有足够好的照顾，婴儿一出生就会立刻开始形成他们人格和个性的基础，并开始探索他们自己的重要性。我们都喜欢无私，也喜欢对他人观点的宽容，我们也希望在孩子身上看到这些好品质，然而，假如我们去研究婴儿的情绪发展，就会发现，要想健康而稳定地发展出无私的品德，其基础是建立在原初的自私经验之上的。可以说，没有这个原初的自私，孩子的无私就会被愤恨所填塞。总而言之，这个原初的自私不外乎是婴儿对好妈妈养育的体验，一个好妈妈一开始愿意尽可能去适应宝宝的需要，允许宝宝的冲动掌控局面，也安于耐心等待宝宝的宽容性随着时间自己发展出来。起初，妈妈一定要给宝宝一种拥有感，让宝宝产生一种有能力控制得了妈妈的感觉，而且感到妈妈就是为宝宝的这种场合所创造的。妈妈自己的私人生活最初是不会强加给宝宝的。有了这种骨子里的原初自私的经验，宝宝就能在以后发展出无私，而同时又没有太多的愤恨。

养育双胞胎的特点

那么在一般情况下，当宝宝逐个出生的时候，每个小家伙都有大把的时间，可以慢慢从各种兴趣点中认出妈妈，众所周知，每个孩子也都会对下一个新宝宝的到来感到混乱，有时情况甚至非常严重。不过，就算宝宝难以享受其他新宝宝的陪伴所带来的好处，直到满周岁以后才有改观，或者干脆两岁大了还在痛打对方，而不能一起游戏，妈妈也不必为此担心，这些都是暂时的。每个宝宝确实都需要一些时间，去欢迎一个小弟弟或小妹妹；当小孩由衷地"容许"（也就是说，给予）妈妈一次怀孕时，那也是他成长中的重要时刻。

现在的问题在于，双胞胎各自从一开始就会面临着去应对另一个宝宝，这与一个宝宝慢慢发展出其宽容心而接纳另一个家庭新成员，是截然不同的两回事。

在此，我们又一次看到这种常见的谬论：一些小事情在婴儿头几个月里没什么大影响。因为实际上，双胞胎是否能各自感觉到，他们在一开始是独自占有妈妈的，这里面的关系可大了。双胞胎的妈妈有个额外的任务要首先达成，那就是把全部的自己同时献给两个宝宝。某种程度上她一定会失败，所以双胞胎的妈妈只能满足于尽力而为，剩下的就是希望孩子们最终自己找到一些好办法，来弥补双胞胎这种在独占妈妈方面的天然缺憾。

让一个妈妈同时去满足两个婴儿的即刻需要是不可能的。比如，她照顾两个宝宝会有先后次序，不可能让他们全都同时第一个开始，无论是喂奶、换尿布、还是洗澡。她可以尽可能地做到公平，也能从认真对待这件事上得到回报，但是这绝对不是一件容易的事。

事实上，妈妈会发现，她的目标不是要相似地对待每个孩子，反而是要把每个孩子都当成唯一和独特的孩子一样对待。换句话说，她从孩子一出生，就要试着找出两个婴儿之间的差别。所有人之中，妈妈最应该毫不费力地分清两个宝宝，即便一开始，她得靠皮肤上的一小块胎记，或别的什么技巧才能做到这一点。通常，妈妈会渐渐发觉，两个宝宝的气质完全不同，要是她可以在和每个宝宝相处时，都表现出比较完整的自己，那每个宝宝就都能发展出各自个人化的性格特点。我们一般认为，双胞胎的困难有一大部分来自于一个现实，就是他们常常被看作彼此没什么区别的人，即便他们明显是不同的孩子，人们这样做的原因，要么是出于好玩，要么就是觉得没必要这么麻烦去区分他们。我知道一户家境不错的人，女主人从来就没学会如何分辨两个双胞胎女孩儿，可是其他小朋友都能轻易地认出谁是谁；而且实际上，两个女孩的个性真的很不一样。然而，女主人总是习惯统称她们为"双儿"。

此外，把两个孩子分开，你自己带一个，而交给保姆或奶妈去带另一个，这根本解决不了问题。你可能有很好的理由要和别人分摊养育双胞胎的工作，比如你的健康状况欠佳；可接下来你会发现，这不过是在无谓地搁置问题，因为总有一天，你交出去的那个孩子会非常嫉妒你留下来的这个孩子，即使那个帮手在养育时做得比你还好也没用。

双胞胎的妈妈们似乎也同意，即使双胞胎有时候觉得被人弄错很好玩，那些被弄错的孩子依然希望他们的妈妈能轻而易举地辨别出他们。任何情况下都至关重要的一点是，孩子们自己应该对自己的身份不感到混淆，为此，生活中就必须要有个人能分得清他们谁是谁。有个妈妈生了一对同卵双胞胎，在外人看来，他们俩长得一模一样，可是这位妈妈从一开始就能很轻松地辨认出他们，因为他们有着不同的气质。在第一周左右，这位妈妈通过让自己戴上一条红围巾，把日常的喂奶搞得复杂了一点。双胞胎中的一个对此有了反应，直直地盯着那条围巾——或许是因为它明亮的颜色——而暂时对乳房失去了兴趣。可是，另一个丝毫不受围巾的影响，该怎么吃奶还怎么吃奶。这一下，妈妈不仅发觉两个宝宝已经是两个人了，而且还意识到他们已经不再生活在平行的经验中了。这位特别有心的妈妈解决"先喂谁奶"问题的办法就是，她按时做好喂奶的准备，然后看哪个婴儿更着急就先喂哪个，这通常从他们的哭声就能听出来。但我得说，这个办法不见得适用于所有的情况，因为育儿没有统一的方法，育儿是个独特的工作。

无疑，抚养双胞胎最大的难题，在于为每个孩子提供适应他们个性化需要的养育和照顾，让每个孩子的完整性和唯一性能够充分地被识别和发展出来。即便有些双胞胎看起来就像一个人，他们依然需要妈妈和他们每个人都有完整的关系。

我刚提到过的那位妈妈曾告诉我，她有个好办法，就是把一个宝宝放在前院睡觉，而让另一个宝宝睡在后院。当然，你可能不巧没有两个院子，不过你也许能做些安排，以免一个宝宝哭起来时，你不必总是眼睁睁看他把另一个也搞哭。两个宝宝同时哭起来，不光是你看着觉得很可怜，而且宝宝哭也是为了要独掌全局，所以在一起的两个婴儿经常比赛着哭，这会把你弄得手忙脚乱；在婴儿早期这个正常需要独裁感的阶段，有个竞争对手出现可是件令人抓狂的事，而且据我所知，这件事的效应可以持续影响双胞胎的一生。

我说过，有一种双胞胎叫同卵双胞胎。当然，这个叫法本身意思就已经很明显了。假设两个孩子真的等同一致，他们就应该处处一样，应该合起来就跟一个人似的，可你看，这样说多可笑啊。他们是很相像，但是却并不等同；危险的是，人们倾向于等同地对待他们，而一旦人们这样做了，双胞胎自己就会感到混淆了他们的个人身份感。小婴儿本来就对自己的身份感挺混乱的，不光是双胞胎才这样；只有通过循序渐进的发展，他们才能确立自己的个人身份。你知道，在学会讲话后还要一段时间，小孩才开始会使用人称代词,而他们说"妈妈""爸爸""更多""狗",又要远远早于能说"我""你"和"我们"。很可能,双胞胎坐在婴儿车里时会想,另一个宝宝并不是另外一个人。确实,更自然的情况是,这个婴儿认为在婴儿车另一边的也是他自己(就像照镜子一样),而不是(用婴儿的口气)说"哈喽,那是我的同胞坐在我对面"。但是,当有人把其中一个从车里抱出来时,另一个一定会感到失落和上当受骗。这个困难普通宝宝也可能遇到,但是双胞胎一定会遇到,而他们只能寄希望于养育者发挥作用,帮助他们应对这个困难,并且理解他们是两个不同的人。长大一些后,如果双胞胎对自己的身份感相当有自信了,他们可能就会乐于利用彼此的相似性,然后,只有在这之后,才是他们开心地玩身份误认游戏的时候。

最后来讲,双胞胎喜欢彼此吗?这是所有双胞胎都要回答的一个问题。结合我上面说过的来看,要说双胞胎都格外喜欢对方,我觉得有待商榷。通常,他们接受彼此的陪伴,享受一起玩乐,也讨厌被分开,但这依然不足以令人相信他们也总是喜爱对方的。然后终于有一天,他们发现自己对对方也恨之入骨,然后,他们彼此关爱的成分才有可能出现。这不一定适合所有情况,可是,当两个孩子从一出生,就不得不无可奈何地忍受另一方的存在时,他们没法知道当初是否会选择认识对方。在表达过恨意之后,爱就有了一线希望。所以重要的是,你最好别太理所当然地指望,你的双胞胎会愿意相伴度过一生。

双胞胎可能会,但也可能不会,感激你,比如某种场合下一个婴儿患了麻疹,你让他们有机会分开,毕竟独自成长为一个完整的人,要比有个双胞胎相伴容易得多。

第二十二章 孩子们为什么要玩游戏

为什么孩子们要玩游戏？这一章我们就来说说其中的一些原因，它们虽然显而易见，但也值得聊聊。

大部分人会说，孩子们玩游戏是因为他们喜欢才这样做的，这个理由也无可否认。孩子们确实很享受各种各样身体和情感上的游戏体验。大人们可以通过提供器材和主意，来帮孩子们扩展这两种体验的范围，不过这些现成的材料和玩具最好也不要太多，因为孩子们有能力自己找到合适的玩具，也能轻松地发明出新游戏，而且他们非常喜欢这么做。

容许孩子表达攻击

我们常说，孩子在游戏中"发泄出了恨意和攻击性"，就好像攻击性是个可以去除掉的坏东西一样。这话说对了一部分，因为郁积起来的怨恨和愤怒体验的产物，在小孩子感觉起来的确像是身体里有了坏东西。然而更重要的是，我们应该这样表述同样的事：孩子重视的是可以在熟悉的环境里表达这种恨意或攻击性冲动，而环境（妈妈爸爸）又不会以恨意和暴力来报复孩子。从孩子的感受来说，一个好的环境，应该可以容忍他用可以接受的形式表达出来的攻击性感受。我们必须承认攻击性的存在，它就在孩子的天性里，假如攻击性的存在被隐藏和否认的话，孩子感受到的就是不诚实。

攻击性也可以是令人愉悦的，但其中不可避免地夹带着对某人真实的或想象中的伤害，以至于孩子也必定要面对和处理这个复杂的难题。在某种程度上，这个问题在根本上得到了解决，因为孩子可以按照一定规则，用游戏的形式表达攻击性感受，而不是只有在发怒时才能表达攻击性感受。还有另一个办法，就是把攻击性用于最终带有建设性目的的活动中。不过这些事只能一点一点才能达成。我们要明白，孩子用游戏表达攻击性，而不是只在暴怒时攻击和破坏，这也是在为社会做贡献，而我们不能忽视这一点。我们可能不喜欢被憎恨或伤害，但我们一定不能忽视在自我克制背后潜藏的愤怒冲动。

游戏不仅仅是开心，更是处理焦虑

我们容易理解孩子们为了开心而玩游戏，而却很难理解玩游戏也是在掌控焦虑，或掌控想法和冲动，因为有些想法和冲动不加控制的话，它们也会引发焦虑。

焦虑一直是儿童游戏中的元素，常常还是主要元素。过度焦虑的威胁会导致孩子强迫性地玩游戏，或者玩重复的游戏，或者很夸张地沉溺于游戏带来的乐趣中；要是焦虑太过巨大了，孩子玩游戏的能力也会崩溃，游戏就纯粹变成了孩子感官满足的过度开发。

我们不需要在这里证明焦虑潜藏在儿童的游戏之中这个论点，重要的是，这个论点带来的实际结果是什么。如果说孩子玩游戏仅仅是为了寻开心的话，那么就可以要求他们放弃游戏，寻别的开心；然而，要是玩游戏是在处理焦虑，我们就不可能既不让孩子玩游戏，又能不引发他们的痛苦、实际的焦虑，甚至抵抗焦虑的新防御（比如自慰、白日梦）。

游戏是孩子的大部分生活

孩子是在游戏中收获体验的，游戏就是孩子的大部分生活。外在和内在体验都能让成年人感到充实，但是对于儿童来说，这种充实主要还得从游戏和幻想中寻找。正如成年人的人格进一步通过生活体验得到发展一样，孩子们通过玩自己的游戏，以及其他孩子和大人发明的游戏，也在发展自己的人格。通过在游戏中充实自己，孩子渐渐增长着能力和见识，逐渐也能看到外部真实世界的丰富多彩。游戏持续证明了创造性的存在，那代表着一种鲜活的生命力。

大人们如果认识到游戏在孩子生活中的重要地位，他们也能对此作出贡献，他们可以教孩子玩传统游戏，而又不束缚和侵害孩子自己的独创能力。

孩子们一开始总是单独玩游戏，顶多加上母亲的参与；他们不是立刻就需要其他小朋友当玩伴的。在很大程度上，恰恰是因为游戏需要其他孩子们加入到预先设定好的角色中，你家孩子才开始接受别的小朋友，而别的孩子也是独立存在的个人。一些成年人在工作中很容易交到朋友或树敌，而另外一些人则常年窝在公寓里，和其他人不来往，却在想为什么没人愿意认识他们；孩子们也一样，他们在游戏中就能交朋友或树敌，而离开游戏，他们很难交得到朋友。游戏提供了一种组织形式，让情感性关系得以启动，这就让孩子的社会接触能力得到了发展。

游戏、使用艺术形式和参与宗教活动，是各自不同又彼此相关的几种方式，它们都有助于人格达到统一和整合的状态。例如，我们比较好理解，游戏连结着一个人与其内在现实的关系，以及这个人与外在共享现实的关系。

从另一个角度来看一看这个高度复杂的问题，在游戏中，孩子将自己的想法和身体功能连结了起来。理解这种连结很有帮助，我们可以仔细看看，在自慰或其他感官开发行为中，伴随的意识和潜意识幻想是从属于行为的；再把这些和真正的游戏对比来看，在真实的游戏中，意识和潜意识想法是占据主导位置的，而相关的身体活动要么可以暂时消停，要么可以被驾驭和利用到游戏情境中。

假如有个孩子，他的强迫性自慰已经**明显地**脱离了幻想，或者换个角度，一个孩子的强迫性白日梦**明显地**跟局部或大面积的身体兴奋没什么关系了，碰到这种情况时，我们就更能清晰地认清游戏中的健康倾向，因为游戏正是关联着身体功能和活跃的想法这两方面的纽带。在孩子保持人格统整的努力中，游戏可以替代感官享受（sensuality）。而众所周知，当焦虑相对过度时，孩子就会强迫性地寻求感官刺激，此时孩子就变得不能玩游戏了。

与此类似，如果有个孩子，他与内在现实的关系跟他与外在现实的关系没能结合到一起，换句话说，他的人格在这方面严重分裂了，那么对比这种情况，我们也就明白了玩游戏（就像回忆和报告梦一样），作为朝向人格整合的表现之一，是多么正常。人格严重分裂的孩子是无法玩游戏的，或者无法以通常可理解的方式玩游戏。

游戏非常重要

现在（1968年），我还想补充四点评论：

（1）游戏本质上是一种创造性活动。

（2）游戏之所以总是令人兴奋，是因为在主观性和能被客观感知到的事物之间，存在着一条不确定的界线，而游戏恰恰游走在这条边界上。

（3）游戏最早发生在宝宝和母亲形象（mother-figure）之间的潜在空间（potential space）中。当原先与妈妈融为一体的宝宝，开始感到妈妈被分离出去了的时候，我们就一定要考虑到这个变化所形成的潜在空间。

（4）游戏能否在这个潜在空间中发展出来，要看宝宝是否有机会在不与真实妈妈分离的情况下体验分离，这个体验之所以可能发生，是因为与妈妈融为一体的心理状态可以被妈妈对宝宝需要的适应所取代。换句话说，游戏能力的启动，与宝宝开始信任母亲形象的这种生命体验有关。

游戏应该是一件"对自己诚实"的事情，就像成年人的着装也该如此。但这件事可以在孩子早年时，就被扭转为其相反的一面，因为游戏和讲话一样，也可以被我们用来掩藏自己的想法，当然，我们指的是深层次的想法。潜意识中受压抑的部分是一定要被隐藏住的，但是潜意识的其他部分却是每个人都想要了解的内容，而游戏，就像做梦一样发挥着自我表露的功能。

在对儿童进行精神分析时，孩子们沟通和交流的欲望是通过游戏实现的，游戏沟通取代了成年人的言语沟通。一个三岁的孩子往往对我们的理解能力抱有极大的信心，这也让精神分析师很难不辜负孩子的期望。这么一来，孩子被幻灭之后，紧跟着就是巨大的痛苦，那些想要通过游戏和我们交流的孩子，会因为我们理解的失败而感到非常苦恼，而对于寻求深刻理解的分析师来说，没有什么比孩子的这种苦恼更加能激励他不断地深入探究了。

　　大一点的孩子在这方面相对已经不抱什么幻想了，对他们来说，被误解了也没那么受打击，甚至在发现自己也会骗人，而教育大部分也在教人怎么欺骗和妥协时，也没那么震惊了。然而，所有的孩子（甚至一些成年人）或多或少还保有一些能力，可以重新相信有人能理解自己，从他们的游戏中，我们总能发现通向潜意识的门路，通向那种最天然的真挚与坦诚，可奇怪的是，这种真诚在婴儿身上是全然绽放的，然后却随着成长，一点一点收拢为待放的含苞。

第二十三章　孩子与性

不久之前，我们还认为不该把性和童年期的"天真无邪"联系起来。如今，我们需要的则是准确地描述这件事。在这个领域，未知的事还有很多，因此我建议学习者按自己的方式展开研究和调查，假如没条件观察，只能读书学习，那么最好多看几个作者的不同描述，不要只把一个人当成真相的传播者。这一章不是要把整批拿来的理论再转手推销给你，而是试着谈谈一个人怎么看待儿童期性欲（childhood sexuality），这个人关于儿童期性欲的观点来自于他作为一个儿科医师和精神分析师的训练和经验。这个主题太过庞大了，所以没办法局限在一章的篇幅中还能丝毫不遭到曲解。

每个成年人都曾经是一个孩子，记住这一点，对思考儿童心理特点的各个方面都很有用。在每个成年婴儿观察者心里，都留存着他自己在婴儿期和童年期的全部记忆，包括幻想性和现实性的记忆，小时候那都是很宝贵的东西。长大后，许多事情虽然忘掉了，但是它们并没有消失。还有什么比这些记忆更能指引我们注意到潜意识的广袤资源呢！

在自己身上，我们有可能从广袤的潜意识中，拣选出被压抑的潜意识内容，其中就包括有关性的成分。要是一个人在这方面有特殊的困难，甚至不能容许儿童性欲的可能性存在，那他还是转向其他主题的研究比较好。相反，一个观察者要是可以相当自由地寻找观察对象，而又不必（因个人原因）太过抵触他所发现的观察结果，他就能选择许多不同的办法来进行客观研究。对于所有想把心理学当成终生事业的人来说，他们要做到如此自由的观察，最有成效也很有必要的办法，就是接受个人分析，而通过个人分析（如果成功的话），他不仅可以减少主动的压抑，还能借由回忆和重新体验，发现自己早年生活中的感受和本质上的冲突。

弗洛伊德的贡献

弗洛伊德是引领我们重视儿童性欲的领军人物，他的结论是通过分析成年人得来的。这位分析师每进行一次成功的分析，都会有一种独特的体验，那就是病人的童年期和婴儿期，都浮现在病人面前，也都展现在他的眼前。他反复地亲眼见证心理障碍的自然发展史，其中交织混杂着心理与生理、个人与环境、真实与想象、病人意识到的与深深被压抑的所有内容。

通过成人精神分析，弗洛伊德发现病人性生活和性困难的基础，其实可以追溯到青春期，甚至童年期，尤其是 2～5 岁这个年龄阶段。

他发现，这个年龄阶段有个难以形容的家庭内三角关系情境，只能通俗地说成是小男孩爱上了自己的妈妈，于是他与爸爸产生了冲突，成为了性方面的竞争对手。性元素不止出现在男孩儿的幻想中，这事实上也证明了性元素的存在；对此，会伴随着生理效应出现，比如小男孩阴茎的勃起，达到高潮的兴奋阶段，要命的冲动表现，还有一种特殊的恐惧——害怕阴茎被阉割的恐惧。这个核心主题被提取出来，并被称为"俄狄浦斯情结"，直到今天，它依然是一个核心事实，一直不断在被精细地说明和修正,始终不可回避。心理学的建构要是掩饰了这个核心议题,恐怕早就土崩瓦解了,因此,我们不禁要感激弗洛伊德先生走在前列,大胆提出他一再发现的事实,并承受着大众反应的冲击。

弗洛伊德之所以使用"俄狄浦斯情结"作为术语,是为了赞赏这种精神分析之外的、对童年期直觉性的理解。俄狄浦斯情结也表明了弗洛伊德想要描述的事情,其实早就是人们一直都熟悉的事情。

精神分析理论取得的长足发展,也是围绕着俄狄浦斯情结这个核心展开的,如果这个概念真的只是某个艺术家对整个儿童性欲或心理学的直觉性理解,那么大部分对其的批评也是合情合理的。然而,这个概念其实像梯子中的一级横档一样,是科学进程中的重要一步。作为一个科学概念,它的巨大优点是同时触及了身体和想象。按照这种心理学的观点,身体和心理其实就是一个人的两面,它们本质上是相关的,如果各自被分开检验一定会损失其确切的含义。

在儿童心理学中俄狄浦斯情结需要修改

假如我们接受了俄狄浦斯情结这一个核心事实,我们可能马上就想要考查,这个概念在用于儿童心理学时,有哪些地方不恰当或不准确。

第一种反对意见,来自于对小男孩的直接观察。有的小男孩确实张口闭口、大肆声张着他们深爱着妈妈,想要娶妈妈,甚至想和妈妈生一个小孩子,以及由此引发了自己对爸爸的怨恨;但是还有很多男孩根本不会表达这些,实际上他们似乎还更爱爸爸,而不是妈妈;而且各种情况下,兄弟姐妹、奶妈、婶婶、叔叔,这些人轻易就能代替父母成为爱的对象。直接观察的结果并没有证实精神分析师赋予俄狄浦斯情结的重要程度。虽然如此,精神分析师肯定还会坚持自己的主张,因为在分析中,那就是他经常找寻的事情，他发现它们很重要，而且常常发现这些事情是被病人严重压抑着，只有通过最为仔细和旷日持久的分析之后，这个主题才能浮现出来。如果在观察孩子时，密切地审查他们的游戏，那么性的主题与俄狄浦斯主题就会变得多见；可是，密切审查儿童的游戏是很困难的，如果是为了研究目的，这件事最好是在精神分析的过程中完成。

似乎实际上，完整的俄狄浦斯情境极少在现实生活中全然活现。相关的暗示当然是有的，但是那些周期性的本能兴奋所引发的极其强烈的感受，大部分都在孩子的潜意识中发生，否则很快就会被压抑了，尽管它们依然是真实的；乱发脾气和常见的恶梦会正常发生在三岁孩子身上，这些看似不能理解的现象，只有从孩子对人的牢固依恋角度才能看明白，这种依恋伴有周期性上涨的本能张力，还有内心的爱恨碰撞所导致的急剧恶化的冲突。

其实弗洛伊德本人对这个原始观念做过一个修正，成年人在接受精神分析中会恢复对童年期性情景的知觉，而这些异常强烈而被高度渲染过的性情景，未必就是小时候能被父母观察到的真实情况，而是基于童年期潜意识感受和想法之上的真实重建。

这就带来了另一个问题，小女孩是怎样的呢？第一种假设是，她们爱上了爸爸，而憎恨和惧怕妈妈。这也是个事实，而且大部分内容也可能是在潜意识中发生的，小女孩也许不会承认这个事实，除非是在相当可信任的特殊环境之下。

但是，还有许多女孩儿，在她们的情感发展中并没有如此依恋爸爸，而且也不会冒这么大的风险去和妈妈发生冲突。取而代之的是，女孩对爸爸的依恋形成了，但是，这种虚弱且无力求得的与爸爸的亲密关系的状态，却导致了小女孩（所谓）退行的发生。假如与妈妈发生了冲突，其中固有的风险是相当巨大的，因为一想到妈妈，（在潜意识幻想中）就会想到爱的养育、美好的食物、落地的踏实，以及整个世界的稳定；而与妈妈发生冲突，必定会引发强烈的不安全感，甚至会梦到大地裂开，或者更糟的事情。于是，小女孩就面临一个特殊的问题，就是只要当她爱自己的爸爸情况下，她才与妈妈成了竞争的对手，而妈妈在更原始的形式上，其实才是她的初恋，女孩爱上爸爸意味着她的第一次背叛，但这个背叛是发展需要的，也是健康的。

小女孩和小男孩一样，也有切合幻想的、身体上的性感觉。可能这么说对你更有帮助，鉴于男孩越是在性波动的高峰期（即学步期和青春期），就越是惧怕被阉割这一点，女孩也在相应的时期遇到的困难，是她与物质世界关系上的冲突，这个冲突是她与妈妈的竞争关系所引发的，因为妈妈最初对于孩子来说就是物质世界本身。在同一个时间里，小女孩遭受着与身体相关的恐惧，像男孩一样的阉割恐惧，以及要被充满敌意的母亲象征性攻击身体的恐惧，这种攻击是在报复女孩有了想偷走妈妈的宝宝及其他更多东西的愿望。

涉及双性恋（bisexuality）的情况时，这个俄狄浦斯情结的描述显然就不够了。在儿童生活的同一时期里，即使普通的异性关系至关重要，同性关系也一直都存在着，而且同性关系有可能相对于其他关系更加重要。换个方式来说，一个孩子正常情况下会同时向父母双方认同，不过某段时间内则主要认同其中一方；这一方不一定和孩子性别相同。任何情况下，孩子都有能力去认同父母中异性的一方，所以在孩子全部的幻想生活中（只要加以研究），就能发现整个人际关系的全貌，这与孩子的真实性别无关。当然，如果孩子大部分是向同性父母认同，这就方便了，但是也不能因为孩子想变得更像异性父母，就在精神科检查中，轻率而错误地诊断孩子为性变态。这种情况中，有可能是孩子对特殊环境的自然适应现象。某些情况下，交叉身份认同（cross-identification）可能是以后反常的同性恋倾向的基础。不过在"潜伏期"，也就是第一性征期和青春期之间的时期，交叉身份认同则是非常重要的。

在这个描述中，还有个理所当然的原则或许应该再明确地说一下。性健康的基础是在童年期，以及重复早期童年发展的青春期而奠定的。其推论也同样成立，即成年生活中的性偏离（sexual aberration）和性变态也都始于童年早期。进一步讲，整体心理健康的基础都落实在童年早期和婴儿期。

游戏中有性主题很正常

通常，与性有关的想法和象征可以极大地充实孩子的游戏，如果孩子有强烈的性抑制，那么紧跟着游戏的能力也会相应被抑制。此处有必要对"性游戏"做出清晰的界定，否则很可能会因为概念不清楚而造成误解和混淆。性兴奋是一回事，而把性幻想付诸行动是另一回事。利用性游戏来达到身体的性兴奋是一种特殊情况，而在童年期，这种事情对孩子往往没什么好结果。对于小孩子来说，他们的高潮体验或消退体验，通常更多地是借由挫折之后爆发的攻击性反应来表达，而不能通过本能张力的真正释放来达到，后者是经过了青春期后的大孩子和成人才能获得的能力。在睡着后的梦境中，孩子时常能达到兴奋状态，而当兴奋到达高峰时，身体往往会做出替代完全性高潮的反应，比如尿床，或者从恶梦中惊醒。在小男孩身上，性高潮不太可能达到像青春期以后那样的满足，因为在那时还要新增射精的功能；或许小女孩反倒更容易达到满足，因为她们的成熟不再增加新功能，而是要接受插入。我们一定要对童年期这些一再出现的本能紧张时刻有所准备，也要提供一些替代的高潮满足方式——食物就不用说了——还可以有一些聚会、郊游和特别的时刻。

父母相当明白，他们常常会不得不去干涉孩子的游戏活动，通过展现力量来诱发孩子的高潮，甚至一巴掌打得孩子哭起来。幸好，孩子最后玩累了，就会上床睡觉。即便如此，延迟的高潮还是可能扰乱孩子安睡的夜晚，当孩子一阵夜惊后吓醒时，他要想重新与外部现实世界搭上关系，这就需要妈妈和爸爸及时出现，爸爸和妈妈提供的这种现实世界的稳定会让孩子得到安慰并心存感激。

所有的生理兴奋都会有相应的想法伴随，（反过来说）想法本身也都伴有相应的生理体验。童年时常玩的游戏，可以带来心理的快感，以及生理的满足和紧张的释放，因为游戏除了是身体兴奋的方式之外，也是将幻想付诸行动的一种方式。许多正常和健康的儿童的游戏都关联着性想法和性象征；这不是说玩游戏的孩子们总处在性兴奋状态。孩子玩游戏的时候普遍都是兴奋的，有时候，这种兴奋会定位在身体某个部位，于是就表现出明显的性化、尿急、贪吃，或根据躯体的兴奋性把各器官的能力组织起来，那还会有其他的表现。一旦兴奋，就需要达到高潮。对孩子来说，现成的办法就是兴奋地玩游戏，让游戏达到高潮，并在游戏中体验高潮，比如，"用一把斧子砍掉你的头"、罚没一件东西、获得一份奖品、有人被抓或被杀、有人胜利，等等。

孩子把性幻想付诸行动的例子不胜枚举，而且不必真的伴有身体兴奋。众所周知，大部分的小女孩和某些小男孩喜欢玩洋娃娃，而且会像妈妈对待宝宝一样照顾这个娃娃玩具。他们不仅学做和妈妈一样的事情，以此来表示对妈妈的赞赏，而且还会做他们觉得妈妈应该做却没做到的事，以此表示对妈妈的责怪。可见，孩子对妈妈的认同可以非常细致而完整。正如所有这些事情所呈现的那样，那些被行动化的幻想也伴随着生理方面的体验，比如肚子疼、呕吐可能就是玩扮演妈妈的游戏引起的。男孩和女孩会为了好玩而挺出自己的肚子，模仿孕妇，而孩子要是因为肚子莫名鼓起而被带去看医生，也没什么稀奇的，其实孩子是在偷偷地模仿孕妇，而我们还以为孕妇不会引起孩子的注意呢。事实上，孩子们一直都在留意胀大和突起的现象，而且不论你多么成功地隐藏了性信息不让他们知道，他们也不太可能错过目睹怀孕。然而，要是父母对此事太过假正经，或者由于孩子自己的罪疚感，他们有可能只是把这种事存在心里的某处，却不能同化为自己的经验。

世界各地的孩子都会玩一种叫"过家家"的游戏，这个游戏充满了无限的想象性材料，所以内容十分丰富，而且从每组孩子参与游戏的模式就能了解孩子的许多事情，尤其能看出这组孩子人格中的主导特征。

孩子们常常会在相互交往中，将成人性关系的形态用自己的行动表现出来，但是通常这些都是很隐蔽的，因此，刻意观察的人也很难记录到这些表现。当然，孩子也很容易在这么玩的同时感到内疚，而这类游戏所触及的社会禁忌，同样也会让孩子受到影响。我们不能说这些性事件的发生本身是有害的，可一旦随后而来的是严重的罪疚感，就会让这些事件被压抑了，不能进入到孩子的意识层面，那就形成了伤害。这种伤害只能通过恢复对该事件的记忆来解除，有时候，这种难忘的事件，在孩子从不成熟走向成熟这条漫长而艰难的旅途中，是极为珍贵的一块垫脚石。

还有许多性游戏不是那么直接地关联着性幻想。我并不是主张孩子成天只想着性，可是，一个性压抑的孩子会是一个无趣的玩伴，而且很乏味和无聊，就像一个性压抑的成年人一样。

性成熟是一个过程

讨论儿童性欲的主题，本来就不该僵化地局限在性器官的兴奋及其相应的幻想上。研究儿童性欲时，我们能看到性兴奋的发展过程，更为特定的兴奋是从各种弥散的身体兴奋发展起来的，然后逐渐形成更为成熟的感受和想法，这才容易看出与性有关；成熟是从原始中发展出来的，比如，性成熟就是从同类相食的本能冲动中发展出来的。

应该说，性兴奋的能力从男孩或女孩一出生时就具备了，只不过起初是身体局部性兴奋的初级能力，而且意义有限，只有到孩子的人格变得更加整合时，这个能力的意义才更加明显，也才能说孩子是作为一个完整的人，在用这种特定的能力达到兴奋。随着婴儿的成长，性的兴奋逐渐占据了比其他形式的兴奋（尿道、肛门、皮肤、口腔）更为重要的位置，到三岁、四岁或五岁时（同样还有在青春期时），健康情况下，性兴奋就变得能够在适当的情况下，统辖上述其他的功能了。

以上这些又从另一个角度，说明了成年人行为中，性所伴随的数不清现象，其实都起源于童年早期，如果一个成年人不能在性游戏中大方而不自觉地调用婴儿式的或"前性器"式的技巧，那么这可能是一种反常而贫乏的表现。虽然如此，在性经验中强迫性地使用前性器式的技巧来替代性器官的功能则构成了性倒错（per-version），其根源在于童年早期情感发展的停顿。在对性倒错的案例进行分析时，总能发现性倒错者既有一种对进一步发展到性成熟的恐惧，又有一种特殊的能力，即他们可以用非常原始的方式得到性满足。有时候，一些实际经历可以诱使孩子返回到婴儿化的体验中（比如，当婴儿使用直肠栓剂而兴奋时，或者被护士紧紧地包裹着而感到兴奋时，等等）。

从不成熟的婴儿成长为成熟的孩子，这个故事说来话长且情节曲折，同样，理解成年人的心理学也极其重要。为了能自然发展，婴儿和孩子都需要相对稳定的养育环境。

女孩性欲的根源

小女孩性欲的根源，可以追溯到其早年对妈妈的贪婪感受。从小女孩由于饥饿而攻击妈妈的身体，到她想变得像妈妈一样成熟，这中间有个逐级渐变的过程。她对爸爸的爱，一方面取决于她能够从妈妈身边（打比方说）偷走爸爸，另一方面也取决于爸爸确实也特别爱她；的确，爸爸要是在女孩婴儿期时经常不在家里出现的话，那么女孩就没法真正地认识爸爸，以后当她选择爸爸作为爱的对象时，她很可能完全只是基于爸爸是妈妈的男人这个事实。由于这些原因，对女孩来说，偷窃、性欲望和要生宝宝的愿望之间就有了一种紧密的关联。

这种关联的结果就是，当一个女人怀孕生了孩子之后，她一定得有能力处理好放在内心某处的这些感受，即这个孩子是从自己的妈妈体内偷出来的。如果她感受不到（也就是处理不了）这一点，也就不会了解这个事实，那她就会失去怀孕带来的某种满足感，也会失去她以外孙向自己的母亲献礼致敬的大部分乐趣。于是这种做贼般的念头能在女人怀孕后导致罪疚感，也可能会导致流产。

了解这种罪疚感的潜质，对于妈妈刚刚分娩后照顾婴儿的工作来说，有着非常重要的实际意义。分娩后的妈妈，在一段时间内，会对负责照顾她和她的宝宝的女性极其敏感。她当然需要帮助，可是因为有一些源自其童年早期的想法，她在这段时间里，却只能认定如母亲般的照顾者，要么是非常友善的，要么就是充满敌意的；一个首次生孩子的妈妈，即便她心理是健康的，也很容易觉得护士在迫害她。要解释这个现象，以及其他母性状态特有的现象，我们必须要追根溯源，到早期小女孩和妈妈的关系中寻找原因，其中就包括小女孩有个原始的愿望，她要撕开妈妈的身体，从里面获得女性气质。

心身障碍

此处还有另一个原则值得阐述一下：精神病学中的每种行为异常，其实背后都是情感发展过程的扰乱。治疗中，疗愈的发生在于能使病人的情感发展从停滞的地方继续前进。而为了接近那个发展的停滞点，病人就必须常常要返回到童年早期或婴儿期，这个事实应当引起儿科医生们的高度重视。

儿童性欲的表现形式之一，就是性兴奋转化为了症状和生理性变化，而且还很像是真正的生理疾病所引发的症状和变化，了解这点对临床儿科医生十分重要。这些症状被称作为心身症状，它们在临床医疗中实在太常见了，而且正是由于它们的存在，全科医生才会考虑排除诊断偶发的医学教科书上的疾病，那些疾病都是治疗躯体疾病专科医生要关注的。

这些心身症状既没有季节性，也没有传染性；可是在单个孩子身上，它们会显现出一定的周期性，尽管不是那么规律。这种周期性不过是在提示我们，症状背后存在着的本能张力在重复出现着。

一部分内在原因，加上一部分环境兴奋性因素，使得小孩隔三差五就会变成一个兴奋易激惹的家伙。俗话说"整装待发而又无处可去"，似乎就是为了描述孩子这种状态的语句。研究这种兴奋状态到底发生了什么，几乎就是研究整个童年期，以及孩子的如下问题：如何能既保留住渴求和兴奋的能力，而又不经受太多痛苦的挫折，这种挫折是因为缺少满意的高潮体验造成的。孩子们应对这个难题的主要办法有以下几点：

（1）失去渴求的能力；但这样做也会失去对身体的感觉及更多的东西，对孩子十分不利。

（2）使用某些可靠的手段达到高潮，可以是大吃大喝、自慰、兴奋地排尿或排便、乱发脾气或者打架。

（3）用身体功能的倒错来达到某种伪高潮——呕吐和腹泻、坏脾气的发作、夸张的卡他性感染（鼻炎或感冒）、可能被忽视的疼痛和痛苦的主诉。

（4）上述办法的混杂使用，表现为孩子在一段时间内总是感觉不好，可能会头疼、没胃口、总是易激惹，还可能倾向于特定的组织器官变得敏感（例如，综合所有这些现象，用现代术语命名就是"过敏反应"）。

（5）将兴奋组织为一种慢性"神经质（nerviness）"的反应，并可能持续很长一段时间（"广泛性焦虑性坐立不安"可能是童年期最为常见的症状了）。

躯体症状和生理变化与情绪状态及情感发展障碍有关，这是个范围很广而且意义重大的主题，值得儿科医生加以关注。

孩子需要正常的自慰

要想描述儿童性欲，就不得不提及自慰。这也是个需要研究的庞大主题。自慰要么就是正常和健康的，要么就是情感发展障碍的症状表现。强迫性自慰，就和强迫性地摩擦大腿、咬指甲、身体摇摆、撞头、摇头晃脑、吮吸拇指等一样，都是某种焦虑的表现。如果是严重的强迫行为，那说明孩子是在用这种努力来应对更为原始性或精神病性的焦虑，比如人格崩解的恐惧，或是身体感觉丧失的恐惧，或是与外部现实失去联系的恐惧。

或许，最为常见有关自慰的障碍是对自慰的压抑，或者说，孩子在对付无法容忍的焦虑及剥夺和丧失感时使用的自我管理的全套防御中，却没有自慰现象的出现。婴儿天生就会摆弄自己的嘴和吮吸自己的拳头，他确实需要有这种能力来安抚自己。有时，饥饿的婴儿更需要把手放进嘴里，即便他有更好的选择，那就是吸妈妈的乳房。要是婴儿被大人限制这样做，他的这种需要反而会变得更加强烈。在整个婴儿期，他都需要使用这种能从自己身体上获得的满足感，包括吮吸拳头或拇指、排尿、排便，还有握住阴茎。小女孩也有相应的满足方式，这些都是正常发展的自慰现象。

普通的自慰不过是在使用能带来满足的自然资源，以确保可以应对挫折以及随之而来的愤怒、憎恨和恐惧。强迫性自慰则意味着要处理的潜在焦虑已经过度了。这种时候，或许婴儿需要喂奶的间隔时间缩短，或者需要妈妈更多的抚慰；也可能，婴儿需要知道附近总有人在而让他触手可及，或者相反，他需要过度焦虑的妈妈能够晚来一会儿，好让他更安静地在婴儿车里躺着。当自慰成为一种症状时，想办法处理其背后潜在的焦虑才合乎逻辑，而硬要让自慰停下来的办法反倒毫无道理。不过，我们也得意识到，在极少数个案中，孩子持续不断地自慰，搞得自己筋疲力竭，这种强迫性自慰必须得靠一些压制的手段让其停止，目的是让孩子从症状中稍微解脱一些。这种方式虽然能让孩子暂时得到解脱，但新的困难必然会在青春期时再度出现，可是即刻解脱的需要实在太紧迫了，以至于几年之后的困难也显得不那么重要了。

如果养育一切进展顺利，孩子带有性念头的自慰是不太会被发现的，顶多能从孩子的呼吸变化，或满头大汗看出些端倪。可要是强迫性地进行手淫，同时又抑制性的感受，那麻烦就来了。这种情况下，孩子会因为勉强制造他还达不到的满足和高潮，而变得筋疲力竭。若放弃手淫，就牵扯到一种现实感丧失，或价值感丧失的问题。可如果继续这样手淫，又会最终导致身体上的虚弱感，比如臭名昭著的黑眼圈、蜡黄脸，这本来就是孩子内心冲突的身体征兆，却常常被错误地归罪于自慰本身。有时候，用父亲般的严格管教帮孩子脱离这个困境，反而是一种仁慈。

不要人为刺激小孩的生殖器

儿童（包括成人）的精神分析研究表明，男性生殖器在潜意识中被赋予的价值，要远远高于直接观察时显现出来的程度，尽管在允许的情况下，许多孩子确实开放地表达了他们对阴茎的兴趣。起初，小男孩重视自己的生殖器，就和重视脚趾头和身体其他部分一样，可是一旦经历过性兴奋，他们就知道阴茎还有其特殊的重要性。与爱的感受相关的勃起反应，注定了阉割恐惧的出现。小男婴在阴茎兴奋时也有并行的一些爱和阉割的幻想，而这类幻想很大程度上也激发了早期的勃起。

生殖器兴奋的起始时间因人而异，差别很大。一个孩子可能在婴儿早期几乎不出现生殖器兴奋，或者相反，另一个孩子从一出生就几乎不断地勃起。当然，人为地唤起阴茎兴奋一点好处都没有。就好像包皮环切术之后的包扎常常刺激阴茎勃起，这就把勃起和痛苦不必要地联系在了一起，这也是不该实行包皮环切术的众多原因之一（因宗教原因行割礼的情况除外）。比较好的情况是，在身体其他部分确立了各自的重要性之前，生殖器兴奋并不过早表现出显著的特征，而且无疑，任何对婴儿生殖器的人为刺激（比如手术后的包扎过程，或者未受教育的保姆想要以此来安抚婴儿睡觉）都会让事情更加复杂；要知道，孩子的情感发展过程本身就已经够复杂的了。

对小女孩来说，男孩那看得见、摸得着的生殖器（包括阴囊）很容易成为她嫉妒和羡慕的对象，特别是在小女孩与母亲的依恋关系中向男性认同这条发展线上表现得更突出。然而，事情并没有这么简单，毫无疑问，很大一部分小女孩非常满足于自己更为隐蔽却同样重要的女性生殖器，也很平常地看待男孩脆弱的附属器官。渐渐地，女孩便会认识到自己乳房的价值。乳房对女孩来说，几乎像阴茎对男孩来说一样重要，而当女孩了解到，自己有男孩所没有的能力，自己可以怀胎、生子、喂养宝宝时，她就明白自己其实没什么好嫉妒的，也没什么好羡慕的。尽管如此，假如在过度焦虑的驱使下，女孩从普通的异性恋发展，退回到所谓固着于母亲，或母亲的象征时，结果就是女孩也想要变得像个男人了，那她就一定还会嫉妒和羡慕男孩。通常，如果小女孩不被允许，或不允许自己，去了解自己的生殖器也是自己身体上兴奋而重要的一部分，甚至都不被允许提及这个部分的话，那么她嫉妒和羡慕阴茎的倾向就会越来越严重。

阴蒂的兴奋与尿道性兴奋关系十分紧密，这就让女孩在向男性认同时，增加了对阴蒂的幻想。通过阴蒂性兴奋，女孩可以了解男孩阴茎性兴奋的感觉。类似地，男孩能从会阴部皮肤的感受，了解女孩阴蒂的相应感觉。

这与肛门性兴奋非常不同，肛门性兴奋是两性都有的正常特征，它和口腔、尿道、肌肉、皮肤性兴奋一道，为成熟性欲提供了早期的根基。

在社会学、民俗学和古代人的神话传说中，都不乏对父性或祖先的阴茎的描写，它们以象征形式受到崇拜，而且发挥着极大的影响力。在现代家庭中，这些象征的重要意义丝毫不减，只是更隐蔽了；可一旦孩子的家庭破裂了，这种阳具崇拜象征的重要性就会凸现出来，孩子突然间失去了长久依赖的象征，就会仿佛置身于汪洋大海，失去了方向，而深陷于痛苦之中。

这个时期的孩子当然远远不止有性。这就像你最爱养的花不光只有水分，但它是主要成分，而植物学家描述植物时若忘了提及水分，那将是大大的失职。心理学界在50年前真的遇到过这种危险，差点因为对儿童性欲的禁忌，就把儿童生活中性的部分抹杀掉。

童年时期，性本能以一种高度复杂的方式，将各种组成成分集中并组织起来，它的存在让健康孩子的整个生活变得充实而复杂。许多童年期的恐惧都和性念头与性兴奋，以及由此引发的意识和潜意识中的心理冲突有关。孩子在性生活方面的困难，也是很多心身障碍的主要诱因，尤其是那些复发性的障碍。

青春期和成年期性欲的基础都落实在童年期，同样，所有性倒错和性困难也都根植于童年期。

成人性障碍的预防工作，以及所有除了纯粹遗传因素外的心理和精神躯体疾病的预防工作，都属于婴幼儿养育的工作领域。

第二十四章　偷窃和撒谎

一个妈妈如果生养了好几个健康的孩子，就会发现每个孩子隔三差五都会表现出一些急性的问题，尤其是在孩子2—4岁。某个孩子有段时间会在夜里异常激烈地尖叫，以至于邻居都以为她遭到了虐待。有个孩子完全拒绝接受清洁训练。另一个孩子太爱干净、太听话了，妈妈都担心孩子是不是完全没有自发性和个人进取心。还有个孩子发起脾气来简直吓死人，可能使劲儿撞头，还会屏住呼吸，直到把脸憋得发青，逼得妈妈花尽心思，才有可能使他稍微配合一下。这类事情可以列出一条长长的清单，家庭生活中自然而然地发生着这些事。在这些不愉快的事情中，有件事情可能会引起特别的困难，那就是偷窃的习惯。

小孩子们经常习惯性地从妈妈的手袋里拿硬币出来玩。通常这都没什么问题。孩子会把手袋里的东西全翻出来，然后散落一片，而妈妈一般都能容忍孩子的这种做法。当妈妈注意到这一团乱时，她反而还可能会被逗笑。聪明的妈妈甚至会准备两个手袋，一个从不让孩子碰到，另一个更普通的就可以让小孩翻找和探索。慢慢地，孩子就会从这个阶段长大，不会为这种事多想什么。妈妈也理所应当地觉得这是挺健康的表现，而且这是孩子与她和其他人的原初关系的一部分。

不过我们也可以理解，偶尔当小孩子拿了妈妈的东西，而且藏起来时，妈妈真的会很担心。因为妈妈体验到的是另一个极端：这是个会偷东西的大孩子。没有什么能比家里出了个爱偷东西的大孩子（或成年人），更能扰乱一家人的幸福和谐了。这样不但家人不能彼此信任，不能自由随意地放置自己的东西，还不得不想一些特别的办法来保护重要的财物，比如钱、巧克力、糖果，等等。这种情况下，家里就可能有人是不健康的了。很多人一想到"偷"就非常反感。在面对偷窃时，他们会感到很不舒服，就和听到自慰这个词时的反应一样。除了因为曾经遭遇过小偷之外，他们还发现自己非常明确地讨厌"想到"偷窃，因为童年时，他们曾和自己的偷窃欲望进行过长久的斗争。正是因为这种对偷窃感到不安的感受，才让妈妈有时有不必要的担心，其实，小孩们拿妈妈东西的倾向是十分正常的。

冷静地想一下，我们就会发现，在一户普通人家里，没有哪个人恶劣到要被称为小偷，可实际上，家里有大量偷窃行为发生着，只是这些行为不被叫作偷窃而已。孩子会去食品柜拿一两个小面包，或者从橱柜里拿一块糖。在一个好家庭中，没人会说这么做的孩子是个贼。（可是在养育机构中，同样的情况可能就会被惩罚和谴责，因为那里恰好有这种规则。）父母也许有必要设立规矩，好维持家庭的运转。父母可以规定，孩子可以随便去拿面包或某种蛋糕，但是不能再拿特制蛋糕，也不能从储藏柜里拿糖吃。这种事情总会反反复复地发生，而家庭生活多少都是由这些，或类似这种解决父母与孩子关系的事情所组成的。

强迫性偷拿意味什么

然而，如果说一个孩子习惯性地偷拿苹果，然后很快把它送给别人，而从不自己享用，那么他的行动是带有强迫性的，是不健康的。他很可能被人叫作小偷，可是连他自己都不知道他为什么那么做，要是硬逼他说出个理由来，他就会开始撒谎。关键是，我们要理解这个男孩在干什么？（当然这也可以是个女孩。）其实这个小偷不是在寻找他所偷的物品，他是在寻找一个人。他在寻找他的妈妈，只是他自己不知道这一点。对这个小偷来说，那些名牌钢笔、邻居家的自行车、果园里的苹果，并不能带给他真正的满足感。一个在这方面不健康的孩子，其实没有能力享受偷完东西后的物质占有感。他只是在将一种幻想付诸于行动，这种幻想源自于他的原始爱欲冲动，他顶多只能享受一下行动化本身的过程，以及技巧上的操作。事实上，他在某种感觉上是丧失了与妈妈的联系。妈妈也许还在，也可能不在了。她甚至可能还是个在家的理想好妈妈，还能给孩子所需要的爱。可是，从孩子的角度来看，自己还是有一些东西缺失了，没有从妈妈那里得到过。孩子也许很喜欢妈妈，甚至很爱妈妈，但是，在更原始的意义上，孩子出于某种原因失去了妈妈，或妈妈的某个部分。于是，这个偷东西的孩子又变成了小婴儿，又在寻找自己没有被满足的妈妈的某个部分，或者说，在寻找那个他有权利去偷的人；实际上，他在苦苦寻找那个能让他拿取些东西的人。这就像小婴儿和一两岁的小孩一样，这么小的孩子从妈妈那里拿东西是不需要理由的，仅仅因为她是他的妈妈，他就有权利对妈妈这样做。

进一步讲，他有权利是因为他的妈妈确实是属于"他的"，因为是他创造出了妈妈。他对妈妈的概念，是随着他一点一点有了爱的能力而产生的。我们通常知道的是，某某太太，已经有了六个孩子，某一天她又生了个宝宝，叫约翰尼，她喂宝宝吃奶，照顾宝宝，后来，她又怀了另一个孩子，诸如此类。然而，从约翰尼的角度来看，在他出生时，这个女人就是他所创造出来的；通过妈妈主动积极地适应约翰尼的需要，妈妈的表现又让这个孩子明白了创造什么东西会比较合理，因为那东西真的就在那儿。

妈妈从自己这边给他的东西虽然是客观现实，但对他来说，那一定都是他先构想出来的，是主观性的，这时客观性还没开始对孩子有任何意义。最后，在追溯偷窃的根源时，我们总能发现，那个小偷需要的是重新建立起他与世界的关系，而基础就是重新找到奉献于他、理解他、愿意主动适应他需要的那个人（妈妈）；实际上，这个人愿意给他一种幻象，也就是说这个世界包含着他构想出来的东西，而且这个人愿意呼应他魔法般的召唤，让他能在外部的"共享"现实中，真的对应到一个对他甘于奉献的人。

这个观点有什么实际应用意义呢？重点就是，我们每个人心中的健康婴儿，都是一开始先创造出了主观性妈妈，然后才一点一点变得能客观感知到真实的妈妈。这个痛苦的过程就叫作幻灭，而且我们完全没必要主动去幻灭一个幼小的孩子；反而应该说，平凡的好妈妈会有所保留，只允许幻灭以她觉察得到的、婴儿能够承受、并且乐于接受的程度发生和进行。

一个从妈妈钱包里偷拿零钱的两岁孩子，是在扮演饥饿的婴儿角色，他以为自己创造了妈妈，于是也认定他对妈妈和妈妈的东西都有所有权。幻灭往往很快就会到来。例如，弟弟或妹妹的降生就是一种可怕的幻灭性打击，即便孩子对此早就在做准备，或者对新出生的弟弟妹妹也有美好的感觉。弟弟或妹妹的到来，让小孩原以为自己创造了妈妈的想法，一下子就进入了幻灭的过程，这就很容易引起孩子一段时间的强迫性偷窃。你会发现，孩子显得不再那么完全占有着妈妈了，反而开始强迫性地拿东西，尤其是甜的食品，然后把它们藏起来，但是又不能真的因为拥有了它们而感到满足。父母要是理解了这种强迫性偷窃的意义，他们就会采取更合理的行动。比方说，他们愿意容忍，也会尝试去理解这个感到从与母亲的关系联结中脱节的孩子，明白他每天至少需要一个特定的时间，可以指望有人能给他一定的特别关注；这也是开始给孩子零花钱的时机了。最重要的是，理解这种情况的父母不会把千钧重担全压在孩子身上，硬要他承认错误。如果父母不清楚情况而这样做了的话，孩子不仅会偷东西，还会开始撒谎，其实这完全是父母的过失。

上述这些都是普通健康家庭常有的事，绝大多数情况下，整件事都能顺理成章地度过，而那个暂时强迫性地偷东西的孩子也会恢复正常。

不要"治愈"小孩的偷拿行为

不过，父母是否足够理解了所发生的事情，避免了不明智的行动，还是觉得一定要在偷窃早期就"治愈"它，以为这样就能防止孩子长大后真的成为小偷，这其中的差异也很大。即便最终一切进展还算顺利，像这类照顾不当的细节，着实还是让孩子受了不少没必要的苦。成长所要遭受的本质痛苦其实就已经够多的了。不仅是偷东西这件事，孩子以任何形式遭受了太大或太快的幻灭，都会出现一些强迫性的举动或行为，而自己都不知道为什么会这样，比如，乱翻乱闹，拒绝在正确时间排便，削掉花园植物的"头"，等等。

有些父母觉得他们必须对孩子的上述举动或行为追查到底，他们必须让孩子把自己的所作所为解释清楚，这无疑大大增加了孩子的困难，而成长本身的困难已经让孩子够紧张的了。小孩不可能给出他们行为的真正原因，因为他也不知道为什么这么做，结果就是，孩子因为父母的误解和责备产生了罪疚感，而又不能让自己体会这种难以忍受的罪疚感，这样，在人格层面就会发生分裂；分裂出了两个部分，一部分极其严厉，另一部分则被罪恶的冲动所占据。这样，孩子将不再感觉到罪疚，反而变成了人们所说的骗子，开始说谎。

可不管怎么说，一个人丢了自行车还是会很受打击的，而且不会因为知道了小偷潜意识里是在寻找妈妈而好受多少。这完全是两码事。受害者的报复情绪当然也不能被忽视，而且任何对有犯罪行为的儿童感情用事的尝试只会适得其反，反而提升了对犯罪者的普遍敌对情绪。法官在少年法庭上，不能只想着小偷是个病人，也不能忽视违法行为的反社会本质，及其在事发当地的社会群体内所激起的负面情绪。当我们请求法庭认清小偷其实是个病人这一事实，以及应考虑裁定其接受治疗而非惩罚他们的时候，确实，我们也给社会带来了极大的压力。

当然，还有许多偷窃从来不会闹到法庭上，因为平凡的好父母在家里就把这些事情满意地解决了。可以说，妈妈根本不会把幼小的孩子偷拿她的东西这种事放在心上，而且做梦也不会把这种事叫作偷窃，对她来讲这很容易理解，孩子这么做不过是在表达爱和需要她。在照顾四五岁的孩子时，或是在照顾一个正在经历强迫性偷窃阶段的孩子时，这对父母的容忍力确实是个挑战和考验。我们能做的，就是尽可能帮助这些父母理解正在发生的事情的意义，帮助他们引导孩子度过这段社会适应期。正因如此，我才试着表明我的这些个人观点，我也有意识地把这个问题简单化了，为的是让好父母和好老师们能理解我的意思。

第二十五章　孩子首次尝试独立

心理学不是容易流于表面化和简单化，就是容易搞得艰深难懂。不过，在对婴儿最初的活动，以及他们睡前或不安时所用的物品进行研究时，有个奇怪的现象，就是这些事情貌似就存在于浅层与深层之间，游走在可以单纯考查的显而易见的事实和需要深入探究的光怪陆离的潜意识领域之间。鉴于这个原因，我想带你们看看婴儿是如何使用平时常见物品的，借此表明，从日常观察中以及普通的事实中，我们就能学到好多关于孩子的知识。

孩子需要过渡性客体

我想和你聊的再简单不过的，就是通常孩子都有的泰迪熊这类东西。每个养过孩子的人，都能说出一些孩子玩这类东西的有趣细节，在每个孩子身上，这些细节和其他行为模式一样独具特点，但是又没有哪两个孩子的表现是完全一样的。

众所周知，最开始婴儿通常只会把小拳头推送进自己的嘴里，很快他们就发展出了新的模式，可能专门选择某一到两个手指，或大拇指来吸吮，同时另一只手还爱抚着妈妈，或一小块床单、毯子、毛料，还可能是他们自己的头发。这里有两件事情正在发生：其一，把手放进嘴里，这明显是和兴奋性吃奶过程有关；其二，另一只手在做的事情已经从单纯的兴奋，进展到了一个新阶段，是更具充满温柔与深情的动作了。出于这种充满深情的爱抚活动，婴儿就能与恰好在手边的某个东西建立起关系，这个碰巧在手边的物品可能会变得对婴儿非常的重要。某种意义上讲，这是婴儿的第一个**私人拥有物**（first possession），也就是，这是世界上第一个归婴儿所有的物品，而它又不像拇指、手指、嘴巴一样是婴儿身体的一部分。这件事多么重要啊，由此，就证明了婴儿开始与世界发生关系了。

与这些事一道开始发展的是安全感，以及婴儿与另一个人的关系。这些都是婴儿的情感发展过程进展顺利的证据，而且也说明婴儿开始形成对关系的记忆了。这些发展又会重新促进婴儿与那个新物品的关系，我喜欢把这个私人物品称为**过渡性客体**。这当然不是说那个物品本身是过渡性的，它只是代表了，婴儿从一种与妈妈融为一体的融合状态，向一种与外在的和分离的妈妈关联状态的过渡。

虽然我很想强调这个过渡现象所代表的健康意义，但我并不想造成误会，其实婴儿没有表现出我所描述的这种兴趣现象，也未必就有什么错。有些情况下，妈妈本人就是婴儿牢记着和需要着的那个人，不需要其他物品出现，而有的婴儿则找到了足够好、甚至理想的过渡性客体，当然前提是妈妈就在环境背景当中。不过，多数时候，婴儿会特别迷恋上某个物品，并很快给它起个名字，而且有趣的是，当你深究这个名字的由来，会发现它往往来源于婴儿早在会说话之前就听过的某个词。不久，父母和亲戚就会送给婴儿许多柔软的玩具，它们（或许是大人们一厢情愿）都被做成动物和宝宝的形状。在小婴儿看来，这些形状都无关紧要。小婴儿更看重玩具的质感和气味，尤其是气味最为重要，所以父母要明白其实这些玩具是不能洗的，洗了可能就要坏事了。那些平时很讲卫生的父母，常常不得不带着个又脏又臭的软软的东西四处走，这样婴儿才能安静。这时的婴儿已经长大一些了，他需要这个物品能随手拿到；需要把它从小床或婴儿车里不断扔出去，还能一次又一次地被大人捡回来；需要一点一点地撕扯它，还在上面流的全是口水。事实上，婴儿可以对它做任何事情，它完全受一种非常原始的爱欲支配着——这种爱混合了亲热和深情的爱抚与破坏和毁灭性的攻击。慢慢地，婴儿的其他物品开始多起来，而它们被设计和制作得也越来越像动物或宝宝。而且随着时间推移，父母就会试着教孩子说"ta*"，这意味着孩子要承认一个事实，即洋娃娃和泰迪熊是来自外部世界的东西，而不是从婴儿的想象世界中诞生出来的。

如果还回到第一个物品，可能是一块方丝巾、一条特制羊毛围巾，或是妈妈的手帕，我认为我们必须承认，从婴儿的角度讲，我们要求他说"谢谢"，并承认这个物品来自于外部世界，恐怕是不合适的。在婴儿看来，这第一个物品确实是他从想象中创造出来的。婴儿从此开始了对世界进行创造，而我们得允许每个婴儿将世界重新创造一遍。世界本来所呈现的样子，对这个才开始生长的新人类是没有任何意义的，婴儿只能是一边创造，一边发现这个世界。

婴儿在遇到压力时，尤其是睡觉之前，会使用种类繁多的早期拥有物和安抚技巧，我们不可能公正地评判它们有什么好坏之分。

有个女宝宝，小时候她喜欢一边吸拇指，一边摸着妈妈长长的头发来抚慰自己。等她自己也长出了足够长的头发时，她就会拉过自己的头发——而不再是妈妈的头发——来盖住脸，然后闻着头发的味道入睡。她一直习惯这么做，直到再长大一点，她想把长发剪掉，让自己像个男孩儿。剪短之后，她也对短发很满意，可是到了临睡前，她自然就有些慌乱

---

* 口语化的"谢谢"——译者注

了。幸亏父母留着她的头发没扔掉，于是用它们做了个假发给她。她立刻像原来一样，把头发盖在脸上，闻着它的味道便安然入睡了。

有个男宝宝，他很早就对一条彩色羊毛被很感兴趣。在他不到一岁时，他就喜欢把被子上的羊毛线扯出来，再按颜色分好类。他对羊毛材质和颜色的兴趣一直持续着，从未放弃过，于是在他长大成人之后，他便成为了一家纺织工厂的色彩专家。

这些例子的关键价值在于它们都表明了，健康婴儿在面对压力与分离情境时的过渡现象和所用办法的变化范围非常之宽泛。几乎每个养育者都能提供这样的例子，倘若你明白那些细节都有着重要意义，你就会发现每一个例子都很令人着迷，并值得研究。有时候，我们发现婴儿不是在用物品过渡，而是在使用一些技巧，可能是哼唱低吟，还可能是更为隐蔽的活动，比如将看到的光束对齐，或是研究边界之间的相互关系——像是随风轻轻摆动的两层窗帘，或者是随婴儿头部移动就改变了视觉上的位置关系的物品。还有时候，思考还可以取代这些可见的活动而作为过渡手段。

内在妈妈帮助婴儿度过分离时刻

为了强调这些事情的正常性，我想请大家注意一下分离对这些事情的影响。粗略地讲，当妈妈或是其他婴儿依赖的人离开时，婴儿不会有什么立刻的变化，这要归功于婴儿心里还有个内部版本的妈妈，可以在心中活跃一小段时间。要是妈妈离开的这段时间超过了一定限度，其内部版本也会渐渐消失不够用了；同时，所有过渡现象都会失去意义，婴儿也无法再使用它们安抚自己。这时我们看到的婴儿，需要照护和喂奶，而如果此时他被单独丢下，他很可能就要诉诸于兴奋的感官满足活动。此处所失去的，是一个可以发生温情接触的中间区域。如果间隔时间不是太长，妈妈又重新回来了，那么婴儿首先就会重新形成她的内部版本，但这需要一段时间。婴儿对妈妈成功恢复信心的标志就是重新展开了中间区域的活动。如果孩子感到被抛弃了很久，我们就会看到婴儿有更严重的表现，变得不能玩游戏，不能表达亲情，也不能接受感情。接下来的事我们都知道了，婴儿可能会强迫性地性唤起。被剥夺的孩子在恢复期时出现的偷窃行为，可以说一部分也是在寻找过渡性客体，因为随着妈妈内部版本的死去或消失，过渡性客体也丢了。

有个女宝宝总是吸吮裹在拇指上的一块破羊毛布。在她三岁时，这块破布被妈妈强制性拿走，"治好了"她吃拇指的毛病。随后，她发展出了严重的强迫性表现，在睡前要强迫性地咬指甲，以及强迫性地阅读。

到她十一岁时，在别人的帮助下，她想起了那块羊毛布，布的式样，还有她对它的爱，咬指甲的事才算平息了。

游戏最终取代过渡现象和客体

在健康状态下，孩子有一个从使用过渡现象和客体，到拥有完整游戏能力的演变过程。不难看出，游戏对所有孩子来说都是极其重要的事情，而且有能力玩游戏也是情感发展健康的标志之一。我想请大家注意一个事实，游戏的早期版本就是婴儿与第一个拥有物品之间的关系。我的希望是，父母若能理解这些过渡性客体的出现是很正常的现象，而且确实是健康成长的标志，那他们无论带孩子到哪里，再带上这些奇奇怪怪的小破玩具或东西，就不会那么不好意思了。他们不但不会鄙视这些东西，还会尽一切可能避免把它们弄丢。这些过渡性客体会像老兵一样渐渐被淡忘。换句话说，它们成为一组过渡现象，延展到了孩子的游戏领域、文化活动和兴趣爱好当中——这个广阔的中间区域恰好介于外部世界的生活与梦境之间。

显然，要在外部现象与梦境之间进行分辨和筛选是一项繁重的任务。我们都希望能做到这一点，这样我们才能称自己心智健全。尽管如此，我们的心智在做这种区分时，也需要有个休息区域调整一下，而我们是在文化兴趣和活动当中进行休整的。对待小孩时，我们要比对自己更加宽容，给了他们更加开阔的领域，其中，想象性游戏占据了主导地位，于是，利用着外部世界的素材，又保有着梦境中全部张力的游戏，就成为了儿童生活的主要特征。婴儿在达成心智健全的艰难道路上才刚刚起步，所以我们也会认可他们过一种中间性的生活，尤其是在清醒和睡眠之间，而我所提及的过渡现象以及过渡性客体，包含在我们最初给予婴儿的中间休息区域之内，那时我们还不怎么指望他分得清梦境和真实。

作为儿童精神病学医生，当我接触孩子们，看他们画画，听他们聊他们自己以及他们的梦时，我惊讶地发现孩子们都能轻易记得那些早期的过渡性客体。通常，父母也很吃惊，自己早忘的一干二净的一小块布头或一个奇形怪状的东西，孩子居然还记得。如果这个物品还在，一般也是孩子知道它放在哪儿，它可能还在几乎被忘掉的弃物堆里，也许是在最下层的抽屉后面，或者在壁橱的最上层。如果这个东西丢了，毕竟意外在所难免，那么孩子会很难过，可更令孩子苦恼的是，父母由于不理解这个物品的真正意义，而把它送给了别的宝宝。有些父母对这些物品的意义太熟悉了，于是新宝宝一出生，他们就把家中以前的过渡性客体塞给这个宝宝，指望这件东西对新宝宝，也能产生和上个宝宝一样的效果。当然，他们很可能要失望了，因为以这种方式出现的物品，对婴儿会不会产生什么重要意义，这可说不准。可是以这种方式呈现过渡性客体的危险，倒是显而易见，因为在某种意义上，这剥夺了新生婴儿自发性创造的机会。确实，当孩子能够自发地利用起家里的某些物品时，通常都对他的成长很有帮助；这个东西会有名字，甚至几乎成了家中的一员。婴儿从对这个物品的兴趣出发，最后会渐渐迷上洋娃娃、其他玩具、小动物等。

这个主题十分令人着迷，值得父母们去探索和研究。每个婴儿在这个中间区域里，都会发展出他们特征性的依恋模式和技巧，通过观察、记录这条发展线，父母不必是心理学家，也能收获满满。

第二十六章 对正常父母的支持

当你一直读到这里的时候,你会发现我都试着在说一些积极的事情。我虽然没有演示如何跨越困难,或孩子有焦虑表现时,以及父母当着孩子的面吵架时,应该做些什么,但是我努力想要给有着健康天性的正常父母们一些支持,因为他们很可能要生养普通的健康孩子和操持一家子的生活。要说的事还有很多,我这里所讲的也只是个开始。

有人可能要问:为什么要费这么大劲跟已经做得挺好的人聊这些呢,那些遇到困难的父母肯定更需要帮助啊?好吧,我也想尽量不被现实搞得太沮丧,可事实上,很多不幸确实存在,甚至就在英国伦敦,发生在我所工作的医院附近。我太了解这些不幸了,还有日益盛行的焦虑和抑郁的情绪。然而,我仍把希望寄托在那些稳定而健康的家庭上,我也眼见这些家庭在我周围组建起来,未来二三十年,是它们构成了我们社会稳定的唯一基础。

还有人可能要问:为什么你要如此关心这些健康家庭?你说它们是存在的,寄托着你的希望,那他们照顾不好自己的家吗?对此,我倒有个非常好的理由要给他们以积极的支持,那就是:还存在着许多破坏性的趋势是要毁掉这些好东西的。假定好的东西就能免受攻击是绝不明智的;不如说真相是，如果要在探索活动中生存下来，最好的东西一定要受到保护。哪里有好事，哪里就有憎恨和恐惧，主要都是潜意识的，它们的表现形式常常是无端的打扰、小气的规矩、法律限制，以及一些愚蠢的举动。

我并不是说父母都被官方政策命令着和麻痹着。英国留给了父母自由选择的余地，可以接受或拒绝政府所提供的一切，在这方面国家也是煞费苦心。当然，出生和死亡一定要登记，某些传染病必须要上报，孩子从五岁到十五岁也要上学。而且，男孩或女孩触犯了国家法律，包括他们的父母，都要接受某些强制性措施。然而，国家也提供了大量的服务形式，让父母们可以选择性地加以利用。我可以举一些例子，比如幼儿园，预防天花、白喉的疫苗接种，孕期和婴儿的福利诊所，鱼肝油、果汁、牙科治疗，还有为婴儿提供的廉价牛奶和为大孩子提供的学校加餐奶，等等；所有这些服务都是现成的，而又没有强制性。以上这些都说明，如今的英国已经清楚地认识到好妈妈的重要性，一个好妈妈如果了解了必要的事实，受过良好的教育，那么她才会最准确地判别什么东西对自己的孩子好。

麻烦的是，正如我也曾提到过的，那些公共服务的真正管理者们意见并不统一，他们并非一致信任妈妈有能力比任何人都理解她们的孩子。医生和护士就常常对有些父母的愚昧无知，也就是他们听不进医生明智的意见，而感到印象深刻。也可能，医生和护士对妈妈们的这种信心不足，明显来自于他们专业训练的影响，可他们虽然熟练地掌握了关于身体疾病和健康的知识，却未必合格地理解了父母要做的全部工作。当妈妈质疑他们的专业性建议时，他们轻率地以为妈妈是因为固执才这样做的。但真实情况是，妈妈其实很清楚，宝宝在断奶期间如果被带离自己身边而被送去医院的话，对宝宝是有害的；她也知道，在小儿子被冷不防送到医院做包皮环切术之前，应该让他再多了解一下这个世界；她还知道，小女儿由于极度紧张，真的不是接受打针或免疫接种的那块料（除非确实患有传染病）。

当医生决定要切除孩子的扁桃体时，对此感到担心的妈妈会做什么呢？医生当然很了解扁桃体，但他常常会给妈妈留下不好的印象，因为他不明白，他要把一个自我感觉还好的孩子带去实施手术，而孩子又太小，听不懂他的解释，这事得有多么严重。为了让医生能认真对待，妈妈只能坚持自己的信念；我相信如果有可能的话，很有必要避免这种事发生，要是妈妈还受过儿童人格发展方面的教育，也信赖自己的直觉，她就能提出自己的见解，与医生一起形成决定。一个医生如果尊重父母养育的专业知识领域，就能轻松赢得他们对自己专业领域的尊重。

父母们都知道，小宝宝需要一个简洁的成长环境，而且他们一直需要这个简洁的环境，直到他们能理解复杂的意义，并因此接受复杂性的存在时为止。总有一天，你家儿子和女儿能发展到一定程度，当他的扁桃体真的需要切除时，也可以被取出来，且无害于他的人格发展，他们甚至可能为他们的住院经历感到有趣和高兴，并且可以说，因为跨越了一次巅峰，而在成长上又迈进了一步。然而，这一天什么时候到来，除了年龄之外，还取决于你的儿子和女儿是什么样的孩子；这一点，只有跟他们亲密相处的妈妈才有资格和能力评判，不过，医生当然应该帮妈妈理清这些思路。

国家（英国）的非强制性父母教育政策确实是明智的，那么下一步，就是对公共服务管理者进行教育，加深他们对平凡妈妈，及妈妈对自己孩子的直觉性感受和知识的尊重。妈妈是养育自己孩子的专家，要是她没被权威的声音吓倒，她就会发现自己最清楚照顾孩子时，什么是好，什么是坏。

父母都是负责任的人，任何明确不支持这个想法的观念，从长远来看，都会危害到社会的核心。

真正重要的是，个体需要经历从婴儿到儿童，再到青少年的发展经验，在家里，这种发展是稳定持续的，而且能自行处理在发展过程中与外部世界的关系问题，只不过家是小型化的世界。虽然是小型世界，但是在感受的强度和经验的充实度方面并没有更少，小型仅仅指的是在复杂性方面更简化。

我写的东西可能作用不大，可要是能激励一些人在这方面做得比我更好，去支持普通民众，给他们真实而恰当的理由，坚持自己良好的直觉性感受，那我就该知足了。治身体和心理疾病，是我们医护工作者要尽力而为的事，而为那些因故陷于困境，需要照顾和保护的人们提供帮助，是国家应尽力去做的事。但我们也不要忘了，所幸还有许多正常的男女，尤其是民众中那些不太世故的人，他们不惧怕情感与感受，而我们也无须惧怕他们的感受。要想激发出父母最佳的表现，我们就得把他们的事留给他们自己全权负责，让他们去养育自己的孩子和家庭。

Part Three
第三部分
孩子与大千世界
The Outside World

幼儿园在某些方面补充和延伸了好家庭的功能，在这个假设的基础之上，幼儿园老师自然也在孩子入园期间，接管了一部分妈妈的特性和职责，但她只是接管孩子，而不是为谋求个人需要，去和孩子发展母子般的情感连结。幼儿园老师的责任是维持、加强和充实孩子与家庭的个人关系，同时将更广阔的世界、更多的人和机会介绍给孩子。

第二十七章　五岁以下婴幼儿的需要

婴儿和幼儿的需要其实变异性没那么大,这些需要都是与生俱来且固定不变的。

我们一直在用发展的眼光看待孩子,这是很有必要的视角。从发展的取向去思考孩子的问题始终很有帮助,尤其是研究五岁以下孩子的情况时更加要紧,这是因为,每个四岁的孩子,同时也兼具三岁、两岁和一岁孩子的特点,同样也是个刚断奶、刚出生,甚至还在子宫里的婴儿。孩子们在情感年龄上就是这样来来回回地变化着。

以人格和情绪成长的观点来说,从新生婴儿到五岁孩子的发展是个相当长的过程。这个过程必须得靠我们提供某些条件才能充分地发展,而这些条件只要足够好就行,没必要绝对好和完全好,因为随着孩子智能的增长,他会越来越能容忍失败,并能提前做好准备来应对挫折。众所周知,这些孩子个人成长所必需的条件,本身不可能是静态、僵化和一成不变的,它们在性质和数量上,要能随着婴儿或儿童的年龄以及发展需要的变化而变化。

我们来仔细考察一下健康的四岁孩子。白天的时候,孩子在一定程度上能表现得像成人一样世俗化。男孩会认同爸爸,女孩会认同妈妈,而且还有许多交叉认同现象。这种认同能力既表现在实际行动中，也表现为在有限的时间和范围内，像大人般承担责任；在游戏中，认同明明白白地显现在各种任务和乐趣中，像是扮演婚姻生活、生儿育女、教育，等等；认同还表现在这个年龄段特有的猛烈的爱和嫉妒中；这个能力不仅存在于白天的幻想中，基本上，它更多地存在于孩子的睡梦之中。

这都是一些健康四岁儿童的成熟要素，尤其要考虑到孩子的生命活跃度是衍生于本能而来的，本能则是兴奋的生物学基础，兴奋的表现有一定的次序，先是本能张力升高的准备阶段，再到兴奋的高潮，然后是一定量的紧张度松弛和缓解，接着就是某种形式的生理满足。

五岁以下的孩子会做激情澎湃的梦，这是一种成熟的标志，在梦中，孩子处在人类（家庭）三角关系的一个顶点上。在孩子激情澎湃的梦中，我们称为本能的生物驱力是被接纳的，这个了不起的成就说明孩子的心理发展赶上了其生理成长，所以在梦中，以及在清醒状态下的潜在幻想中，孩子的身体功能也卷入到了强烈的爱与恨的固有冲突关系中。

这就意味着，性的全部内容已经包含在孩子的健康范畴之内，除了孩子身体还不成熟而带来的生理限制外，五岁的孩子已与成人无异。通过象征形式、梦和游戏，性关系的细节得以成为童年期的重要经验。

发展良好的四岁孩子有个需要，就是认同父母的需要。在这个重要的年纪，强行给孩子植入道德准则或灌输文化模式并没有什么好处。真正起作用的因素是父母、父母的行为举止，以及父母的互动关系，这些孩子都能察觉得到。孩子正是将这些因素记在心里，加以模仿或对抗，也正是这些因素，被孩子以成百上千种方式运用于自我发展的个人化过程中。

进一步讲，建立在父母关系基础之上的家庭，也要发挥其持续存在和幸存的功能；孩子表达出的恨意，还有恶梦中浮现的憎恨，之所以能被孩子容受，是因为这个家庭其实是为了孩子能有最好的发展结果，而甘冒最坏的风险，一直在持续健康地运作着。

然而，一个时常表现出惊人成熟度的四岁半孩子，当划伤手指或不小心摔倒后需要安慰时，会突然变成两岁孩子一般，而且还很容易在睡前，表现得完全像个婴儿。任何年龄的孩子在需要深情的"抱抱"时，都是需要一种生理形式的爱，那是妈妈在子宫里孕育胎儿，和在臂弯里怀抱婴儿时，都自然流露出来的东西。

的确，婴儿并非一开始就像个完整的人一样能够认同其他人。这中间，婴儿首先要有个逐渐建立完整自体或自我统一体的过程，然后还必须慢慢发展出一种能力，能感受到外部世界和内部世界是不一样的，又是相关的，但它们又和自体是不同的，这个婴儿自体独特而唯一，没有两个孩子是完全一样的。

对于三到五岁之间的孩子，我首先强调他们所能达到的适当成熟度，是因为健康的婴幼儿始终在发展和提升这种成熟度，而这对婴儿个体整个的未来发展至关重要。同时，五岁以下孩子的成熟性通常又能和各种程度的不成熟成分兼容。这些不成熟的成分是一些残留物，来自于所有早期成长阶段所特有的健康的依赖状态。对这些不同的发展阶段进行探查和研究，要比试图局限性地描绘四岁孩子的综合面貌，更容易理解孩子的全貌。

孩子在各种关系中的需求

即便是要对家庭中的孩子关系做个精炼的表述，我们也得区分开下列几种要素：

（1）三角关系（由整个家庭所容纳）。

（2）二人关系（妈妈把世界引介给宝宝）。

（3）妈妈抱持住未整合状态的婴儿（妈妈在婴儿感受到完整之前，

始终还是把婴儿看作完整的一个人)。

（4）以躯体照顾的方式表达母亲的爱（母性技巧）。

（1）三角关系

当孩子成为了一个完整的人，并且处在一群完整的人中间时，孩子就会卷入三角关系。在潜隐的或说潜意识的梦中，孩子就爱上了一方父母，并因此记恨另一方父母。一定程度上，这种恨意会直白地表达出来，幸运的孩子可以将早期阶段残留下来的潜在攻击性聚集起来用于表达这种恨意，而这种恨意之所以能被接受，是因为其基础是原始的爱。然而，在某种程度上，这种恨意又被孩子的能力所吸收，用于认同梦中的那个竞争对手。家庭情境就承载着这样的孩子和他的梦，完整的家庭让三角关系在保持原貌的情况下，以一种现实形态出现在家里。三角关系同样也能在其他类型的亲近关系中找到，这既是核心主题的扩展，也是将情感张力逐渐减少的办法，使它们在某些真实的情境中，刚好能被处理。游戏在处理这个主题方面尤为重要，因为游戏既是现实，也是梦幻，游戏体验可以容纳各种极为强烈的感受，否则它们只能被封锁在记不起来的梦里，尽管如此，游戏迟早都会停下来，玩游戏的孩子们会收拾好玩具，一起坐下来吃茶点，或者准备洗澡，听睡前故事。另外，在游戏中（就我们正讨论的这个阶段而言），总有个大人在附近间接参与其中，而且随时准备在必要时控制局面。

对于新手研究者来说，研究过家家和扮演医生这两个儿童游戏，包括具体模仿妈妈做家务和爸爸上班工作的游戏，对于了解三角关系的主题非常有指导意义。对孩子们的梦进行研究需要掌握专门的技术，不过自然也比简单地观察儿童游戏更能让学生深入理解潜意识。

（2）二人关系

在比较早的发展阶段，三角关系还没有开始，我们看到的是更直接的婴幼儿与妈妈之间的二人关系。这个阶段，妈妈以一种极其微妙的方式，将世界引介给宝宝，这种引介是有限度的，说它微妙，是因为它不但会避开偶然的意外冲击，还会以"差不多"恰当的方式和时机提供宝宝所需要的东西。我们很容易就看出，这种二元关系比三角关系空间更小，孩子应付困难的个人管理能力还施展不开；换句话说，二元关系中有更多的依赖特质。尽管如此，他们已经是两个完整的人了，只不过亲密无间地相互关联着、相互依存着。如果妈妈本人很健康，不焦虑、不抑郁、不混乱、不退缩，那么母婴关系就会日渐充实，为小宝宝的人格成长提供相当大的余地。

（3）妈妈抱持住未整合状态的婴儿

在比二元关系阶段更早的关系中，自然就会有更大程度的依赖性。婴儿需要妈妈每天都能幸存下来，而且能整合多种多样的情感、感觉、兴奋、愤怒、悲伤等，这些将会构建起婴儿的生命，但是婴儿暂时还不能掌控它们。婴儿这时还不是个完整的统一体，妈妈要抱持住这个正在发展中的不完整的人。必要的话，妈妈会满脑子想着这一天下来对婴儿的意义，因为她能理解。她在婴儿还无法感觉到整合的时候，就已经把婴儿看作一个人了。

（4）妈妈用身体照顾的方式表达爱

还是这个妈妈要抱持婴儿的早期阶段，这次我指的是身体上的抱持。所有非常早期的身体照顾的细节，对婴儿来说都具有心理意义。妈妈这段时间会主动适应婴儿的需要，而且一开始，这种适应可以说相当彻底。就像人们常说的，妈妈下意识地就知道婴儿正打算要什么。通过在需要浮现时恰好迎合它们，妈妈用这种唯一不会招致混乱的方式将世界呈现给婴儿。同样，通过用身体照顾的方式表达爱，并给予婴儿生理满足，妈妈让婴儿的精神开始能安住进婴儿的身体里。另外，妈妈还靠婴儿养育的技巧向婴儿表达了自己的情绪，也在婴儿心里建立起个人印象，让这个发展中的小人儿能够识别出来。

在家庭模式中观察到的各种变化都会对孩子产生影响，讨论这些影响的基础就是了解孩子以上的这些需要。就其变化的特性而言，这些需要绝对是各行其道的。满足这些需要时若失败了，会导致儿童发展的扭曲，而且公认的一点是，越接近原始形式的需要，个人就越要依赖环境来满足它，相应地，满足失败造成的灾难性后果就越严重。早期婴儿养育是一件远在有意识的思考和深思熟虑的计划之外的事。这件事只有通过爱才可能达成。我们有时会说婴儿需要爱，其实我们的意思是，只有爱婴儿的人，才能对其需要作出必要的适应；也只有爱婴儿的人，才能随着孩子能力的增长，逐渐不那么恰好地适应婴儿，并且能够积极利用这种失败的价值。

五岁以下孩子的本质需要和每个人都切身相关，其基本原则是不会变的。这一真理适用于人类的过去、现在和未来，放之四海而皆准，任何文化背景也回避不开。

父母和他们的事业感

如今的年轻父母们似乎对养育工作有一种全新的事业感*，这是许多没有体现在统计学调查中，但却十分重要的事之一。现代父母会等待；他们会计划，也会阅读学习。他们知道，自己最多只能对两到三个孩子给予适当的关注，所以他们也会以最合适的方式，开始自己有限的父母工作：自己带孩子。当一切进展顺利，这样做的结果就是发展出一种直接的亲子关系，而其本身会惊人地强烈和充实。我们可以预期，也确实发现，在少了保姆和照顾者替班的情况下，他们也遇到了一些特殊的困难。的确，这样也让父母和孩子之间的三角关系变成了现实。

---

* 指做父母这项"工作"。——译者注

可以理解，如此慎重地担当养育工作的父母，从一开始就让孩子走上了通向心理健康的道路，他们本身都是个人主义者。父母不断进一步地个人成长，正是这种个人主义不可或缺的部分。如此一来，在现代社会里，虚伪的人就会越来越少。

这些对养育工作有责任心的父母，为婴幼儿提供了一种准备充分的环境设置。此外，要是真有现成的帮助，这些父母也会加以利用。不过，这种帮助一定不能破坏了父母自己的责任感。

新宝宝的出生，对大孩子来说可能是宝贵的经验，也可能是天大的麻烦，如果父母事先愿意花些时间考虑清楚这个问题，就能避免不必要的失误。然而，千万别以为事先考虑过，就能阻止爱恨交织和忠诚感的冲突。生活无疑是困难的，而且没有谁的生活，能比正常健康的三到五岁儿童更困难了。所幸的是，生活同样也是有回报的，只要家庭能让孩子感到稳定，只要孩子能从父母的互动关系中收获了幸福感和满足感，那么孩子在这段早年生活中就会始终抱有希望。

准备胜任父母职能的父母们确实给自己分派了一个重大任务，而且最常见的风险就是没有任何回报。许多意外情况都可能夺去父母来之不易的成功，幸好的是，比起二十年前，躯体疾病的威胁已经小多了。如今的父母愿意研究孩子的需要，这对孩子的发展很有帮助；可是要注意，如果父母之间出了问题，他们是无法因为孩子需要他们维持稳定的关系，就能彼此相爱的。所以，不要试图想通过孩子来解决父母之间的关系问题。

社会及其责任感

当今社会对待婴幼儿养育的态度已经发生了巨大的变化。我们已经明白，婴儿期和童年期不仅打下了心理健康的基础，而且打下了最终成熟的基础，让个体能以成年人的状态，既认同社会，又不失去自我的重要感。

在 20 世纪上半叶，小儿科学的巨大进展主要集中在躯体方面。日益增长的理念是，如果孩子的躯体疾病能被预防和治愈的话，那么就不用管孩子的心理了，认为孩子在心理上也可以自行照顾自己。儿科学依然需要跨越这个错误的基本原则，而且必须要找到一种既重视孩子的心理状态，又不放松对躯体健康的关注和把握的办法。在过去的这几年中，John Bowlby 医生的工作极大地推进了这一改变进程，他关注并研究与母亲分离给幼儿造成的不利影响，因此现在，妈妈可以去看望她们住院的孩子，而使原来随处可见的分离才得以避免。此外，在管理遭受（食物或教育）剥夺的孩子（deprived children）方面，政策也发生了变化，包括废止寄宿幼儿园，并大力发展领养家庭的作用。然而，即使那些合作参与这些事务的儿科医生和护士们，也并不见得能完全理解小孩子需要与父母保持连续性关系背后的真正原因。不过，大部分的心理不健康情况，通过减少不必要的孩子与母亲的分离，是可以得到预防的，要是你能认清这一点，已经是个很重要的进步了。我们仍需要进一步理解，孩子的健康心理是如何在正常的家庭环境中建立并发展的。

医生和护士非常了解怀孕及分娩的生理知识，也很熟悉出生头一个月婴儿的身体健康状况。但同样地，他们并不明白在早期喂养时，妈妈和宝宝之间在发生着什么，因为这件事非常微妙，不受规则和条例的约束，而只有妈妈自己知道该怎么做。可往往当妈妈刚开始找到自己和宝宝都舒服的相处方式时，就会有些技术专家来干扰她们，结果造成极大的不幸，这种事情真的是太普遍了。

我们需要明白一件事，在专业领域训练有素的工作者（妇产科护士、健康随访员、托儿所老师等，每一位都是工作中的专家），可能并不比父母的人格更成熟，而父母对具体问题的判断，有时还会比这些专业工作者更加合理。如果我们理解了这件事，就不必引起什么麻烦。在各个领域中，我们当然还很需要他们的专业知识和技能。

一直以来，父母需要的只是一些提示和启发，帮他们了解现象背后的原因，而不是该怎么去做的建议或说明。我们一定要给父母留出充分的空间去尝试和犯错误，这样他们才能从中学习。

我们注意到，当前有种趋势，是将社会个案工作*的方式延展到心理学领域中，尽管这种方式通过接受普遍的管理原则，很快证明了其在问题预防方面的价值，但它还是给正常健康的家庭生活带来了一定威胁。明智的话，我们应当记住，国家的整体健康水平取决于其中有多少健康的家庭单元，而这些家庭中的父母，都应当是情绪发展成熟的个体。因此，这些健康家庭个个都是神圣的领地，不该被随意介入，除非真正明白其积极的价值。虽然这么说，单个的健康家庭单元也需要来自更大群体的帮助。所以，父母们始终投身于他们自己的人际互动关系之中，他们也依赖着这个社会，这既是为了他们自己的幸福，也是为了社会的整合。

相对缺少兄弟姐妹

如今，家庭模式有了重大的改变，家中相对缺少的不仅是兄弟姐妹，有时候连堂表亲都没有。我们不要以为给孩子提供了与玩伴在一起的机会，就相当于孩子有了堂表亲，那毕竟不是血缘关系。孩子与母亲的二元关系及与父母的三元关系，逐渐会被范围更开阔的社会关系所取代，而在

---

* 社会个案工作（social case work）是社会工作的基本工作方法之一，主要服务于社会生活功能失调的个人，使其对周围环境有良好的适应性。工作内容包括收集个案资料、对个案进行研究和定性分析、针对个案问题制定处理方案并实施等。原则上，对问题的处理必须根据国家的方针、政策和具体单位的各项条例，而不应以感情代替政策，随心所欲。西方社会工作称这一原则为"代表机关"的原则。——译者注

这个过程中，同辈血缘关系发挥着极其重要的作用。可以想象，现代的孩子往往得不到原来大家族所能提供的那种帮助。想必现在的孩子都已习惯了没有亲近的堂表亲，而对独生子女来说，这更是个严重的问题。不过，要是上述原则能被认可的话，我们就可以说，我们能给予现代小家庭最大的帮助，就是扩展他们发展关系的机会和范围。诸如幼儿园、早教班、日间托儿所，都能起到很大的作用，前提是这些机构的规模不要太大，而且有合适的工作人员。我指的不光是人员配置合适，还应该对员工进行婴幼儿心理学教育。父母可以利用幼儿园让自己休息一下，也能增加婴幼儿与其他成年人和孩子的人际交往，并扩展孩子游戏的眼界和范围。

许多正常或基本正常的父母要是一天到晚带着孩子，都会变得烦躁，可要是有几小时属于自己的时间，他们就能在剩下的时间里更好地对待孩子。我想请大家特别关注这一点，因为在我的临床工作中，我常常遇到妈妈们自己需要别人帮助的情况，有时她们为了让自己保持健康和镇定，只能出去找兼职。这是个有很大讨论空间的问题，不过考虑到健康家庭（我希望大家不要以为这是个罕见现象），父母最好能对孩子就读幼儿园或日间托儿所的问题，共同讨论并做出灵活的决定。

英国的幼儿园教育已经具备了非常高的水准。我们的幼儿园之所以达到世界领先水平，部分来自于 Margaret McMillan 和我的已故好友 Susan Isaacs 所带来的影响。此外，对幼儿园教师的教育，也已经影响了对后来各年龄段群体的整体教学态度。要是看不到这种幼儿园的进一步发展，那就实在太不幸了，因为这确实为健康家庭提供了适当的帮助。相比之下，日间托儿所本来就不是为婴幼儿所设计建立的，有关当局也不一定对其中的工作人员和设施配备有足够的关注。比起幼儿园，日间托儿所更受医疗部门的支配，而尽管也是医生，我还是要很遗憾地说，医疗部门似乎总以为，身体发育过程才是最重要的，而孩子只要不患躯体疾病就解决了所有问题。虽说如此，日间托儿所在一定程度上，也能像恰当配备了人员和设施的幼儿园一样，发挥应有的作用，尤其是让疲惫和担心的妈妈们有机会成为足够好的妈妈，因为她们借此有了喘息的空间。

日间托儿所可以继续寻求官方支持，因为它们对处于危难中的社会明显更有价值；只要它们配置了良好的设备和人员，就不至于对正常孩子和健康家庭造成伤害。幼儿园在其巅峰状态下则是好处多多，现代好家庭可以利用它们显著扩展孩子的眼界，否则小孩会很孤独；由于好的幼儿园满足了健康家庭的需要，它也对社区有着无形的、难以统计的特殊价值。如果我们重视当下，整个社会就有了希望和未来，而我们所指望的未来就出自于这些健康的家庭。

第二十八章　妈妈、老师和孩子的需要*

　　幼儿园不是要替代缺席的妈妈发挥功能，而是将妈妈在孩子小时候独自发挥的作用加以补充和延伸。最恰当的理解可能是，幼儿园是家庭"向上的"延伸，而不是小学"向下的"延伸。因此，在细致讨论幼儿园，尤其是教师的作用之前，我们最好先总结一下婴儿对妈妈有哪些需要，以及在小时候培养孩子的健康心理发展方面，妈妈扮演着怎样的角色。我们只有根据妈妈的角色和孩子的需要，才能真正理解幼儿园能以何种方式延续妈妈的工作。

　　对于孩子在婴儿期和幼儿园阶段的需要，假如为求简洁就草率陈述这一主题，难免会有失偏颇。可话是这么说，以我们现阶段的知识来看，我们对此也很难给出一个大家达成共识、还足够细致详尽的描述，接下来的广义概要性说明，对于那些专门关注婴儿期心理发展的临床研究的专家群体来说，似乎已经是被普遍接受了的解释。

　　我们有必要分别对妈妈、幼儿园老师，以及大孩子的学校老师这些人

---

* 本章摘录自一份 UNESCO 报告。作者是撰写报告的专家组成员之一，因此本章内容并非完全出自作者的工作。

物做些初步的评述。

妈妈并不需要对自己的养育工作有太多智力层面的理解，因为她对自己宝宝的生物学定向适应性，使她在根本上就适合做这项工作。事实上，是她对宝宝的专注奉献，而不是她的个人学问，让她足够好到可以胜任早期婴儿的养育。

年轻的幼儿园老师并没有在生物性上定向适应于某个孩子，她们只是间接地认同了母亲形象。因此她有必要慢慢地了解，婴幼儿的成长和适应是个复杂的心理学过程，而且还需要特殊的环境条件。精神分析取向的心理学家如果经常与她们讨论她们所照顾的孩子们，也能使她们认清正常情绪发展的动力性本质。

学校的高级教师更需要能从理性上重视这个成长与适应问题的本质。幸好，她们也不必什么都知道，只是需要在心理上能接纳成长过程的动力学本质和这个主题的复杂性，并且愿意通过客观观察和有计划的学习，增长这方面的细节知识。如果她有机会和儿童心理学家、精神科医生、精神分析师一起讨论理论，或者自己阅读和学习，她一定能有很大的收获。

爸爸在家里也是个至关重要的角色，起初，他的作用是在物质和情感上支持妻子，慢慢地，他就会和婴儿产生直接的关系。在幼儿园阶段，爸爸可能要比妈妈对孩子更重要。不过，接下来的陈述中，我还是不可能公平地像讲述妈妈那样，充分讨论爸爸的作用。

上幼儿园的这几年之所以特别重要，是因为在这期间，孩子要从一个阶段向下一个阶段过渡。在一些重要的方面和某些时候，二到五岁的孩子能达到近似于青春期的成熟度，而同时，在另一些方面和其他时候，同一个孩子又会（正常地）表现不成熟和幼稚。只有当妈妈的早期养育是成功的，而且父母还持续提供着必要的环境，幼儿园老师才能在进行适当的学前教育之余，发挥出母性养育般的功能。

实际上，幼儿园里的每个孩子，在特定的时间及以特定的方式，都还是个需要妈妈（和爸爸）照顾的小婴儿。另外，妈妈的照顾或多或少都有失败的时候，只要不严重，在幼儿园都有机会得以补充和修正。由于上述原因，年轻的幼儿园老师就有必要学习和了解母性养育，而她只要和孩子们的妈妈聊聊，或观察一下她们是怎么做的，就很容易实现这一点。

童年期和婴儿早期的正常心理状态

在二到五岁或七岁的年纪，每个正常孩子都会经历最为强烈的心理冲突，这种冲突源自于强有力的本能倾向性，这些倾向大大充实了孩子的情感和人际关系。这个年龄段的本能，在性质上已经不太像婴儿早期那样了（主要是消化滋养性的本能），而是更像到青春期才能意识到的、作为成人性生活基础的那种本能。孩子的意识及潜意识的幻想生活中承载了新的特性，让孩子可以去认同妈妈和爸爸、妻子和丈夫，而这些幻想经验在身体上引起的伴随反应，也参与引发了兴奋，这些兴奋已经很像正常成年人的兴奋了。

同一个时期，孩子刚刚开始形成了完整的人之间的关系。进一步讲，这个年纪的小男孩和小女孩，还在学着去感知外部现实，试着去理解妈妈也有她自己的生活，而且妈妈不能真的被完全占据，因为她也属于其他人（爸爸）。

这些发展的结果就是，在爱的念头产生之后，接着就出现了恨的念头、嫉妒和令人不快的冲突，以及个人痛苦；一旦痛苦过大了，紧接着孩子就会表现出丧失全部能力、抑制、"压抑"*等等，最后导致症状的形成。孩子这时还不能完全直接地表达情感，但是随着发展的进行，孩子越来越

---

* 这里指心理学意义上的压抑。

能通过游戏和言语的中介，实现情感的自我表达，并因此获得解脱。

在这些事情上，幼儿园发挥着明显重要的功能。其中之一就是，幼儿园每天提供了几小时放松的情感氛围，不像家里那样高度紧张。这就让孩子的个性发展有了喘息的空间。同样，孩子们彼此之间可以形成和表达新的三角关系，这也比在家里要轻松多了。

学校可以象征家庭，但是学校取代不了孩子的家庭。学校能给孩子提供与父母之外的其他人深入建立人际关系的机会。实现这个机会，靠的是学校有工作人员和其他孩子，还有学校总体上宽容而又稳固的制度框架，这些都让孩子得以在学校中经历鲜活的体验。

不过要切记的一点是，尽管有这些证据显示了孩子在成熟过程中所达到的成就，但同时在其他方面孩子仍然是不成熟的。例如，孩子的精确感知能力还没有发展成熟，所以我们就能预计，孩子对世界大多还是主观性的认知，而非客观性的，尤其是在睡前和刚醒这类时候。当受到焦虑的威胁时，孩子也很容易返回到婴儿般的依赖状态，结果就是婴儿式的失禁现象重新出现，以及像婴儿一样无法忍受挫折。由于这些不成熟的存在，学校也得能接替一部分妈妈的功能，像妈妈最开始做的那样，给孩子信心。

大家不要以为孩子在幼儿园时期，就已经完全建立起对同一个人既爱又恨的能力了。处理这种冲突的更原始的方式，是将好和坏分裂开。妈妈必然既会唤起孩子的爱，也会激起孩子的愤怒，重要的是她依然存在着，并且持续做她自己，借此她就能让孩子开始把看起来好的东西和看起来坏的东西，在她一人身上结合起来；因此，孩子开始有了罪疚感，并且开始担心起自己直接指向妈妈的攻击性，这种攻击性会通过爱妈妈，以及攻击妈妈表现出来。

罪疚感和担忧感的发展是个循序渐进的过程，它的发展时序是：爱（带有攻击性元素）、恨、消化道阶段、罪疚感、通过直接表达或建设性游戏进行补偿。如果缺失了补偿的机会，那么孩子的反应一定是丧失罪疚感受的能力，最终就会失去爱的能力。幼儿园继续发挥着妈妈这方面的作用，这靠的是园里稳定的人事安排，还有给孩子提供建设性的游戏，游戏能让每个孩子探索自己的方式，去处理源自于攻击性和破坏性冲动的罪疚感。

通常在这一时期，妈妈已经完成了一项非常重要的任务，概括为一个词就是"断奶"。断奶意味着妈妈已经给了宝宝不少好东西，而她也是等到孩子表现出准备好接受断奶的迹象后才断奶的，而且她甘愿承受着孩子被激起的愤怒反应，坚持完成了这项任务。当孩子从家庭养育进入学校照顾时，某种程度上，这个断奶经验又重现了，因此研究孩子的断奶历史对年轻教师大有帮助，这有助于理解孩子入学之初出现的种种困难。如果孩子入学很顺利，老师也可以把这看作妈妈成功断奶的延伸效果。

妈妈在不知不觉中，还在其他方面帮助孩子完成了许多重要任务，为孩子后续的心理健康，打下了坚实的基础。比如说，要不是妈妈耐心细致地向孩子呈现外部现实，孩子是不可能和这个世界建立起满意的关系的。

幼儿园教育也提供了一个梦境与真实之间的中间区域；尤其是游戏在幼儿园受到了积极的重视，而故事、绘画、音乐也都被广泛应用。在这个领域，幼儿园的作用特别突出，这里有丰富的内容可以充实这个中间区域，也能帮孩子在随心所欲的想象与合群的行为之间，找到一种可行的关联。

通过持续不断地看到婴儿作为人的一面，妈妈一直在让婴儿不成形的人格，能够慢慢汇聚起来，从内部整合成一个统一的完整的人。这个过程直到该上幼儿园时也还没有完成，所以在幼儿园时期，孩子依然需要个人化的关系，包括每个孩子都需要被记住名字，都需要按他自己的样子被打扮，也都需要根据他自己的感受被对待。最理想的情况是，随着时间推移，孩子的个人特征越来越坚定和稳固，以至于他是自发地想要加入到群体活动中。

从孩子的角度来看，在婴儿出生后（甚至包括之前），所有对其的身体照顾同样也都是一个心理过程。妈妈的各种技巧，包括抱持、洗澡、喂奶，以及所有她对宝宝做的事，积累起来形成了孩子对妈妈的第一印象，然后围绕这个印象，又逐步添加进了妈妈的样貌、其他身体特征，还有妈妈的情感。

感受到身体可以让精神安住其中是孩子的一种能力，要是没有妈妈始终如一的养育，这种能力也许压根儿就不会发展出来，所以当幼儿园继续为孩子提供一个物理环境，并继续关注孩子的身体护理时，也是在执行一项关乎心理卫生的重要任务。喂养从来就不是把食物吃进去这么简单的事；在幼儿园，这是老师接续妈妈工作的另一种方式。幼儿园像妈妈那样，通过喂养孩子来表现爱，而且也像妈妈那样，预料到食物可能会被拒绝（恨意、怀疑），也可能会被接受（信任）。在幼儿园，没人情味和机械化的对待孩子的做法应该无处容身，否则对于孩子，这就意味着敌意或者（更糟糕的）冷漠。

在这一节，通过呈现妈妈的角色和孩子的需要，我们清楚地看到，幼儿园老师需要保持母性功能的连续性，这与她的主要任务并不矛盾，她还要关注小学的教育功能。虽然目前心理学老师比较缺乏，不过只要给幼儿园老师指出方向，她就知道要去随处可见的信息来源处获取信息：去观察家庭环境中父母们对婴儿的养育方式。

幼儿园老师的角色和作用

幼儿园在某些方面补充和延伸了好家庭的功能，在这个假设的基础之上，幼儿园老师自然也在孩子入园期间，接管了一部分妈妈的特性和职责，但她只是接管孩子，而不是为谋求个人需要，去和孩子发展母子般的情感连结。幼儿园老师的责任是维持、加强和充实孩子与家庭的个人关系，同时将更广阔的世界、更多的人和机会介绍给孩子。因此，从孩子一入园开始，老师和妈妈之间有一段真挚和诚恳的关系，将有助于促成一种"妈妈放心、孩子安心"的信任感。这种信任关系的建立，也能帮老师察觉和理解孩子受家庭环境影响而产生的那些困扰，多数情况下，这给老师带来了很多机会，去帮助妈妈们对她们自己做妈妈这件事更有信心。

进入幼儿园，对孩子来说是个家庭之外的社会经验。这给孩子制造了心理上要解决的问题，同时，也给幼儿园老师一个机会，做出其首个心理卫生方面的贡献。

这件事同样会引起妈妈不小的焦虑，因为她可能误解了孩子要在家庭范围之外，寻求更多发展机会的需要，她误以为孩子想上幼儿园是由于自己这个妈妈没当好，其实那完全是出自孩子自然发展的需要。

这些孩子进入幼儿园时出现的问题，作为例子也说明了一个事实，那就是在整个幼儿园时期，老师自始至终都有着双重责任和双重机会。老师有机会协助妈妈探索她自己的母性潜能，也有机会帮助孩子修通那些在人类发展过程中，不可避免会遇到的心理问题。

忠实于家庭并且尊重家庭，是保持孩子、老师与家庭之间关系稳固的根基。

幼儿园老师承担的是一个热诚又富有同情心的朋友角色，她不但是孩子在家庭之外生活的主要依靠，还是个对孩子们言行一致且果断的人，她能分辨每个孩子的快乐和悲伤，容忍孩子的阴晴不定，还能在关键时刻帮助到孩子。她的机会在于和孩子、妈妈还有孩子们组成的群体保持个人化的关系。比起妈妈，她还具备受过训练的技术知识，而且能以客观的态度，对待她所照料的孩子们。

除了与老师以及其他单个孩子、一群孩子之间的关系之外，幼儿园的整体环境设置也为儿童心理发展做出了重要的贡献。幼儿园提供的物理环境，在细微之处比家里更适合孩子的较低能力水平，而在家里，家具是比量成人的大尺寸做的，空间是按照现代住宅的大小压缩过的，而孩子身边的一切环境设施，必然要为了优先保障家庭运作，而不能让孩子乱动和创造一个属于自己的地盘，以供他通过游戏发展出新的能力——游戏这种创造性活动对每个孩子的发展来说都至关重要。

幼儿园也为孩子提供了与同龄小朋友发展伙伴关系的机会。孩子第一次体会到成为同辈群体中一员的滋味，所以摆在他面前的，就是需要在这个群体中，发展出建立和谐关系的能力。

在早年的成长中，孩子们同时在进行着三项心理发展任务。第一项，他们在建立一种关于自己的概念，叫作"自体"，同时也在自体和自己最初的想象性现实之间建立起关系。第二项，他们要发展出一种能力，去和另一个人，也就是妈妈，建立关系。在上幼儿园之前，妈妈应该能让孩子在这两方面得到相当充分的发展，确实，一上幼儿园，对孩子与妈妈的个人关系就是个冲击。孩子为了应对这个冲击，就要发展出另一种能力，也就是和妈妈之外的某个人建立个人关系的能力。幼儿园老师正是妈妈以外，满足这种个人关系的对象，因此幼儿园老师一定要清楚，对孩子来说她并不是个"普通"人，也不能表现成"普通"的样子。她一定得明白，孩子刚开始和别人分享老师时会很难过，只能慢慢才有能力在分享她时不那么伤心。

随着孩子成功发展出第三种能力，也就是多人参与关系的能力，孩子分享老师的能力也会有所提高。到了上幼儿园时，每个孩子在这三方面能发展到什么地步，很大程度上取决于孩子与妈妈之前的关系性质。这三个发展过程会并驾齐驱，连续进行。

发展中的正常问题

在这种持续进行的发展过程中，会产生一些"正常"的问题，它们常常透过孩子在幼儿园的行为举止表现出来。尽管这些问题的出现是正常而频繁的，孩子依然需要在帮助下解决它们，否则这些问题处理不当，会给孩子的人格留下终生的印记。

由于学龄前的幼儿往往会成为其自身强烈情绪和攻击性的受害者，所以老师得时常保护他们免受自己的伤害，并在紧急情况下实行必要的控制和指导措施，另外，老师还要确保适当提供满意的游戏活动，帮助孩子把自己的攻击性导向建设性的通道，并借此获得有用的技能。

在整个幼儿园时期，有一种家庭与幼儿园之间的双向影响过程贯穿始终，孩子在一个环境中遇到了应激，也会在另一个环境中显现出行为表现上的紊乱。所以，当孩子在家里出现行为失常时，老师往往可以根据孩子在幼儿园出现的问题，帮助妈妈理解到底发生了什么。

幼儿园老师通过她所了解的儿童正常成长发展阶段的丰富知识，必定也对孩子突如其来和戏剧化的行为转变早有心理准备，而且会学着容忍由于家庭环境内部的扰动而对她产生的嫉妒感。像是清洁习惯的崩溃、进食和入睡困难、言语迟缓、运动功能失调，孩子的这些症状表现可能本身就是成长过程中的正常问题，但如果表现夸张的话，则可能偏离了正常轨道。

老师同样会在孩子上幼儿园的早期，面对孩子在极度依赖又极为独立之间的情绪起伏，感到眼花缭乱、应接不暇；甚至，临近幼儿园时期的尾声时，她还要面对孩子在对与错、幻想与现实、个人财产与他人财产之间的种种困惑。

面对这些情况，老师需要有足够的知识来指导她自己做出适当的处理，要么是在幼儿园内解决，要么就是推介给专业人士解决。

靠着幼儿园所组织和提供的各种日常事务和丰富多彩的活动，孩子们在情感、社会、智力、体能等各方面的潜能得以全面盛放。幼儿园老师在其中扮演了至关重要的角色，在她身上结合着必不可少的特质，既有对孩子们象征性言语和表达方式的敏感觉察和知晓，也有对孩子们在群体中的特殊需要的评鉴和赏识。此外，幼儿园既要心思巧妙而又能随机应变地供应必要的设备和器材，也必须得结合着理解不同形式游戏的价值，比如戏剧性的、创造性的、自由性的、组织性的、建设性的游戏，等等。

在学龄前阶段，游戏是孩子解决成长所带来情感问题的主要手段。游戏同样是孩子的表达方式之一，是一种倾诉和请求的办法。老师要想帮孩子应对必然存在的发展难题，就需要对此有充分的认识，这是大人们常常察觉不到的一个地方，而她需要训练，让自己发展出这种意识，然后利用自己对游戏意义的领悟去帮助学龄前的孩子。

幼儿园教育需要老师随时准备采取约束和控制措施，来限制孩子的某些冲动和本能欲望，虽然这些冲动和欲望对所有孩子来说很平常，但在他们生活的社区里可能不被接受；同时，需要提供各种玩具和机会，让幼儿的创造性和智力能够全面地发展，也让他们的幻想和戏剧化的内在生活能有表达的途径。

最后，与孩子工作必不可少的要素还有，幼儿园老师能与其他教师和工作人员和谐共事，同时还要在自身上保有女性特质。

第二十九章　影响与被影响的关系

一直以来，我们发现人们都有一个困难，就是很难认识到并承认潜意识情感的存在和其重要性，在对人类事务进行深入的科学探究中，这无疑是个巨大的绊脚石。当然，人们始终都流露出他们知道有潜意识；比如，他们知道想法的来去是什么感觉，恢复一段失去的记忆是什么滋味，或许还能唤起某种灵感，无论是善意的还是恶意的。但是，像这种对事实灵光一闪的认识，与理性的评鉴潜意识及其在事情运作中的重要地位还是有很大区别的。探索潜意识的感受确实需要极大的勇气，讨论这一发现就不得不提到弗洛伊德的大名。

之所以需要极大的勇气，是因为一旦接受了潜意识，我们就走上了一条迟早要面对痛苦的道路——我们就会非常痛苦地认识到，无论我们多想把邪恶、兽性、不利影响看作与我们无关的外物，或是外部他人对我们的侵犯，到了最后我们还是会发现，不管人们做了什么或受到什么样的影响，它们其实都是源于人性本身，事实上，就是源于我们自己。当然，确实也存在着有害的环境，但是（假如我们有个好的开始的话），我们在适应这个环境时遇到的困难，主要还是来自于我们内心存在的那些本质冲突。还是那句话，人们对此也早就有过直觉性认识；可以说，从第一个自杀的人类开始，我们就知道了。

不仅如此，人们还发现，我们自己甚至很难接受来自于人性中那些有益的影响，而把这些好事都归功于神。

这么一来，我们对人性进行透彻思考的能力，很容易就被恐惧所阻碍了，我们害怕发现人性全部的含义。

有了承认人性中既有潜意识部分，也有意识部分这个背景作支撑，我们就能从研究人类关系中大有收获。在这个宏大的主题中，有一种关系可以这样来表述：**影响与被影响**。

在关系中影响与被影响

关于影响力在人类关系中的地位的研究，对老师来说通常有重大意义，而且对研究社会生活和现代政治的学生也特别有好处。这项研究就把我们带入了对接近潜意识感受的思考。

有一种人类关系值得一提，理解它将有助于阐明关于影响力的一些问题。这种关系扎根于个体生命历程的早期，那时个体与另一个人类的主要接触发生在喂奶时间里。相较于平常的生理性喂养过程，孩子的心理也在吸纳、消化、保持、拒斥着周围环境里的一切人、事、物。尽管孩子长大后也能发展出其他关系，但这份早期关系或多或少会持续终身，表现在我们能从语言中找到许多词汇和短语，去描述我们和食物，或等同地和人物、和非食物之间的关系。记得这一点，我们回头看我们正在研究的问题，或许就能更深入、更清晰。

显然，我们知道有不被满足的宝宝，也有急切地希望奶水被接受、而又希望落空的妈妈；我们也可以照此形容，在人与人的关系中，有的人也类似地感到不满足，还有些人却总觉得很挫败和失落。

例如，有个人感到空虚，而他害怕感到空虚，更害怕空虚令他感到十分饥渴而胃口大开，进而变得极具攻击性。这个人可能因为某个已知的理由而空虚：或许一位好友去世了，或者丢了什么珍贵的东西；或是由于某个更为主观的原因而使他抑郁了。这样一个人需要找到一个新的客体来填补空虚，可能是一个新人来取代离世的那个人，或者是一套新的想法和哲学来替代失去的理想。我们可以看出，这个人就特别容易被影响。除非他自己能承受住抑郁、悲伤或无望感，等待自己自发性的恢复完成，否则他一定会去主动寻求新的影响，或者很快屈从于恰好出现的强大影响。

我们也很容易勾勒出另一种人的形象，这种人强烈地需要给予、填塞别人、直达他们的内心、切实地向他自己证明他所付出的都是好东西。可想而知，他在潜意识中，对这种付出当然是怀疑的。这样的人一定愿意教学、组织活动、高效宣传、通过影响他人行动来达到自己的目的。这种人做妈妈，很容易会过度喂养，或者喜欢指使她的孩子，这种急切的填充渴望，与我描述过的焦虑的饥饿感是有联系的。这种人害怕他人会饿急了。

没错，正常的教学驱力也遵循这些发展线索。某种程度上，我们都需要靠工作保持我们的心理健康，老师和医生护士都是如此。我们在驱力层面是正常还是异常，很大程度上要看焦虑水平。然而总的来说，我认为学生们更愿意老师没有这么迫切的教学需要，希望老师的这种教学需要与其个人的困难保持一步之遥。

那么，可想而知，当这两个极端碰到一起——受挫的给予者遇到失意的接受者——会发生什么情况。一个人空虚而焦急的寻求一种新的影响力，而另一个人渴望深入别人的内心发挥影响力。在极端情况下，可以形象地说，其中一个人会把另一个人整个吞下去，结果可能是一场相当滑稽的模仿表演。这种一个人被另一个人合并的现象，可以说明我们常常遇到的伪成熟状态，也能解释一个人怎么会看起来总是装腔作势的。一个模仿英雄或女英雄的孩子可能表现得很好，但往往这种表现好并不稳定。另一个孩子则可能用坏的方式去表现，去扮演一个受人尊敬又令人惧怕的坏蛋，你会发现这种坏其实不是天生的，而更像是强迫性的，孩子只是出演着一个角色。我们经常会发现，一个孩子生病，其实是在模仿某个刚刚病逝，而曾被这个孩子深深爱着的人。

我们要理解，这种一个人影响与另一人被影响之间的亲密关系也似乎是一种爱的关系，而且很容易被误认为是真爱，尤其是当事人自己。

师生关系首先是爱和尊重的关系

绝大多数师生关系就处在这两极之间。其中，老师喜欢教导和指导，也能从成功的教学中得到安慰，但他又不是必须靠这种成功才感到心理健康；同样，学生也能享受地迎合老师必须教授的内容，而不是迫于焦虑去模仿老师、牢记所有教学内容、或是盲目相信任何一个老师的教导。老师一定得能受得了学生的怀疑和不信任，就像妈妈容忍孩子多样化的食物偏好一样，而学生也得对得不到即刻而可靠的满意答案加以包容。

由此我们接着就可以说，那些教师队伍中最为热切积极的成员，在实际工作中面对学生时，恰恰要对自己的敏锐和热心加以节制，因为这种热心会让他们不能容忍孩子们对其所教内容的筛查和检验，或是最初的拒绝反应。在实际工作中，这些确实都是令人烦扰的事，但它们又是无法回避的，除非是靠不健康的掩盖和置之不理来逃避。

同样的考量也适用于父母养育孩子这件事；确实，影响与被影响的关系如果是作为爱的替代品出现的，那么它在孩子的生命里出现得越早，其后果就越严重。

要是一个女人想当妈妈，却不想在孩子有急剧的排便欲望时，满足孩子马上要排便的迫切需要，或是她从来不想应对由于她自己的方便和孩子的自发性之间的冲突，而导致的种种问题，我们就难免认为，她的爱太肤浅了。她可能会对孩子的愿望和需要置之不理或加以践踏，然而一旦她成功了，最后孩子就可能变得相当沉闷和无聊；而这样的成功往往很快就会遭遇失败，因为孩子潜意识的反抗会出乎意料地表现为难治性失禁。这不是和教育很像吗？

好的教学需要老师能够容忍自己在给予（或喂养）中他（她）的自发性所受到的挫折——这种挫折会让人感到非常难受。孩子在学习变得文明开化的过程中，自然也常常会感到强烈的挫败感，这个文明化的过程需要老师的帮助，而老师的训诫对此其实帮助并不大，反倒是老师自己承受教学中固有挫折的能力更能帮到孩子。

老师要承受的挫折还不止这些，我们都知道，教学不可能是完美的，总是会难免出些错误，而且有时候任何老师都可能表现得刻薄或不公正，甚至真的做出不好的事情。比这些更让老师受不了的是，自己最好的教学有时也会遭到学生的拒绝。孩子们会把他们个性和经验中的困惑跟疑点带到学校里，而这也是他们情感发展扭曲的必然表现；他们也常常容易歪曲在学校里发现的事，因为他们期待看到自己的家庭环境在学校重现，或是学校能和家里完全不一样。

老师一定得承受住这些挫折所带来的失望，转而孩子也就受得了老师的情绪起伏、性格困难和个性抑制了，师生关系就是这样循环往复。毕竟，老师也有从一大早起就心情不好的时候。

我们看得越仔细，就越会发现，如果老师和学生健康相处的话，他们其实要在一定程度上，相互牺牲彼此的自发性和独立性，这一点，不仅在具体学科的教与学中很重要，而且是整个教育中重要的一部分。不管怎么说，即使学科知识和内容被"言传"得很好，可要是这个"身教"的部分——"合作与迁就"——缺失了，或是因为一方的人格支配了另一方而被践踏了，那么这样的教育只能是贫乏、无聊和不幸的。

只是学术成功没有任何意义

从上述这些内容,我们能得出什么结论呢?

我们的仔细思考,就像任何对教育的认真反思一样,将我们引向一个结论,那就是,在教育方法中,没有什么比单用学术(学习成绩)成功或失败来进行评估更能误导人了。这种成功很可能没有任何意义,只表示孩子找到了应付某个老师或某个科目,甚至整个教育体系的最简单的办法,那就是奉承老师,或张大嘴巴闭上眼,接受知识的灌输,或者将一切囫囵吞下,而不加以任何批判和检查。这根本就是错误的,因为它完全否定了非常真实的怀疑和质疑。对于个人发展,这种状况实在是差强人意的,但对于独裁者来说,这倒是极大的乐趣和寄托。

在彻底思考了影响力及其在教育中的适当位置后,我们就会发现,教育的滥用和失败,根本上在于其滥用了孩子身上可谓最神圣的品质:自我怀疑。独裁者恰恰精通此道,所以才会提供一种不容怀疑的生活,为的是他们能大肆行使自己的权力。这是多么地无聊和可笑啊!

第三十章　孩子学习能力的评估

作为一个医生，我可以跟老师们说些什么有用的话呢？显然，我不可能教老师怎么教课，而且也没人愿意老师用治疗性态度去对待学生。学生们不是病人，至少在教学中不是，对于老师们来说他们是学生而不是病人。

当一个医生实际调查教育领域时，他很快就发现自己在思考一个问题：医生的工作整体建立在评估和诊断的基础上；那么在教学中，有什么是与这项临床工作相对应的呢？

评估和诊断对医生来说非常重要，曾经有段时间，医学院校有种重视治疗类学科、忽视诊断学的趋势，甚至把诊断学划归到被遗忘的角落里。大概三四十年前，这种趋势在医学教育中达到了顶峰，也是当时，人们开始热情积极地讨论医学教育新阶段的到来，也就是说，治疗学应该成为主要教学内容。如今，我们的各种治疗方法遍地开花，比如青霉素、安全手术、白喉免疫治疗等，而公众很容易受此蒙蔽，以为医疗实践由此来看是进步的，却很少了解，正是这种进步威胁到了优良医学的根基，那就是准确地评估和诊断。假如一个人生病发烧，医生就给他开抗生素，他用药后烧退了，就以为自己得到了良好的服务，但是从社会学意义上讲，这种情况其实是个悲剧，因为药物快速起效，症状消失，医生就轻松了，就没机会根据病人对药物的反应做出必要的诊断了，这其实是在盲目施治。根据科学依据进行评估和诊断是医学传承中最珍贵的一部分，也是医学专业的鲜明特点，正是这一点让医生有别于那些信仰治疗师、整骨治疗师，以及所有那些我们想到快速治愈时就会想到要去看一看的大神们。

问题在于，当我们仔细在教学专业中寻找与评估和诊断相对应的环节时，我们发现了什么呢？我的发现极有可能是错的，但我一定要说，我很难看到教学中有和医生用心诊断真正等价的事情。在我与教育行业打交道时，我发现大批孩子普遍没有先被评估和诊断过就开始接受了教育，这种情况常常令我担忧。当然，我们猛地会想到些例外情况，但是大体上现状就是这样的。不管怎么说，一个医生也许能提出些有用的意见，说一说教育界如果认真实行了相当于评估和诊断的措施，会有什么收获。

首先，我们在这方面已经做过些什么了呢？每个学校倒是都有一种用上了诊断思路的做法：当某个孩子让人反感和讨厌时，学校就倾向于去处理那个孩子，要么是开除，要么是间接迫使他转走。这样做可能对学校有好处，但是对那个孩子却没有任何好处，而老师们大多会赞成学校的做法，他们认为当校委员会或校长"发现眼下招收这个新学生是一件很不幸的难事儿"时，这样的孩子最好一开始就排除在入学名单之外。然而，即使校长也极难确定，像这样一味拒绝拿不准的学生入学，是不是也把特别有意思的孩子挡在门外了。所以要是有个科学的办法可以用来选择学生，肯定会被学校采纳的。

我们目前可以用科学方法测量智力所达到的水平，也就是智商（I.Q.）的评估。有名的智商测验有很多，而且应用范围也越来越广泛，只是有时候，它们被赋予的意义似乎超过了它们能代表的意义。处在量表分数两端的智商结果都很有参考价值。通过这些精心准备的测验，我们得知有的孩子虽然表现不好，但其实有能力获得平均成绩，这一点非常有帮助，因为若非教学方法真的有问题，这就说明是情绪困扰阻碍了孩子能力的发挥；而同样有帮助的是得知，有的孩子一直以来都低于平均智力水平，这几乎可以断定他就是头脑比较差，所以让他接受为头脑好的孩子所设计的教育，对他一点好处都没有。不过，心智有缺陷的个案，通常在对其进行测验之前，诊断就已经相当明确了。当前的共识是，为发展迟缓的孩子提供特殊学校教育，为发育更加迟滞的孩子设立职业训练中心，这都是任何教育方案中必不可少的内容。

  到目前为止都还好。至少我们用可行的科学方法做出了诊断。然而，大部分老师都觉得自己的班里既有聪明的孩子，也有迟钝的孩子是件很自然的事，而且只要班级不是太大以至于让他们没法开展个别工作的话，他们通常都愿意尽量适应每个学生多样化的需要。其实，孩子们的智力表现参差不齐还不怎么让老师为难，倒是他们的情感需求各不相同却让老师觉得难办。即使谈到教学，有的孩子只要把知识填塞给他们，他们就能茁壮成长，而另一些孩子只能按自己的节奏、自己的方式学习，几乎是暗地里进行的。说到纪律，各个群体更是千差万别，没有一条硬性而快速的规则能以不变应万变。也许亲切友好在一所学校管用，但在另一所学校则可能无用；自由、仁慈、宽容，跟严厉的氛围一样，都可能造成不良后果。接下来的问题就是，不同的孩子有各种各样的情感需要——包括孩子对老师人格的依赖程度，以及孩子对老师这个人发展出的成熟及原始的情感。所有这些需要各不相同，尽管平凡的好老师会设法分辨它们，但也常常感到自己不得不拒绝有些孩子明显的需求，因为还要顾及许多其他孩子，否则学校要是只配合一两个孩子的特殊要求，其他孩子又会受到扰动。这些重要问题日复一日萦绕在老师们的心里，我作为医生的建议是，可以沿用诊断思路对此做更多的事。或许麻烦恰恰在于分类筛选工作没有做到位，那么下面的建议可能会有帮助。

  在任何一群孩子当中，既有家庭和睦的孩子，也有家庭不幸福的孩子。前者自然而然会使用他们的家庭进行情感发展。对他们而言，最重要的验证性试探（testing out）和付诸行动（acting out）都在家里完成了，而这些孩子的父母能够也愿意负起责任。这些孩子上学是为了更加丰富自己的生活；他们想要听课学习。即使学习是个枯燥烦闷的过程，他们也愿意每天花大把时间刻苦学习，以便通过考试，最终像父母一样找到一份工作。他们期待参与有组织有规模的游戏，因为这在家里实现不了，但是"玩游戏"从一般字面意义上讲，还是属于家庭生活及其附属的内容。相比之下，后者那些孩子上学却是为了其他目的。他们盘算的是学校也许能提供家里供应不了的东西。他们上学不是为了学习，而是要到家庭之外找一个家。这意味着，他们在寻找一个稳定的情感环境，在其中，他们可以表现出情感的不稳定，可以尝试慢慢成为群体的一部分，还可以验证性试探群体对攻击性行为的承受能力和对攻击性想法的容忍能力。当这两种孩子发现他们被分到了同一个班，该有多奇怪啊！确实，我们应当不靠巧合，而有计划性地设立不同类型的学校，以适应这些具有极端特征的学生群体。

老师们也发现自己的气质比较适合的管教方式是不同的。前一群孩子吵着要老师好好教课，对于他们，重点要放在学术性指导上，由于这些孩子生活在令人满意的家庭中（或者有个美满的家让那些寄宿学校的孩子可回），因此最让人满意的教学才得以实现。另一方面，后一群孩子来自不太美满的家庭，他们需要的是有组织的学校生活，包括合适的教职员工安排、规律的用餐、受监管的穿着打扮、对起伏的情绪进行的管理，以及对他们的顺从与不合作之间的摆荡的调控。对于他们，重点在于管理。为这类工作挑选老师，应当注重其稳定的性格，或是有满意的私人生活，而不是看重他们有能力把算数讲清楚。而且，这类工作只可能以小团体形式完成；要是一个老师照顾着太多这样的学生，他又怎么能熟悉每个孩子的个性，怎么能根据他们一天天的变化提供必要的满足，怎么能在潜意识导致的躁狂发作和有意识的试探权威之间做出区分呢？在极端情况下，还要采取一步必要的措施，那就是为这些孩子提供宿舍，来替代家庭生活，这样做也给了学校一个机会进行真正的教学。小小的宿舍能换来大大的收获，因为在小型团体中，每个孩子都能被一小批固定的教职员，长期以个人方式进行充分管理。教职员在处理每个孩子从家庭生活带来的遗留问题时，会发现这是个棘手而耗时的事，这也进一步证明了，管理这样的孩子时要尽量避免群体太大。

梳理这些思路时，我们自然还会想到挑选私立学校的问题，因为学校有各种风格，还有各种男女校长，通过中介的介绍和自己打听消息，渐渐地，父母也多少能做出选择了，最后孩子发现自己应该进对了学校。然而，有些地方只能由国家设立公立学校，这种情况就不同了。国家只能以相对盲目的方式操作这件事，让孩子们必须到居住地附近的地区接受学校教育，可难以理解的是，单个地区怎么可能有足够的学校来满足这些极端学生的需要？国家可以掌握心智缺陷和头脑聪明的孩子的区别，也能将有反社会行为的孩子登记在案，但是，像是按家庭环境好坏分选孩子这种微妙的做法，应用起来其实极其困难。要是国家非要尝试区分好家庭和坏家庭，一定会造成严重误差，这些误差势必会干扰某些特别好的父母，而通常这些父母都不因循守旧，也不注重表现。

尽管存在这些困难，但家庭环境的好坏似乎依然值得关注。极端情况可以更加有效地说明问题。我们都认可，一个反社会的孩子及其养育失败的家庭需要特殊的管理，而这也让我们明白，所谓"正常"的孩子已经可以分为两类，一类孩子的家庭对问题应付自如，教育对这些孩子就是锦上添花，另一类孩子则期待在学校中找到自家缺乏的重要特质。

还有一点让这个课题变得更加复杂，那就是有些可以归类为家庭不够美满的孩子，其实有个好家庭，只是孩子本身的人格问题让他们无法利用这个好家庭。在许多多子女家庭中，就总有一个孩子在家里是管不了的。

不过，我们之所以相当简单地划分家庭应对良好的孩子和家庭应付不来的孩子，只是为了说明问题的要点。如果继续深入发展这一主题，我们就有必要进一步识别出，有的家庭起初给了孩子好的开端，但后来却失败了，还有的家庭压根儿就没有给过孩子满足而一贯的个人化引导，将孩子引入这个世界，甚至从婴儿早期就是如此。就后一种家庭的孩子来说，他们的父母本可以给孩子提供必要的成长条件，但有些事可能打断了这个过程，比如手术、长期住院、妈妈因病不得不突然离开孩子，等等。

我尝试用寥寥数语来说明，好的教学可以和好的医疗一样，建立在评估和诊断的基础之上。我仅仅选择了一种分类标准来说明我的用意，但不表示没有其他标准，甚至更重要的方式来分选学生。老师们一定大量讨论过根据年龄和性别来区分孩子们。根据精神病理的类型做进一步分类也很有用。把孤僻内向、心事重重的孩子和性格外向、展露无遗的孩子放在一起教学，该有多奇怪啊！用同样的教学方法应对抑郁状态的孩子和无忧无虑的孩子，这得多别扭啊！只用一套办法，既要管束真正的兴奋，又要管理瞬息变化的反抑郁波动或欣快情绪，这是何等稀奇啊！

当然，老师们也会根据实际遇到的各种情况和变化，直觉性地调整自己的状态和教学方法。某种意义上讲，这个分类诊断的想法也已经是老生常谈了。然而我还是要在此建议，教学应该正式建立在诊断基础之上，就像优秀的医疗一样。依靠那部分才华出众的老师们的直觉性理解，对于整个行业来说还远远不够。在考虑国家推行的计划时，教育评估尤为重要，因为国家计划常常容易妨碍个人才华的发展，只是对公认的理论和实践做了数量上的填充。

第三十一章　孩子的羞怯与紧张性失调

医生的职责，至少在接诊时，是要专心照顾一个病人，就是照顾那个被带来看病的人的个人需要。因此，医生也许不是与老师谈话的最佳人选，因为老师几乎从来没有机会把注意力一次只放在一个孩子身上。通常，他们一定有过冲动，想做对某一个孩子极好的事，但还是克制住了，因为他们担心这样做会在整个学生群体里引起骚动。

然而，这不是说老师对研究班里孩子的个别需要不感兴趣，而医生的话也许能让他把孩子看得更清楚，比如，孩子害羞、胆怯、恐惧是怎么回事。加深理解孩子的这些表现可以缓解老师的焦虑，那么即使没得到什么直接建议，他也可能实行更好的管理。

有一件事医生可能做得比老师要多。医生会尽可能从父母那里，获取孩子早年生活以及当前状态的清晰印象，然后尝试将孩子的症状与他的人格及内外部经验联系起来。老师一般没有足够的时间和充分的机会做这件事，而我猜想，评估也常常没能被用上。通常，老师只是大概知道孩子的父母什么样，尤其是那些"难以置信"、过分挑剔、疏忽大意的父母；孩子的处境也就可想而知了。但是，这还远远不够。

就算孩子的内在发展被忽视了，我们往往还可以结合生活事件更多地了解孩子，比如最喜欢的兄弟姐妹、阿姨或祖父母的去世，或是丧失了父母中的某一方。我见过有的孩子以往表现相当正常，直到某天哥哥因车祸丧失，自那以后，孩子就变得郁闷孤僻、四肢疼痛、失眠、厌学、交往困难。我很快发现，孩子周围没人会费心搜集这些事实，或者将它们进行串联整理，而父母虽然清楚所有事实，但同时他们不得不处理自己的悲伤，因此难免察觉不到孩子的状态变化和家人离去之间的关联。

缺少了这个病史采集的环节，后果就是老师连同校医都在管理上出现了一系列失误，这样只会扰乱孩子，而孩子渴望的是被人理解和关怀。

老师要关心孩子的情绪和发生的事情

当然，孩子大部分紧张不安和羞怯的原因没这么简单；多数时候，根本也找不到明确的外部诱发因素，但是老师的方法是，如果有这样的因素存在，一定不能漏掉。

我一直记得有一个简单的案例——一个聪明伶俐的十二岁女孩，突然变得上学时感到很紧张，晚上又开始遗尿。似乎没人发现，她正挣扎在心爱的弟弟去世的悲痛之中。弟弟本来因为感染发烧，准备住院一两周，但他并没能如期很快回家，因为他病情恶化，发展为疼痛，最后证实疼痛是由于他患上了结核性髋关节炎。这个女孩连同家人都为弟弟能被安置在一所不错的结核病医院而高兴。可随着时间推移，弟弟病情加重，遭受了更多的痛苦，最终当他因广泛性结核病去世时，女孩又一次为他感到高兴，因为家人们都说，这是个快乐的解脱。

事情就是这样一件一件发生的，女孩从没来得及体验到强烈的悲伤，然而悲伤一直都在潜伏着，等待着被女孩子确认和体验。我抓住一次机会出人意料地问她："你非常喜欢他，对吗？"这让她情绪失控，泪如泉涌。

这之后，她在学校的表现开始恢复正常，夜间的遗尿症状也停止了。

像这种直接治疗的机会并不是每天都能碰到，但是这个案例说明了，当老师和医生不知道如何采集到准确的生活史信息时，他们对孩子的问题就会无能为力。

有时候，评估诊断要经过大量调查之后才能变得清晰起来。有个十岁的女孩，她所在的学校对每个学生都格外费心。她的老师跟我说："这个孩子又紧张又害羞，和许多别的孩子一样。当我还是个孩子时，我也非常害羞，所以我明白紧张兮兮的感觉。在我的班里，我通常都有办法应付胆小的孩子，一般几周之后，他们就都不那么害羞了。可是这个孩子真让我搞不懂：无论我做什么，她看起来都没什么变化；她既没有变得更好，也没有变得更差。"

这个孩子碰巧接受了精神分析治疗，直到她那种深深隐藏的疑心被慢慢揭示并得到分析后，她的害羞表现才有所好转：那其实是一种严重的精神疾病，只有通过精神分析才有可能将其治愈。老师指出的没错，这个害羞的孩子和那些表面上跟她类似的孩子们其实不同。所有的善意对这个孩子来说都是陷阱，所有的礼物也都是毒苹果。在她患病期间，她认识不到、也体会不到什么是安全，也是由于受恐惧所驱使，只要她办得到，她就会尽量表现得像其他孩子一样，这样她就不会暴露出自己需要帮助，因为她对自己得到和接受帮助，根本不抱希望。在这个孩子接受了一年多的治疗之后，那个老师又能像对待其他孩子那样管理她了，最终，她成为了一个让学校引以为荣的女孩。

关注那些总被欺负的孩子

许多极度紧张不安的孩子，在他们的心理状态中都有一种**对迫害的预**

期，了解这一点有助于我们分辨这些孩子和其他孩子。这样的孩子常常也会遭到迫害和欺负；他们其实经常自讨苦吃——甚至几乎可以说，他们会招惹那些恃强凌弱的孩子与他们为伍。他们不太能交到朋友，但他们能在面对共同敌人时，很快找到盟友。

这些孩子常常因为各种疼痛和胃口失调而被带去看医生，但有趣的是，他们经常抱怨老师会打他们。

好在我们知道，这种抱怨的目的不在于孩子要说一个千真万确的事实。孩子干嘛要说这些其实是很复杂的问题，通常它纯粹是孩子的妄想，有时是孩子狡猾的谎报实情，但它始终都是孩子遭受苦恼的信号，这个信号说明，孩子在潜意识中受到了更为糟糕的迫害，由于它深深地被掩盖着，所以让孩子感到更加恐惧。话说回来，的确也有坏老师，甚至有恶意责打孩子的老师，不过我们还是极少碰到这种情况。孩子的抱怨几乎一直是受迫害类心理疾病的征兆。

许多孩子解决这种"被迫害的妄想"问题的办法，就是频繁地做一些小坏事，由此真的创造出一个迫害人的、总是惩罚孩子的老师来。老师会被这样一个孩子逼得不得不严格起来，而一群孩子中有这样一个孩子，也会迫使对整个群体的管教变得严格，这其实只对那一个孩子是"好的"。有时，也许把这么个孩子转介给可信的同事去管比较好，这样还有可能保持理智地对待剩下那些神志健全的学生。

孩子的情绪需要被评估

毫无疑问，紧张不安和羞怯也有其健康正常的一面，记住这一点比较明智。在我的诊室，我可以靠"正常羞怯缺失"这个特点，识别出某几类心理障碍。有个孩子会在我检查其他病人时，在附近徘徊，他还不认识我，但却会径直走过来，爬上我的膝盖。换做更为正常的孩子通常是会害怕的，就算他们对我有要求，也会以更有保障的方式向我提出来。不害羞的孩子甚至堂而皇之地偏爱自己的爸爸，并且会说出来。

这种正常的不安感在学步期儿童身上表现更明显。一个不懂得害怕伦敦街道，甚至不惧怕雷雨的孩子，是不健康的。很多可怕的事情藏在这个孩子心里，这和其他孩子一样，但是这个孩子不敢冒险在外界找到人、事、物对应这些可怕的事，他无法让自己的想象脱离自己的控制。有些父母和老师，他们自己常常用逃进现实来防御难以捉摸的、奇异怪诞的、异想天开的事，所以他们容易误以为一个孩子"不怕狗、不怕医生、不怕黑人"，就是懂事和勇敢。但事实上，小孩子应该能够感到害怕，应该能通过看到外界的人和事还有环境的邪恶，来释放其内心的邪恶。慢慢地，孩子才能经过现实检验（reality-testing）来修正内心的恐惧，而且没有人能说自己已经完成了这个过程。坦率地讲，一个不知害怕为何物的小孩，要么是鼓足勇气假装逞能，要么就是生病了。可是如果他生病了，而且充满恐惧，他依然有可能通过自己的能力，在外界也发现其内心的善良，并因此再次感到安心。

所以，羞怯和紧张不安是需要加以评估和诊断的现象，也是要结合孩子的年龄来考虑的事情。正常的孩子可以接受教育，不健康的孩子则会浪费老师的精力和时间，在此原则基础上，对于每个个案的症状是正常还是异常，能否给出适当的结论就变得尤为重要；我已经建议过，合理应用病史采集的办法或许对此有用——前提就是，这要结合对孩子情感发展机制的充分了解才行。

第三十二章　学校中的性教育

在描述孩子时，我们不能仅仅以同类相聚的方式一概而论。他们的需要会根据他们的家庭环境影响、个人特质，以及健康状况而各不相同。然而，如果要简单地表述一下性教育这个主题，我们还是说个大概比较合适，也不要非用这个主题去套用个人的需求。

在性教育这件事上，孩子同时需要三个条件：

（1）他们需要身边有人能让他们吐露心事，这些人起码要值得信赖，能成为普通朋友。

（2）他们需要像其他学科一样，得到生物学知识的指导——我们说的生物学，是指（目前已知的）关于生命、生长、繁殖，以及生命有机体与环境之间的关系等方面的真相。

（3）他们需要持续稳定的情感环境，让他们能自行发现自身性欲高涨的方式，以及这种高涨的性欲如何改变、充实、复杂化和启发他们的人际关系。

与此大相径庭的是性教育讲座，通常讲师来到学校，做一场演讲，然后就走了。对这种急于想教孩子们什么是性的人，我们最好加以劝阻。再说，学校教职员工也不会容忍自己没做到的事交给别人去做的。有些事比直接教性知识更好，那就是让孩子自行探索的过程。

在寄宿学校里，已婚教职员工还有他们不断壮大的家庭，在性方面为学生们带来了自然而有益的影响，这比再多的讲座都更能激励人，也更有教育意义。走读学校的孩子们，则可以接触到亲戚和邻居家添丁生子。

讲座的问题在于，讲者只是碰巧把一些困难而私密的内容带入了孩子的生活，而不是根据孩子所累积的需要挑选合适的时机。

此外，性教育讲座还有个缺点，就是它们很少能真实而完整地呈现性的全貌。例如，讲座中会有一些偏见，像是女权主义的理念就是，女性是被动消极的，男性是主动积极的，或者讲座会跳过谈论性游戏，而直接讲成熟生殖意义的性，甚至还会宣扬虚假的母爱理论，不顾育儿的困难特质，只顾多愁善感，等等。

即便是最好的性教育演讲也会让这个主题枯燥无味，而只有经过尝试和体验，接近这个主题的核心时，才会发现其无限丰富的潜质。不过，只有在成熟的成年人营造出的氛围中，健康的青少年才能发觉自己是全心全意地渴望身体与心灵的整合。除了这些重要的考虑之外，似乎也应该留些空间给那些真正的专家，他们对性的功能，以及如何呈现这方面的知识，都有特别的研究。要是老师们邀请这些专家和学校教职员工座谈，并且有组织的发起关于性话题的讨论，会不会是个解决办法呢？那样的话，教职工们就能按自己个性化的方式，自如地接触他们的学生，而又有扎实的知识做基础。

自慰是一种性的副产品，它对所有孩子来说都有重要意义。任何关于自慰的公开演讲都无法涵盖这个主题，无论如何，它都是个太私密、太个人化的话题，只有和死党或闺蜜的私下讨论才有价值。跟一群孩子说自慰无害其实没什么用，因为对其中的某个孩子来说，自慰或许恰恰是有害的、强迫性的、非常讨厌的麻烦事，事实上，还可能是精神疾病的征兆。

而对于其他孩子，自慰可能是无害的，甚至根本不算个事，那么，跟他们提起自慰可能有害，反而把事情搞复杂了。但是，孩子确实很看重能和某人讨论所有这些事的机会，而这个人本应该是妈妈，孩子所能设想到的任何事，都应该能完全放心地和妈妈讨论。如果妈妈做不到这一点，那么应该有其他人可以让孩子找到，甚至可能需要安排和精神科医生的访谈；然而班里的入门级性教育是解决不了这个困难的。另外，性教育还会驱走性的诗意浪漫，只把性功能和性器官的说明留在陈词滥调的困境中。

  接下来这一点也许在艺术课上提出来更合逻辑，想法和想象力的飞驰也会引起身体的伴随反应，这些和想法一样，需要受到尊敬与照料。

  对于青少年的照顾者，他们显然要面对一个难题。那些盲目鼓动孩子们在自己和彼此身上尝试做性探索的人，他们说什么都是没用的，因为他们无视有些女孩很可能会怀孕这件事。这的确是个真实的、必须面对的问题，因为私生子的处境并不乐观，而且私生子若要一路成长，最终成为社会一员，要比普通孩子经受大得多的考验；甚至可以说，如果不能在出生早年就被收养，一个私生子是不可能没有创伤而长大的，反而还可能受到最糟糕的创伤。每一个照管青少年的人，都应当根据自己坚定的信念来处理这个问题，不过公众舆论也要考虑到一个事实，那就是再好的管理也都冒着一定风险，而且意外总会发生。在公立学校，几乎没有对性作任何限制，而私生子却惊人的罕见，一旦发生怀孕事件，通常起因在于两人中至少有一人患有精神疾病。例如，孩子潜意识地恐惧和逃离性游戏，就只能跳入一种虚假的性成熟状态中。很多孩子从婴儿期就没有跟妈妈建立起满意的关系，当他们与人发生性关系时，他们才第一次触及人与人之间的交互关系，因此性关系对他们极为重要，尽管在旁观者看来，这种关系并不成熟可靠，因为它不是从不成熟状态慢慢衍生出来的。如果在一个群体中，这样的孩子占多数，那么性监管的力度显然要更加严格，因为社会无法承接过多的私生子。另一方面，大部分青少年人群中，孩子多数都还算是健康的，由此我们不禁要问，对他们的管理，是要以健康孩子的需要为准，还是要以防范社会所担心的、可能发生在那几个反社会或不健康成员身上的事为准？

成年人"讨厌"想到孩子们通常都有一种非常强烈的社会意识。同样，成年人也"讨厌"去想，小孩子都有一种早期的罪疚感，所以我们常常见到，父母总是在给孩子植入道德感，而道德感本可以自然发展，并成为一种稳定的亲社会力量。

普通的青少年并不想制造私生子，他们还会采取措施以免发生这种事。只要有机会，他们就会在性游戏和性关系中成长，直到他们认识到，要小孩是整件事最终导向的结果。这可能花上他们好几年的时间。但是，这种发展通常都会到来，然后，这些人类社会的新成员就会开始想到婚姻，想到组建家庭，让新生儿和孩子们可以生活于其中。

性教育对孩子们性的自然发展作用不大，性的自然发展只能靠每个青少年自己来完成。可是，一个成熟、不焦虑、不说教的环境对这项发展大有好处，几乎可以说是必需的。还有，父母和老师要能经受住青少年指向成年人的惊人的敌对性，尤其会指向那些想在这个成长关键期帮助他们的人的敌对性。

当父母不能满足孩子的需要时，学校教职工或学校本身通常可以做很多事来弥补这一不足，不过方式是靠树立榜样、个性正直诚实、富有献身精神和负责地回答问题而来实现的，而不是去组织什么性教育课。

对幼儿来说，性的解答就是生物学解释，是对自然现象做客观、不删减的呈现。起初，幼儿都喜欢饲养和研究宠物，喜欢收集和捉摸不同种类的花卉和昆虫。在进入青春期前的那段时间，他们很开心能进一步了解动物的习性、他们自己对环境的适应，以及他们令环境适应他们的能力。这其中包括了种族繁衍，还有交配和怀孕的解剖及生理学知识。生物学老师很受孩子重视，他可不会忽略动物父母之间关系的动力性意义，以及进化序列中家庭生活的演变方式。不过，老师实在没必要把他教的这些内容特意应用到人类事务上，因为这样做就太露骨了。孩子们很可能自己就会通过主观加工，用人类的情感和幻想看待动物的表现，而不会盲目地用所谓动物性本能过程来解释人类的行为。生物老师和其他各科老师一样，需要能指导学生走在客观性和科学性的方向上，也得料到这门课对某些孩子来说，学起来会非常痛苦。

生物课教学可能是最让老师开心甚至兴奋的工作了，主要是因为太多孩子看重这个研究生命为何物的基础课。（当然，其他人也许通过历史、古典文学或宗教经验才能更好地接近生命的意义。）然而，将生物学应用在每个孩子的个人生活和感受中则完全是另一回事。老师通过对微妙问题的巧妙解答，就可以将一般情况与孩子的个别情况链接起来。毕竟，人类不完全是动物；人类是动物加上丰富的幻想、精神、灵魂、内部潜能世界或你怎么说都行，所组成的产物。有些孩子通过身体触及到灵魂，有些孩子则透过灵魂感触到身体。对于所有儿童养育和教育来说，"主动适应"是我们要牢记的原则。

总结起来，孩子应该得到完全而坦率的性资料和性知识，但是话说回来，这不过是孩子与熟识和信任的人之间关系的一部分而已。性教育并不能替代孩子个人的探究和领悟。真正的抑制其实是对教育的抗拒，一般在心理治疗不能实现的情况下，这些抑制最好能靠朋友的理解和体谅来处理。

第三十三章　如何探视住院儿童*

每个孩子都有一条生命发展线，这条线至少是从出生开始的，而我们的职责是确保这条生命线不会断裂。生命的内部有个持续不断的发展过程，只要婴幼儿的养育足够稳定，这种发展也就能稳定进行。一旦婴儿作为一个人开始与其他人建立关系，这些关系张力就非常的大，而且不可能不受到危险的干扰。我并不需要费力强调这一点，因为妈妈本来就不愿意在孩子没准备好时，就让他们离开自己，要是孩子不得不离家一段时间，妈妈当然也渴望常去看看他们。

当前，社会上有一种高涨的支持病房探视的热情。在这些热情高涨的声浪下面，可能掩盖着某些真正的困难，而且要不了多久就会产生反作用。明智的做法就是让人们了解支持或反对探视儿童病房的原因。从护理的角度看，我们确实面临着一些比较大的困难。

---

* 在过去的十年之间，医院的临床工作发生了翻天覆地的变化。现在的许多医院都允许父母自由探视孩子，而且有必要的话，也允许他们和孩子一同进入诊室。大家普遍公认，这样的结果有利于绝大部分的孩子、父母，甚至医务工作者。尽管如此，我还是保留了这篇写于1951年的文章，因为不管怎么样，上述的变化还没有延伸到所有医院；还有一个原因是，现代的处理办法也有其固有的困难，而我们应该认清这些困难。

实际上，一个女孩为什么会做护理这份工作呢？或许一开始，当护士只是谋生的手段之一；不过后来，她会被护理工作迷住，开始喜欢上它，并且付出惊人的努力去学习那些复杂的护理技巧；最终，她会成为一名合格的主管护士。作为主管护士，她就要长时间地工作，而且这种情况会一直持续，因为好的主管护士永远都不够多，而这份工作又很难让其他人代劳。主管护士一般对 20～30 个别人家的孩子负有绝对的责任。这些孩子大多都病得很严重，需要技巧熟练的照料和安置。主管护士要为所有对孩子做过的事负责，甚至包括那些她没注意时，初级护士做过的事。她会变得异常期望孩子们好起来，这可能意味着她会严格而确切地遵照医生的指示去做。除了这些以外，主管护士还要随时准备应对医生们和医学生们，这些也都够折磨人的。

在非探视时间，主管护士担负着照顾孩子的工作，这会激发出她最好的一面。通常，她都会相当尽职尽责，而不会玩忽职守，因为她总是关心和好奇病房里发生着什么。有些孩子会非常依赖她，甚至不能忍受她连再见都不说一声就下班了，而且他们也想知道她回来上班的确切时间。整件事呼唤的是人性中最良善的一面。

那么，当允许探视时会怎么样呢？事情马上就不一样了，至少有可能变得不一样。接下来，看护孩子的责任就不会完全落在主管护士肩上了。当然，这样工作起来也可以很顺利，主管护士也许还乐于分摊责任；然而，如果她很忙，尤其是病房里碰到棘手难处的孩子，而又有些棘手难处的妈妈前来探视的时候，那么一个人独挑大梁其实要比人多手杂简单得多。

要是我告诉你探视期间都发生了什么，你很可能会惊讶。每当父母探视离开以后，很奇怪，孩子经常都会恶心呕吐，而他们的呕吐物往往揭开了谜底。这种探视后轻微的呕吐发作也许不会引起大问题，但它透露出父母可能给孩子吃过冰激凌或胡萝卜，或者给正在节食的孩子喂吃过糖，这就完全颠覆了对孩子的整个调查基础，进而影响到未来的治疗。

事实上，在探视时间，主管护士不得不暂时任由事情脱离自己的控制，我觉得她有时真不知道探视时都发生了什么。这件事无法回避，而且，除了轻率地吃零食之外，探视还增加了感染的危险。

某家医院病房里一位非常出色的主管护士曾经告诉我，还有个麻烦事，就是自从父母被允许每天探视后，妈妈们总认为孩子一直哭闹是因为在医院过得不好，这当然不是事实。真相是，当你常常探视你的孩子时，你的探视本身就会让孩子伤心苦恼。每当你进入病房，你都会加深孩子对你的记忆，重燃孩子回家的希望，所以孩子肯定总会在你离开时伤心哭泣。不过我们还是认为，这种苦恼还不像那种转化为情感冷漠的苦恼对孩子伤害大。要是你非得离开孩子很久，久到孩子都把你忘了，孩子伤心个一两天就会恢复，变得不再难过，并开始适应护士和其他孩子，开展一种新的生活。这种情况下，你已经被孩子给忘了，而过后你不得不重新让他记起你。

假如妈妈们愿意进病房看看孩子，然后待上几分钟就心满意足地离开，这也没什么不好；不过通常妈妈们不会满足于此。不用猜也知道，妈妈们会充分利用探视时间，直到用尽最后一分钟。有些妈妈几乎像是和孩子"做爱"一般；她们带来各种各样的礼物，尤其是好吃的，然后期待孩子充满深情地回应她们；之后，她们又会花很久时间告别，站在门口不停向孩子挥手，直到孩子终于被道别搞得精疲力尽才依依不舍地离开。接着，这些妈妈极有可能一边往外走，一边还要再找一下主管护士，念叨着孩子盖被子不够暖和啦、晚饭没有吃好啦之类的事。只有少数妈妈会利用离开时这个恰当的时机，对主管护士的付出表示感谢，因为她的工作确实非常重要。对妈妈们来说，承认有个人也能像你一样照顾好你的孩子，确实很难。

所以你就理解了，当父母离开后，如果去问主管护士："你要是个掌权者，你会拿探视这件事怎么办？"她很可能会回答："我真想废除它。"不过，心平气和的时候，她依然会赞同探视也是件自然的好事。医生和护士都会发现，只要他们承受得住，父母也肯合作的话，准许探视是值得一做的事。

我一直在说，我们发现任何将孩子的生命进程打成碎片的事都是有害的。妈妈们很清楚这一点，所以她们欢迎每日探视制度，这让她们在孩子不幸需要住院的时间里，还能保持和孩子的接触。

在我看来，孩子自己感到不舒服时，整件事反倒好办多了；每个人都知道该怎么做。这种时候，语言在小孩子面前是没什么用的，而且孩子感到非常难受时，跟他们说很多话也没有必要。这时恰恰是一些程序化的安排会让孩子好受一些，如果这牵涉到需要住院，即使孩子眼泪汪汪的，他其实也能接受。然而，当孩子没觉得有什么不舒服，却要被硬送进医院时，情况就大不相同了。我记得一个孩子，本来在大街上玩得好好的，突然救护车呼啸而至，席卷着她去了一家发热医院，尽管她自己没觉得不舒服，但是因为前一天，她在那家医院进行咽喉检查后，查出她是白喉携带者。你能想象这对那个孩子该有多糟糕，她甚至都来不及回家跟家人说声再见。当我们无法说清自己的意图时，我们就得面临信任感的大幅丧失；实际上，我提及的这个孩子一直也没有真正从那次经历的阴影中恢复过来。或许，假如允许探视的话，结局会美满的多。如果不考虑其他因素的话，我觉得父母应该来探视这样的孩子，以便在孩子的愤怒处于白热化时，可以由父母来安抚和处理一下。

我已经讲了出于医院护理的需要所带来的不幸后果，但是这种情况可以有其他解决办法。当你的孩子足够大时，一次住院经历，或是离家一段时间和某个阿姨同住，这些可能都是非常有价值的事，因为这都是从外部观察家庭的好机会。我想起有个十二岁男孩，他在疗养院住了一个月之后和我说："你知道吗，我并不觉得我是妈妈真正心爱的人。虽然我要什么，她就给什么，可不知怎么的，我觉得她不是真的爱我。"他的话的确没错；

虽然他的妈妈尽心尽力，可是她自身依然有很大的问题，影响了她好好对待她的孩子，而这个男孩能够和妈妈拉开距离看清这一点，这是非常健康的。等他回家时，他已经准备好用新的方式应对家庭情境了。

有些父母由于他们自身的困难，因而并不是孩子理想的榜样。这对医院探视有什么影响呢？有的父母在探视时间里都在孩子面前吵架斗嘴，当时这已然是件伤脑筋的事，而过后孩子也会一直忧心忡忡。这样的事会严重干扰孩子恢复身体健康。还有的父母无法对孩子信守诺言；他们答应孩子会来探视，还会带来特别的玩具和书，但是他们没有这么做。再者，有些父母的问题是，尽管他们给孩子带了礼物，做了新衣服，做到了各种同样很重要的事，但就是不能在合适的时机给孩子一个拥抱。这样的父母们是在住院病房的困难条件下找了一条爱孩子的捷径。他们早早就来探视，能呆多久就呆多久，而且带来越来越多的礼物。等他们一走，孩子简直没有喘息的空间。有个小女孩曾经央求我（那是在圣诞节前后）："快把这堆礼物从我床上拿走吧！"如此迂回曲折的表达爱的方式，给这个女孩带来了沉重的负担，而这一点儿也改善不了她的情绪。

所以在我看来，那些傲慢专横的、靠不住的、特别容易激动的父母，他们的孩子在住院期间不被探视，反而能得到一种极大的解脱。病房的主管护士就有这么一帮孩子需要她照顾，从她的角度我们可以理解一下，为什么有时候她宁愿所有的孩子最好都别被探视。除了上述那类孩子，主管护士同时还照顾着两类孩子，一类孩子父母住的太远，以至于不能来探视；还有另一类，也是最苦难的一类孩子，就是他们根本已经没有父母了。通常，探视时间对于主管护士管理这两类孩子来说，并没有什么帮助，他们对护士们有着更为特殊的需求，因为他们已经对人没多少信心了。对这些家庭不幸的孩子而言，住院可能是他们的第一份好体验。他们中的有些孩子，极少对人有信任感，甚至不足以让他们表达悲伤；不论是谁出现在他们身边，他们都一定要马上跟谁交朋友，否则当他们独自一人时，他们就会前前后后地摇摆身体，或是用头撞枕头，还有小床的床沿。你当然没理由因为病房里有这些匮乏的孩子在，就让你自己的孩子也遭受剥夺之苦，但同时你应该了解，当其他孩子有自己的父母来探视时，这确实给主管护士管理这些不幸的孩子，带来了不小的困难和压力。

要是一切进展顺利，住院给孩子带来的最大影响，很有可能就是出院后孩子多了一项新游戏；他们已经会玩"爸爸和妈妈"的扮演游戏，然后自然就是"上学"游戏，现在他们又学会了玩"医生和护士"的游戏。有时候，游戏中的受害者可能是小宝宝，有时候则可能是洋娃娃、小狗或小猫。

我主要想说的一点是，在医院引入对住院患儿的频繁探视制度是一项重要的进步，而且也是一项迟来很久的改革。我欢迎这种新趋势的到来，它不仅缓解了孩子的苦恼，而且对于学步期的儿童来说，当他必须要在医院住上一段时间时，这种趋势也让我们容易区分开怎么做对孩子好，怎么做对孩子完全不好。我之所以把大家的注意力吸引到探视这件事的困难上，一是因为这些困难真实存在着，二是由于我的确觉得医院探视这个主题非常重要。

如今我们再走进儿童病房，我们看到的是小孩站在小床上，眼巴巴张望着，想找个人说说话，而迎接我们的很可能是这样一句话："我的妈咪就要来看我啦！"这种得意的自夸可是全新的现象。我还可以跟你讲，有个三岁的小男孩一直在哭，护士们想尽了各种办法哄他开心。可是，就连搂抱对他都不好使；他想要的不是被拥抱。最后她们终于发现，将一把特定的椅子放在他小床边才管用。这把椅子对他是种安抚，但过了一段时间他才能解释这是为什么："有了这把椅子，明天爸爸来看我时，就可以坐了。"

所以你看，在探视这件事上，一定不只是预防危害这么简单；不过，好在父母会试着去理解这件事的困难之处，以便医生和护士们能坚持去做这件事，因为他们知道探视有好处，但他们也知道，探视有可能损害他们认真负责为你所做的这份工作的品质。

第三十四章 青少年犯罪行为的性质

青少年犯罪行为是一个内容庞大且错综复杂的主题，但我要试着简单谈谈有反社会倾向的儿童，以及行为不良与家庭生活匮乏之间的关系。

要知道，如果挑几个工读学校的学生研究一下，你会发现对他们的医学诊断可以涵盖正常（或者说健康）到精神病的整个范围。然而，所有的行为不良少年却可以被一条线索串联起来，这是什么呢？

在一个普通的家庭里，通常是一男一女、丈夫和妻子共同分担养育孩子的责任。宝宝出生后，妈妈（在爸爸的支持下）会把每个孩子一路带大，研究每个孩子的个性，处理每个孩子的个人问题，因为这些问题以影响社会最小单元（也就是家庭）的方式，也在影响着整个社会。

那么，正常的孩子是什么样的呢？他是不是只会吃东西、长大，还总是甜甜的笑呢？不，他可真不是这样的。一个正常的孩子，假如他对爸爸和妈妈有信心的话，他会全力以赴地成长。随着时间的推移，他会竭力尝试去捣乱、搞破坏、吓唬人、惹人烦、糟蹋浪费、耍心眼以及侵占东西。所有能把人送上法庭（对青少年来说就是收容所）的行为，在婴儿期和童年早期，在孩子和家庭的关系中，都能找到其等效的表现。要是家庭能承受住孩子的所有这些扰动，孩子就会安定下来，专心于游戏；不过要事第一，安定之前，孩子一定会先行做过各种试探，尤其是当孩子有些怀疑父母组合和家庭（我指的远远不是一间房子这么简单）的稳定性时，更是如此。孩子要想感到自由自在，要想能玩自己的游戏、画自己的画，要想当个不负责任的小孩，首先，他需要清楚地知道框架在哪里。

为什么应该是这样呢？因为事实上，在人类情感发展的早期阶段，本来就充满了潜在的冲突和混乱。比如，与外在现实的关系还没有稳固地扎根；人格还没有很好地整合；原始的爱还带有摧毁性的目的，而幼儿还没有学会去容忍和应付本能冲动。只要周围的环境是稳定的、人性化的，孩子就能渐渐学会处理这些事，甚至更多。但是一开始，孩子绝对需要生活在一个被爱和力量（自然也伴随着容忍）所包围的环境中，否则，他会因为太害怕自己的想法和想象，而不敢在情感发展方面获得进步。

假如在孩子把框架的概念内化为自己本性的一部分之前，家庭环境就失败了、辜负了孩子，又会发生什么呢？惯常的看法是，孩子发现自己"不受约束"了，于是便会开心地享受自由。这种看法与真相简直背道而驰。事实上，孩子要是发现自己的生活框架分崩离析了，他也将不再感到自由。孩子会变得焦虑，如果他还抱有希望，他进而就会到家庭以外的地方寻找一种新的框架。那些在自己家里得不到安全感的孩子，会到家庭之外找寻"四面高墙"的环绕；他依然抱有希望，所以他会去找爷爷奶奶、叔叔阿姨、家人的朋友们，或是学校。他努力寻求着一种外部的稳定性，好让自己不要疯掉。倘若是在恰当的时间提供这种稳定性，它很可能会慢慢融入孩子的情感成长之中，就像身体的骨骼发育一样，所以渐渐地，在生命的最初几个月到几年里，孩子就会从依赖和需要照管过渡到独立。通常，孩子能从亲戚那儿和学校里，得到自己家里所缺失的东西。

行为不良意味着还有希望

有反社会倾向的孩子只不过是搜寻的范围更远了一点儿，他是直接指望社会，而不是自己的家庭或学校提供稳定性，因为他要想通过情感成长的早期必要阶段，就需要这种稳定性作为条件。

这么说吧，当一个孩子偷拿家里的糖果时，他其实是在寻找好妈妈，一个属于他的、让他有权拿取一切甜蜜、愉悦、亲切、良善的人。事实上，这份甜蜜本来就是他的，因为是他用自己的爱的能力、原初的创造性，总之不论那是什么，创造出了妈妈和她的甜蜜特性。你也可以说，他同样在寻找爸爸，来保护妈妈免受他的攻击，而这些攻击是由于他操练原始的爱使然。当一个孩子到家庭以外偷东西时，他仍然是在寻找他的妈妈，只不过这种寻求带有更多的挫折感，而同时他也越来越需要找到父亲般的权威，这种权威有能力也一定会对他设限，限制他的冲动行为导致的实际后果，也限定了他在兴奋状态下将冒出来的念头付诸行动的程度。在遇到完全爆发的青少年犯罪时，我们很难袖手旁观，因为摆在我们面前的，是孩子极度需要出现严厉的爸爸，能保护被找出来的妈妈。孩子所呼唤的严厉的爸爸，也可以是慈爱的，但首先得是严格和坚强的。只有当严格而坚强的父亲形象显而易见时，孩子才能重新获得自己的原始爱欲冲动、罪疚感，以及修复和弥补关系的意愿。除非一个劲儿的惹麻烦，否则不良少年只会渐渐变得越来越抑制自己的爱，结果会越来越抑郁，失去个性，最终再也无法感受到现实事物，只剩下暴力的存在。

行为不良意味着孩子还残留一线希望。你会发现，当孩子表现出反社会性的一面时，他不一定是生病了，反社会行为有时无非是一种呼救信号，是在呼唤坚强、慈爱、自信的人对其加以控制。不过，大部分不良少年或多或少都是不健康的，说他们生病了也算合适，其实对很多这样的孩子，安全感都没有在足够早的时候进入他们的生命过程，且合并到他们的信念里去。在坚强有力的管理之下，一个反社会的孩子倒是一切都好；可一旦给他自由，他很快就会感到来自疯狂的威胁。因此，他会违反社会规范（却不清楚自己到底在干什么），为的是重新从外部建立对自己的管控。

在生命的初始阶段，正常孩子会在家庭的帮助下发展出控制自己的能力。他发展出了所谓的"内部环境"，于是倾向于寻找好的外部环境。有反社会倾向的、不健康的孩子，没有机会发展出一个好的"内部环境"，所以绝对需要从外部对他施加的管束，好让他过得舒服，能玩游戏或者工作。在正常孩子和反社会的生病孩子这两极之间，是那些依然有机会对稳定性建立信念的孩子们，前提是要有慈爱的人在几年里持续对他们加以管理和控制。一个六七岁的孩子，远远要比一个十岁、十一岁的孩子更有机会以这种方式得到帮助。

社会要为适应不良孩子提供环境

战争时期，我们大多有过这样的经验，那些丧失了家庭生活的孩子们，比如撤离的孩了，尤其是那些难以安置的孩子，最终在收容所里才得到了姗姗来迟的稳定环境。在战争年代，有反社会倾向的孩子会被当作病人来治疗。这些收容所替代了为社会适应不良的孩子所设置的专门学校，为社会做出了预防性工作。他们之所以更容易将行为不良作为一种疾病来对待，是因为这里的孩子们大部分没有被送上过少年法庭。收容所无疑是把青少年犯罪当作个体疾病来治疗的最佳场所，而且这里无疑也是一个模板，让我们可以对青少年犯罪加以研究，并有机会获取宝贵的经验。我们都知道，有些工读学校做的工作也很出色，但是那里的大多数孩子都已被法庭宣判有罪，这就给研究造成了困难。

这些为适应不良的儿童设置的收容所，有时被称作寄宿之家，这里为那些将反社会行为看作患儿求救信号的人们，提供了发挥作用和学习的机会。战争时期，由卫生部管辖的每间收容所或每个收容所群体，都有一个管理委员会，我所联系的那个安置委员会就真的愿意关注收容所的具体工作，并为之负责。想必许多地方法官也可以被推选进入这样的委员会，这就能使他们在孩子被送上少年法庭之前，先近距离接触到对这些孩子的实际管理。对官员和执法者而言，只是参观访问工读学校、收容所，或是听人谈论这些孩子是不够的，唯一有益的方式就是负起责任（哪怕是间接地），为那些照顾和管理有反社会行为倾向的孩子的人们，明智地提供支持。

在所谓社会适应不良儿童的专门学校里，我们就可以放心地以治疗为目标展开工作了，这会带来差异很大的效果。如果失败了，孩子最终还是会上法庭，可一旦成功了，他就能成长为公民。

社会要切实为无家可归的孩子提供帮助

接下来，让我们再回到丧失家庭生活的孩子这个主题上。除了忽视这些孩子以外（这种情况下，他们就会因不法行为被送上少年法庭），还有两种方式可以处理他们的问题。一种就是为他们提供个别心理治疗，另一种就是为他们提供一个稳固可靠的环境以及人性化的关爱，然后慢慢地提升他们的自由度。不过实际上，没有后者的话，前者（个别心理治疗）也不容易成功。要是有合适的家庭替代环境，连心理治疗也许都没必要了，这反倒是好事，因为实事求是地说，心理治疗的资源总是不够用。即使我们只要求有足够数量的精神分析师，他们也要受训几年之后才能提供合格的个别治疗，然而，急需治疗的案例却已经是如此之多。

个别心理治疗的目标，是让孩子的情感发展得以完成。这里面有多种意义，既包括帮助孩子形成良好的现实感受能力，去感受外在和内在世界的真实，也包括使个体的人格达到整合状态。充分的情感发展不仅如此，还意味着更多。在这些原始状态达成以后，接下来就会首度出现关心和罪疚的感受，以及做出补偿的早期冲动。然后，家庭本身就是人生第一个三角关系情境，其中蕴含了生命中所有的复杂人际关系。

进一步讲，就算上述这一切进展顺利，孩子也变得能管理自己，也能应付与成年人还有其他孩子的关系，他还是得面对和处理新的难题，像是抑郁的妈妈、躁狂发作的爸爸、有暴力倾向的兄弟、爱乱发脾气的姐妹。我们越考虑这些事，就越理解为什么婴幼儿绝对需要自己的家庭，可能的话还要有稳定的物理环境，作为背景来进行发展；从这个角度思考，我们也就能理解，为了那些丧失了家庭生活的孩子们，我们要么得趁他们还小，还多少能利用一下环境的时候，就为他们提供一些人性化的稳定生活，要么等他们再长大一点，他们就会逼我们用工读学校这样的形式提供稳定性，或者使出最后的手段——把他们送进四面高墙的监牢中。

最后，我还要回到"抱持"（Holding）和满足依赖性这个概念上来。与其被迫抱持一个已经生病的反社会儿童或成人，我们远远不如从一开始，就好好"抱持"我们的小婴儿。

第三十五章 孩子攻击的根源

读者想必已从散落在这本书中的点滴描述,形成了各种奇怪的印象,像是小宝宝和孩子们会尖叫、啃咬、踢打,还会拽妈妈的头发,以及具有攻击性或破坏性或令人讨厌的一些这样或那样的冲动行为。

破坏性发作行为不仅会让婴幼儿养育变得复杂和麻烦,可能还需要去管理这些行为,而且无疑更需要我们去加以理解这些行为。如果我能对攻击行为的根源做个理论性的陈述,这可能有助于你们理解那些一天天发生的烦人事情。可是对我来说,虽然想充分展开这个浩大而困难的主题,但考虑到许多读者只是实际投身于儿童和婴儿养育工作,却并未学过心理学,我如何能同时兼顾这些呢?

小孩攻击的含义

极其简单地说,小孩攻击有两层含义。一层含义是,它是对挫折直接或间接的一种反应。另一层含义是,它是个体活力的两个主要来源之一(另一个来源是性)。所有庞杂的问题,都起始于对这种简单状态的进一步深入思考，而在此，我只能先详细说明重要的主题。

想必大家都同意，我们不能仅仅局限在儿童生活中的攻击性表现本身来高谈阔论，其实这个主题的范围是非常宽泛的；任何情况下，我们面对和处理的都是发展中的孩子，而最让我们关注的，就是一个状态向另一个状态的发展变化过程。

胎儿的攻击

有时候，孩子的攻击会非常直白地表达出来，然后消耗殆尽，或者，需要某人来承接并对其可能造成的伤害加以防范。不过很多时候，攻击性冲动并不会这样公开展现，反而是以某种相反的形式表现出来。或许，我最好也能带大家看看攻击性冲动的各种反向表现形式。

但是首先，我得先做一个总体声明。尽管遗传因素造就了我们的样子，也让我们彼此截然不同，可明智的假设是，基本上所有人类个体在本质上都是相似的。我的意思是，**人性中的某些特质在所有婴儿身上都能找到，也出现在所有儿童，及任何年龄的所有成人身上**；还有，人类的个性都要经历从最早的婴儿期到成人后独立的发展过程，这种综合的复杂发展状态也适用于所有人，不论其性别、种族、肤色、信条，或社会背景如何。人类事务尽管表现各异，但却有一些共同点。一个婴儿也许容易表现出攻击性，另一个婴儿可能一开始几乎看不出有任何攻击性；然而，他们有着同样的问题要处理。这样的两个孩子只是在用不同的方式，应对着**攻击性冲动**带给他们的压力和负担。

要是我们仔细观察，试着寻找一个人攻击的起源，我们其实最先遇到的是婴儿的运动。这种运动甚至在出生前就开始了，胎儿不仅会扭动身体，还会突然地活动四肢，让妈妈感到一阵胎动。婴儿身体的一部分通过活动，就会碰到一些东西。观察者可能会称之为打了或踢了一下那个东西，但是这种动作还不具有"打"或"踢"的性质，因为小婴儿（包括胎儿和新生儿）还没有成为一个完整的人，形成不了明确的理由来完成一套行动。

所以说，每个婴儿内在都有一种**倾向性**，倾向于活动，然后得到某种肌肉运动的快感，并从移动和碰到什么东西的过程中收获体验。遵循这个特点，我们就能标注一个连续递进的过程，来描述婴儿攻击性的发展，即从简单运动，到表达生气的动作，再到表明恨意和控制恨意的状态。我们可以继续表述这个过程，偶然的击中有可能变为蓄意的伤害，伴随着伤害，我们还会发现对那个**又爱又恨**的客体所做出的保护。进一步讲，我们可以追踪这种破坏性念头和冲动在个别孩子内心中的组织方式，以此来推导其行为模式；而在健康发展的过程中，所有这些都可以显现出来，其形式就是，意识和潜意识的破坏性念头，以及对这些念头的反应，会呈现在孩子的**梦**里和**游戏**里，同样，也会呈现为孩子对最亲近环境的直接攻击，这是因为这种环境值得去破坏，也承受得住被攻击。

婴儿攻击的意义

我们能看出来，这些早期的婴儿式击打，导引着婴儿发现了婴儿自体以外的世界，也开启了与外部客体的关系。因此，起初那不过是一种导致活动和开启探索过程的单纯冲动，**后来才很快成为攻击性行为**。攻击性一直都是与建立清晰的边界紧密联结在一起的，这种**边界区分了自体和非自体**。

希望我已经说清楚了这个问题，尽管实际上每个人完全是截然不同的，但所有人类个体又都是相似的；接下来，我就可以谈谈许多攻击的对立表现了。

攻击的对立表现

举个例子，我们可以比较一下鲁莽胆大的孩子和胆怯害羞的孩子。第一种孩子，倾向于开放地表达攻击性和敌意，以此得到释放和解脱；而第二种孩子，则倾向于不在自体内部、而在外部寻找这种攻击性，并且惧怕它，或是惴惴不安地猜测着它会从外部世界降临到自己头上。第一种孩子是幸运的，因为他最终发现并表达出的敌意是有限的，是会被消耗掉的，但是第二种孩子从来达不到满意的终点，只能持续预测着麻烦何时到来。某些情况下，麻烦还真就在那儿等着他。

有些孩子一定得从其他孩子的攻击性表现中，寻找和发现他们自己克制住的（压抑住的）攻击性冲动。这有可能发展为一种不健康的方式，因为外来的现实性迫害总有供不应求的时候，所以孩子不得不靠幻想来补充编造。因此我们会看到，一个孩子总是盼望着被迫害，甚至可能极具攻击性地对想象中的袭击实施自卫。这已经是一种疾病了，不过这个模式作为发展阶段中的一环，几乎在每个孩子身上都出现过。

再来看看另一种对立的表现，我们可以比较一下容易表现出攻击性的孩子，和把攻击性收在心"里面"，以至于变得紧张、过度克制和一本正经的孩子。后一种孩子自然在一定程度上对所有冲动都是抑制的，包括**创造性**，因为创造性是与婴儿期和童年期的无责任感，以及无忧无虑地活着绑定在一起的。话虽如此，在这后一种攻击性的替代情况中，尽管孩子失去了某些可谓"内在自由"的东西，但也可以说，孩子收获的是"自我控制"的发展，与此相伴的是考虑他人，以及保护世界不被孩子的无情所占据。健康状态下，每个孩子都会发展出一种"穿别人的鞋子立足"的换位思考能力，还有能认同外部客体和他人的能力。

然而，极度自我控制也会导致一些棘手的事，其中之一就是，一个连苍蝇都不忍伤害的乖孩子，有可能时不时地出现攻击性感受和行为的爆发，比如暴怒发作，或者更加狠毒的行为，而这对任何人都没有积极意义，尤其是对孩子自己，之后他甚至可能不记得发生了什么。对此，父母能做的就是想办法挺过这种糟糕的发作期，并且寄希望于随着孩子的成长，某种更有意义的攻击性表达方式能够被发展出来。

还有一种更成熟的替换攻击性行为的方式，就是孩子会做梦。在梦里，孩子用幻想来体验破坏和杀戮，而这种梦与各种程度的身体兴奋都有关联，并且这种梦是一种真实的体验，并不仅仅是思维的练习。能做得了梦的孩子也就准备好玩各种游戏了，既能单独玩，也能和其他小朋友一起玩。假如梦里包含了太多极具破坏性的内容，或者牵扯到对神圣客体过分严重的威胁，或者紧随而来的是混乱，那么孩子就会尖叫着惊醒过来。这时妈妈就发挥了她的作用，她会及时到场，帮助孩子从恶梦中醒来，以便外部现实能再次发挥安慰的作用。这个清醒的过程孩子可能要花足足半个小时。对孩子来说，恶梦本身也许就是一种不可思议的满足体验。

此处我还得清楚区分一下做**梦**和做**白日梦**。那种在清醒生活中将幻想串联在一起的白日梦，不是我正在讨论的事。做梦与做白日梦最根本的反差就是，做梦的人睡着了，而且能被叫醒。虽然梦可能被遗忘了，但这个梦确实曾经做过，这就有重要意义了。（还有种情况是，真实的梦溢出到孩子的清醒生活里来了，不过那又是另外的事了。）

还有替代攻击性行为的就是游戏，我已经提到过了游戏，游戏充分利用了幻想，用到了全部储存的梦的素材，甚至是最深层次的潜意识内容。不难看出，玩游戏的孩子接受了符号象征的使用，这在健康发展的过程中发挥着重要的作用。能用一件事"代表"另一件事之后，孩子就能从原始、棘手，而又朴素真实的冲突中获得极大的释放。

要是孩子一边温柔地爱着妈妈，一边又恨不得吃掉她；要是孩子在同一时间既爱爸爸又恨爸爸，却不能把其中的爱或者恨移置到某个叔叔身上；要是孩子很想去除掉家里的新生宝宝，却不能满意地表达失去玩具的感受；这些都是孩子不能使用象征和"代表"的情况，而且都很棘手难办。有些孩子就是像这样遭受着痛苦。

不过，通常孩子很早就会开始接受象征。接受象征给孩子的生命体验带来了回旋的余地。例如，当婴儿从很小的时候就能搂抱、受用某个特殊的物品，这个物品既象征和代表了他们自己，也象征和代表了他们的妈妈。那么，这个物品就是一个关联状态的象征物，就像拇指之于吃手指的人一样，而这个象征物本身也可以受到攻击，同样，它也比后来孩子的所有拥有物都要珍贵。

游戏就建立在接受象征的基础上，游戏中蕴含着无限的可能性。玩游戏让孩子得以体验在个人内在精神现实中发生的任何事，而这些事是发展认同感的基础。这里面既有恨（攻击性），也有爱。

作为一个成熟个体的孩子，可以出现另一种、也是非常重要的一种替代破坏性的表现，那就是建设性。我曾试着描述过这件复杂的事，就是说，在良好的环境条件下，建设性愿望的出现，与成长中的孩子亲自接受的破坏性和为自己本性中的破坏性负责有关。最重要的健康迹象就是，一个孩子开始玩建设性的游戏，并且能维持这样的游戏。这种建设性是无法植入和灌输的，就像信任感一样。它的出现，是在父母或行使父母功能的人所提供的环境中，孩子的全部生命体验随时间自然发展而产生的结果。

假设我们要检验这种攻击性与建设性的关系，那我们可以撤回孩子（或大人）的机会，让他不能为至亲至爱的人们做些事情，或是"做出贡献"，或者参与到为家庭所需谋福利的活动中，看看是什么结果。我说的"做出贡献"，指的是孩子为了喜欢和高兴，或为了能像某人一样，而去做了一些事情，同时又发现，这样做也是为了妈妈的幸福快乐所必需的，或是为了家庭运作的需要。这就像在家里"找到了合适的职位"。小孩子就是这样参与家事的，他会装模作样地护理小宝宝、铺床、使用吸尘器、做小点心，要想让这些表现最后成为令人满意的分担家务，有一个重要的条件，那就是有个人认真对待孩子的这种假装行为。一旦孩子的这种假装行为遭到嘲笑、讨厌、甚至是羞辱，它就真的会变成纯粹的模仿，而孩子就会体验到一种身体无能、无效和无用的感觉。对这一点，孩子很容易爆发出不加掩饰的攻击性和破坏性。

就算不做实验，这类情形也常会在日常生活事件中发生和经历，因为没人能够理解：与"接受"相比较，其实孩子更需要"付出"。

健康标志是既能爱又能恨

健康婴儿的活动特点就是自然无目的指向的动作，加上不经意碰到东西的倾向，而婴儿慢慢就会主动采用这些方式，连同尖叫、吐口水、排尿和排便一起，用于表达愤怒、恨意以及报复。孩子渐渐就会容忍爱和恨同时存在，并接受这种矛盾的统一存在。在许多恨（攻击性）和爱相结合的例子中，最为重要的一个爱恨结合的例子是随着婴儿想咬东西的强烈欲望而出现的，大概从五个月大以后，这件事开始变得有意义了。虽然最终，这种啃咬的欲望会并入吃各种食物的享受中，不过追根溯源的话，起初让婴儿兴奋得想咬一口，而且围绕咬产生各种想法的那个好客体，就是妈妈的身体。所以说，食物其实是作为一种象征物被婴儿所接受的，食物象征着妈妈的身体，或爸爸和其他亲爱的人的身体。

所有这一切都相当复杂，因此婴幼儿需要大量的时间来熟练驾驭自己的攻击性念头和兴奋性，才能在控制它们的同时，又不失去在恰当的时机表达攻击性的能力，不论是在恨的时候，还是在爱的时候。

奥斯卡·王尔德（Oscar Wilde）曾说："人人必杀其所爱。"这句话每天都提醒着我们，哪里有爱，哪里就一定有伤害。从育儿当中我们也看到，孩子们趋向于爱他们所伤害的东西。伤害是儿童生活中必不可少的一部分，关键问题在于：你的孩子如何能找到一种办法驾驭他们的这些攻击性力量，并把它们导向生活、爱、游戏，以及（最终的）工作任务中？

攻击的起点是魔法性摧毁

以上这些还不是全部。我们依然要问个问题：攻击的起始点在哪里？我们见过新生儿在发育过程中，最初会有些自然的运动和尖叫，这些也许只是为了好玩才做的，其中并不掺杂更深的攻击性意义，因为这时候的婴儿还没有完全组织成为一个完整的人。可我们依然想知道，可能在很早的时候，婴儿就"**摧毁**"了这个世界，而这又是怎么发生的呢？理解这一点尤为重要，因为正是婴儿期"未融合"摧毁性（unfused destruction）的残留物，有可能真的摧毁了我们生活和爱着的这个世界。在婴儿的魔法中，眼睛一闭，世界就被湮灭了；眼睛一睁，即新的一轮需要到来了，世界就被再次创造了出来。毒药和爆炸性武器让这种婴儿期的魔术性摧毁走向了现实的极端。

绝大多数的婴儿在生命早期阶段都得到了足够好的养育，所以他们的人格也达到了一定程度的整合程度，这就让大规模爆发完全无意义的破坏性这种风险，变得几乎是不可能了。从预防角度讲，最重要的是我们要承认，父母在家庭生活中，对每个小婴儿的成熟过程起到了促进作用；尤其重要的是，我们可以学会评估妈妈在最开始所发挥的作用，那段时间，婴儿和妈妈的关系会从纯粹身体关系，转变为婴儿与妈妈态度相遇的关系，也是在那时，纯粹的身体现象开始被情感因素变得充实和复杂化。

然而，问题还在：对这种人类与生俱来的攻击性力量，这种潜藏在破坏性活动及与之相当的自我克制的折磨之下的力量，我们真的清楚它的起源吗？这一切的幕后操手是**魔法性摧毁**（magical destruction），这在婴儿的早期发展阶段是正常的，而且是与魔法般的创造性并驾齐驱的。对所有客体的原始或魔法般的摧毁性遵循的现实是，（对婴儿来说）客体会从"我"的一部分状态逐渐变为"非我"的部分，会从一种**主观性现象**变为一种**客观性感知**。通常，这种变化要潜移默化地发生，而且是随着婴儿的成长逐渐转变的，但是，假如**母性供养是有缺陷的**，那么同样的变化就会以婴儿**无法预料的震惊**方式突然发生，这时魔法性摧毁就真的湮灭了所有的现实存在。*

通过用一种敏感体贴的方式，带领小婴儿度过发展早期的这个重要阶段，妈妈给足了小婴儿时间，去形成处理这种无法预料震惊的所有办法，这种震惊来自于婴儿开始认清了还有个脱离其掌控之外的世界存在。要是能给成熟过程一些时间的话，婴儿就能变得具有破坏性，能痛恨、踢打和尖叫，目的是不会让自己的魔法性摧毁湮灭整个世界。这样看，**实际的攻击性出现可以被视为一种发展成就**。只要我们谨记个体情感发展的整个过程，尤其是早期阶段，那么相比于魔法般的摧毁性可能带来的世界湮灭，现实的攻击想法和行为就更有积极的价值，恨意便成为了爱和文明的标志。

在这本书中，我也都试图说明这些生命中微妙的发展阶段，当有足够好的母亲养育和足够好的家庭出身时，经过这些阶段，大部分婴儿都能成长得很健康，也能把魔法般的控制和摧毁性抛在一边，去享受攻击性，以及去享受随之而来的满足和喜悦，继而到来的就是所有温柔的人际关系和内在个性的富足，这些都将继续构建孩子童年期的生活。

---

* 原始魔法摧毁便成为了目的性攻击——译者注